直線で作れて素敵に見えるきものリフォーム

ハルメク編集部　編

はじめに

きものは一反の反物から作られます。反物は、約12メートルの長方形の生地。
それを創意工夫して、立体的な体に沿うきものに仕立てた私たちの祖先は、
なんて賢くてアイデア豊かな人たちだったのでしょう。
しかも、ほどけば長方形の生地に戻り、仕立て直して
新たな命を吹き込むことができるようにした心配りにも感動します。

本書で紹介するきもののリフォームは、そのアイデア精神を受け継いで、
きもの本来の長方形をできるだけ生かし、しかも着るとすてきで、
「毎日が楽しくなるデザインに」と、工夫をこらしたものばかりです。
直線の裁ち縫いが多いから、作るのが簡単です。

きものから、服へ。
今度はあなたが、新たな命を吹き込みましょう。

目次

作る前に知っておきましょう

きものの名称

袷《あわせ》

※単衣《ひとえ》は、胴裏や八掛がありません。

きものは、およそ36センチ幅の反物から作られます。きものをほどくと、左の写真のように身頃と袖は36センチのきもの幅の長方形に、衿《えり》、掛け衿、おくみはその半分の18センチ幅の長方形になります。八掛《はっかけ》と胴裏《どううら》、裏衿も、ほどくとこの2種類の幅の長方形になります。ほどいたきもの地の長さは、36センチ幅の布が合計約8〜9メートル、18センチ幅の布が合計6メートル弱ほどです（きものによって幅や長さは異なります）。

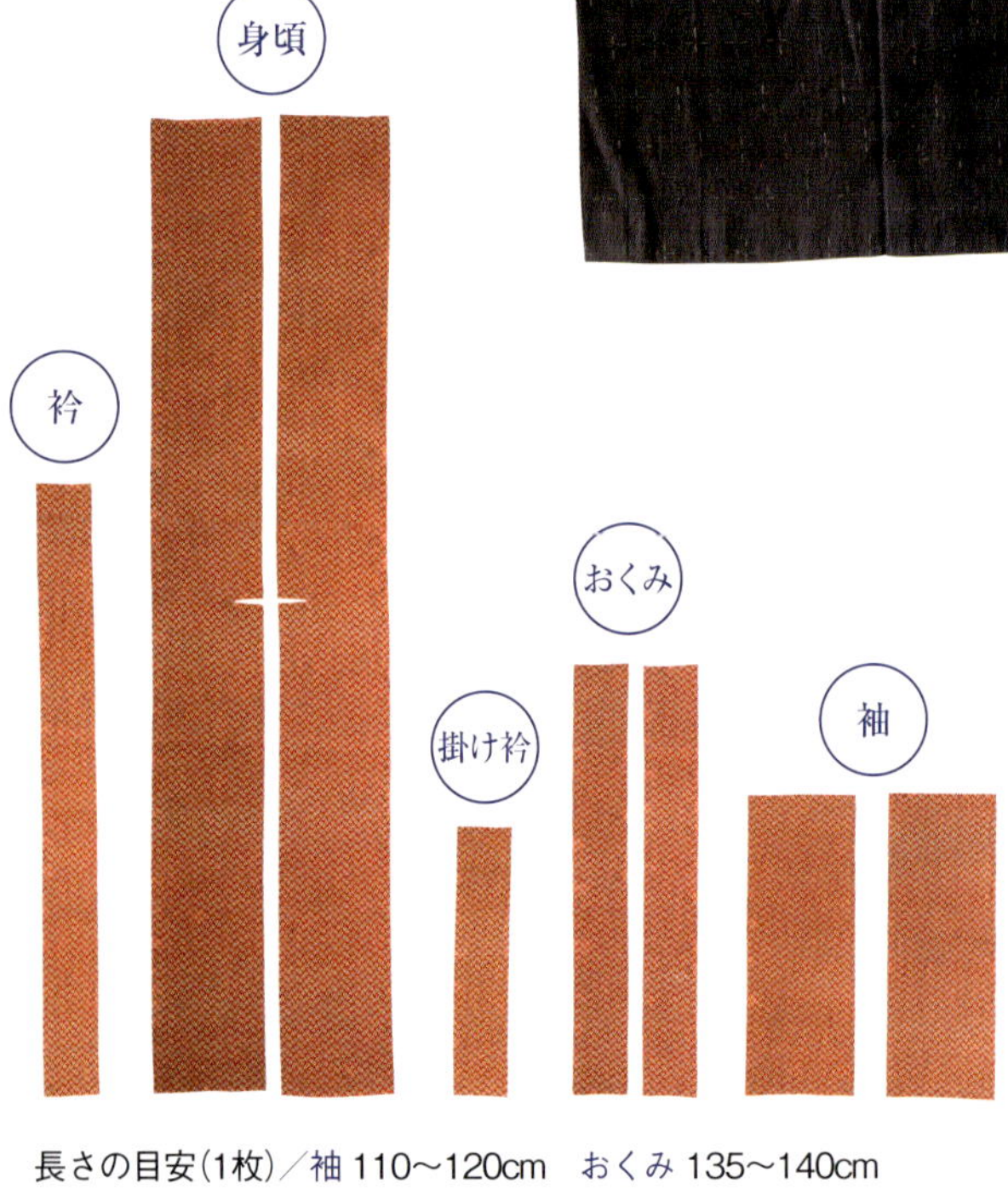

長さの目安（1枚）／袖 110〜120cm　おくみ 135〜140cm
掛け衿 85〜90cm　身頃 310〜320cm　衿 190〜200cm

全部ほどかなくていい！

きものを生かして作れます

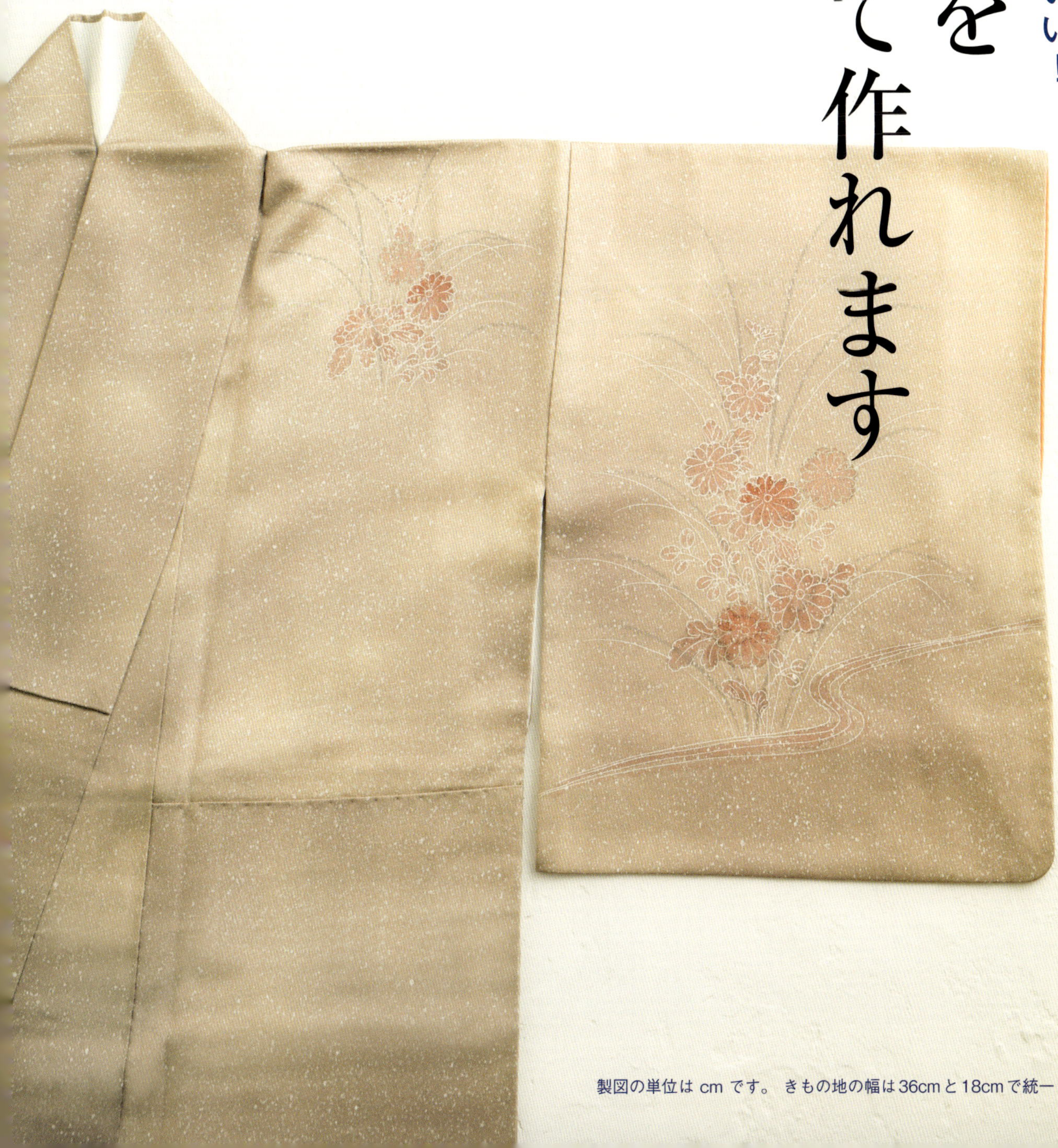

製図の単位は cm です。 きもの地の幅は36cmと18cmで統一しています。

身頃そのままの形を生かした
ロングベストとパンツ

ベストはきものの袖、衿、おくみをはずすだけで背中心と脇をほどかず、身頃の形を生かして作ります。パンツは残った裾部分の長方形の布に、三角形の布を股ぐりとして縫い付けるだけ。パーツが全部「直線」なのが特徴です。

　上下セットで着ても、別々に着ても、着まわしがしやすいベストとパンツです。

使ったきもの地　絣（かすり）

はさみを入れるところがとっても少ないんです。

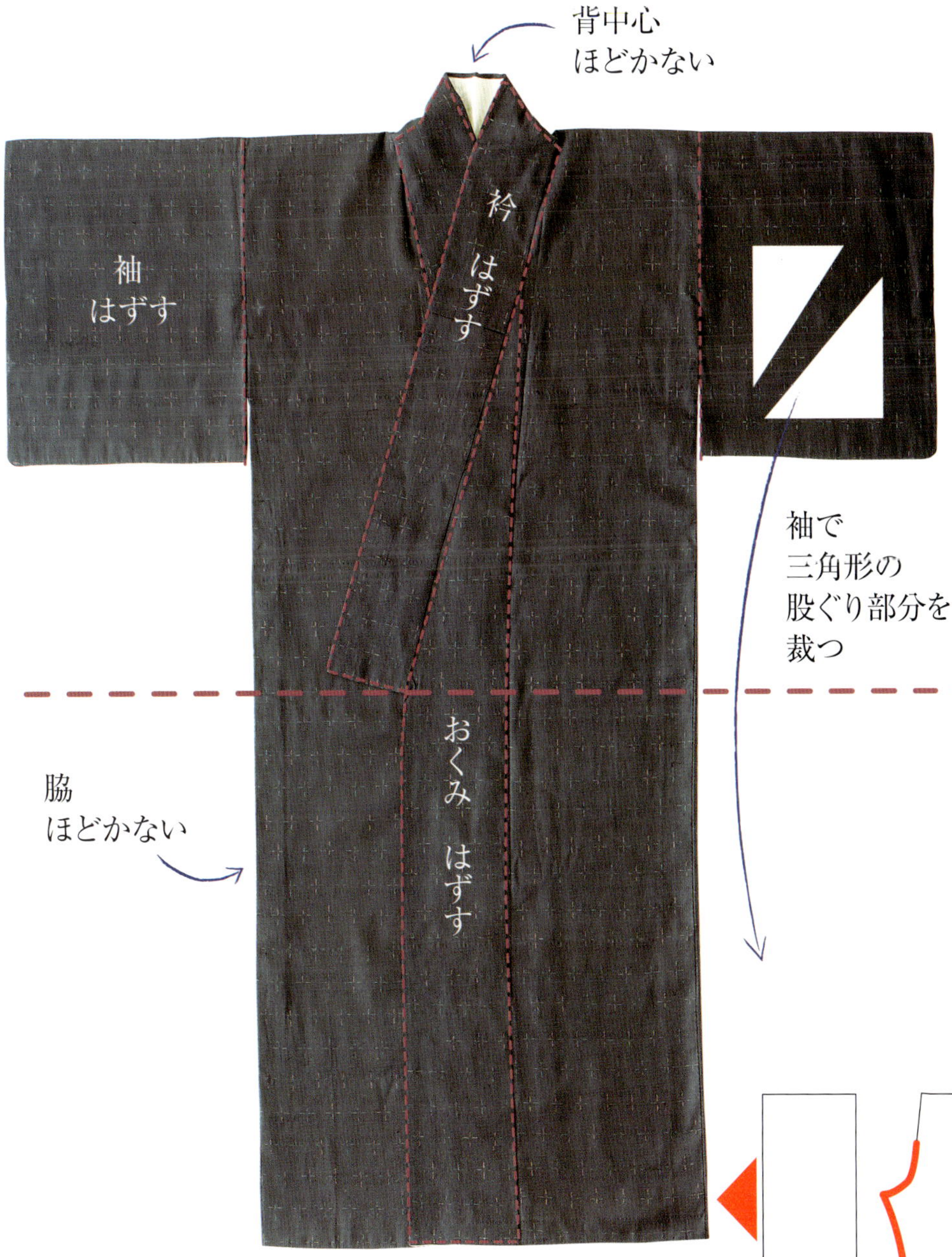

きものの形のまま作れる
ロングベスト

きものの袖、衿、おくみをはずし、背中心、脇はほどきません。

きもの幅の長方形と三角形で作れる
パンツ

たいていのパンツの股上はカーブですが、このパンツは三角形の布を足しました。全部直線で作れるから簡単！

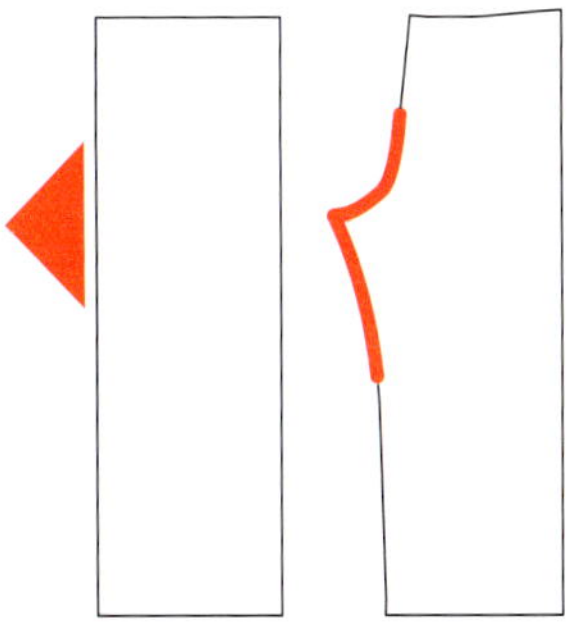

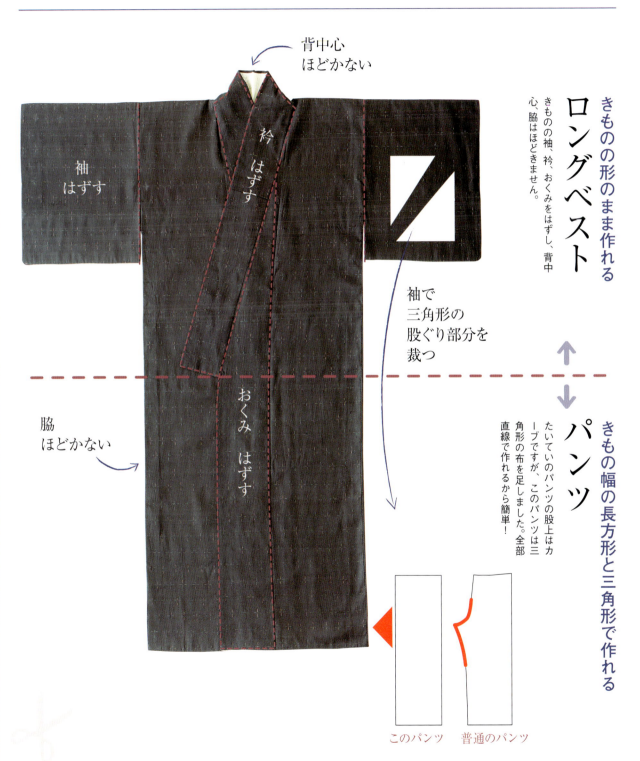

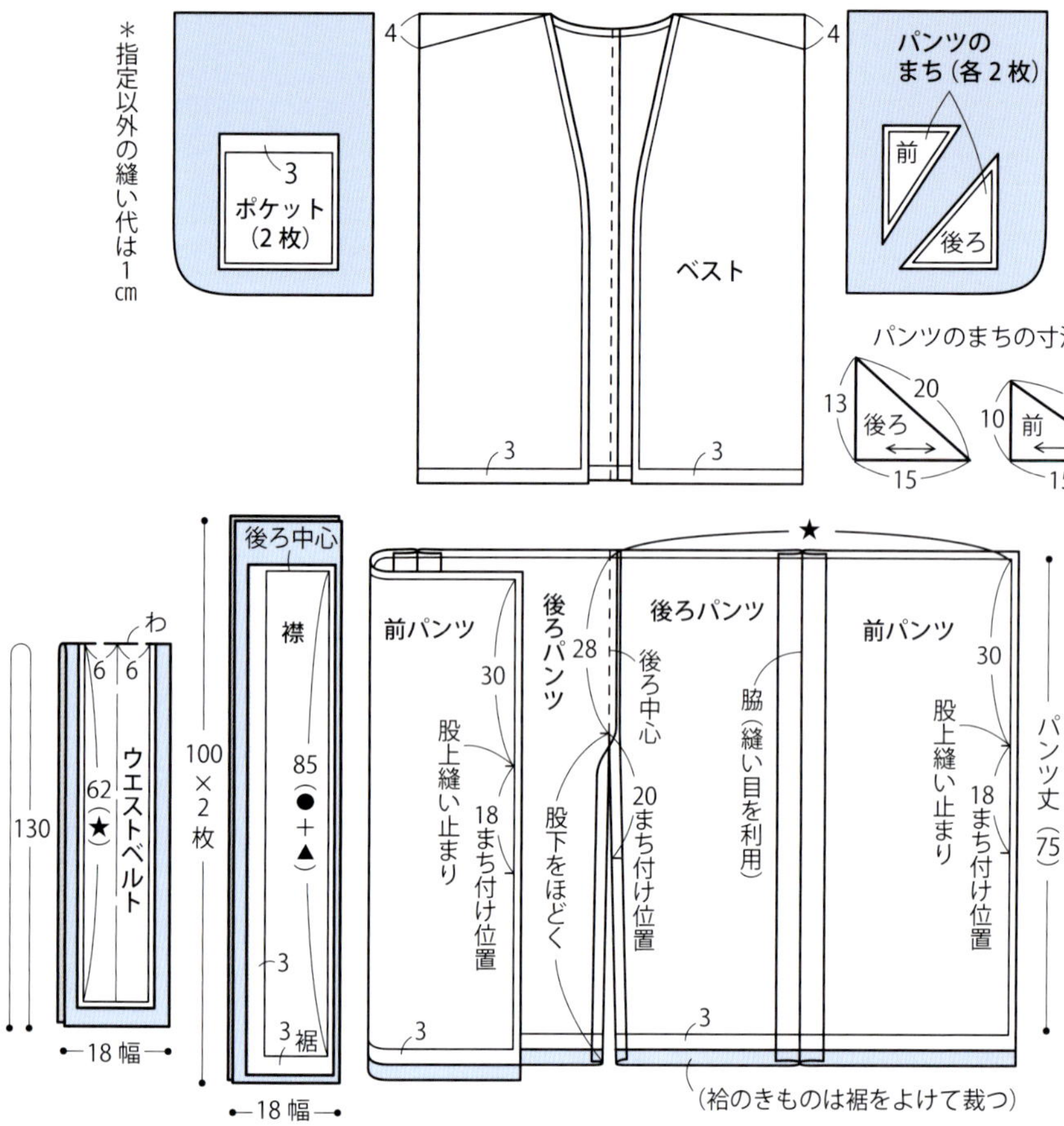

裁ち方

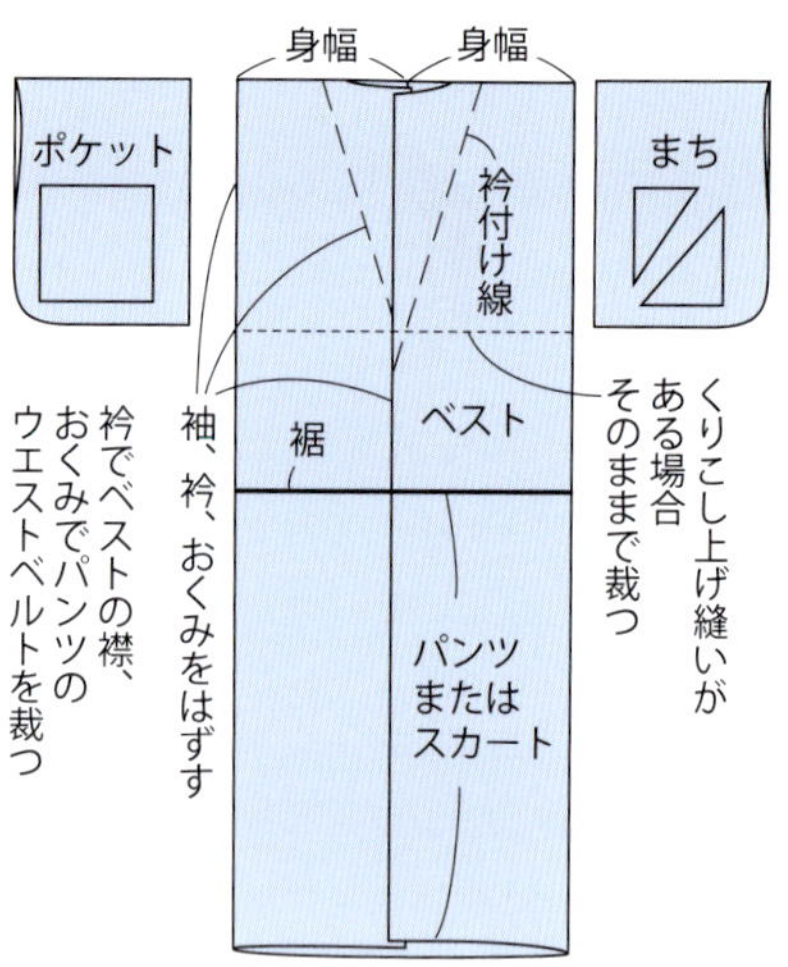

用意するもの

ベスト

きもの…１枚

接着芯…20cm × 10cm

パンツ

ベストを裁った残りのきもの

ゴムテープ…1cm幅ウエスト寸法×２本(縫い代含む)

作り方アドバイス

使用するきものが袷《あわせ》の場合は、裏が付いたまま裁ってから、裏布をはずします。きものの脇縫い、後ろ中心の縫い目はそのまま利用。単衣《ひとえ》のきものなら裾も利用できます。使用するきものの身幅に合わせて裁ってください。

パンツ丈の75cmは目安です。ベストを裁った残りの長さか好みの丈にしてください。

ベスト

出来上がり寸法

バスト（116〜124cm）
着　丈　70cm

パンツ

出来上がり寸法

パンツ丈 75cm
ほかはフリーサイズ

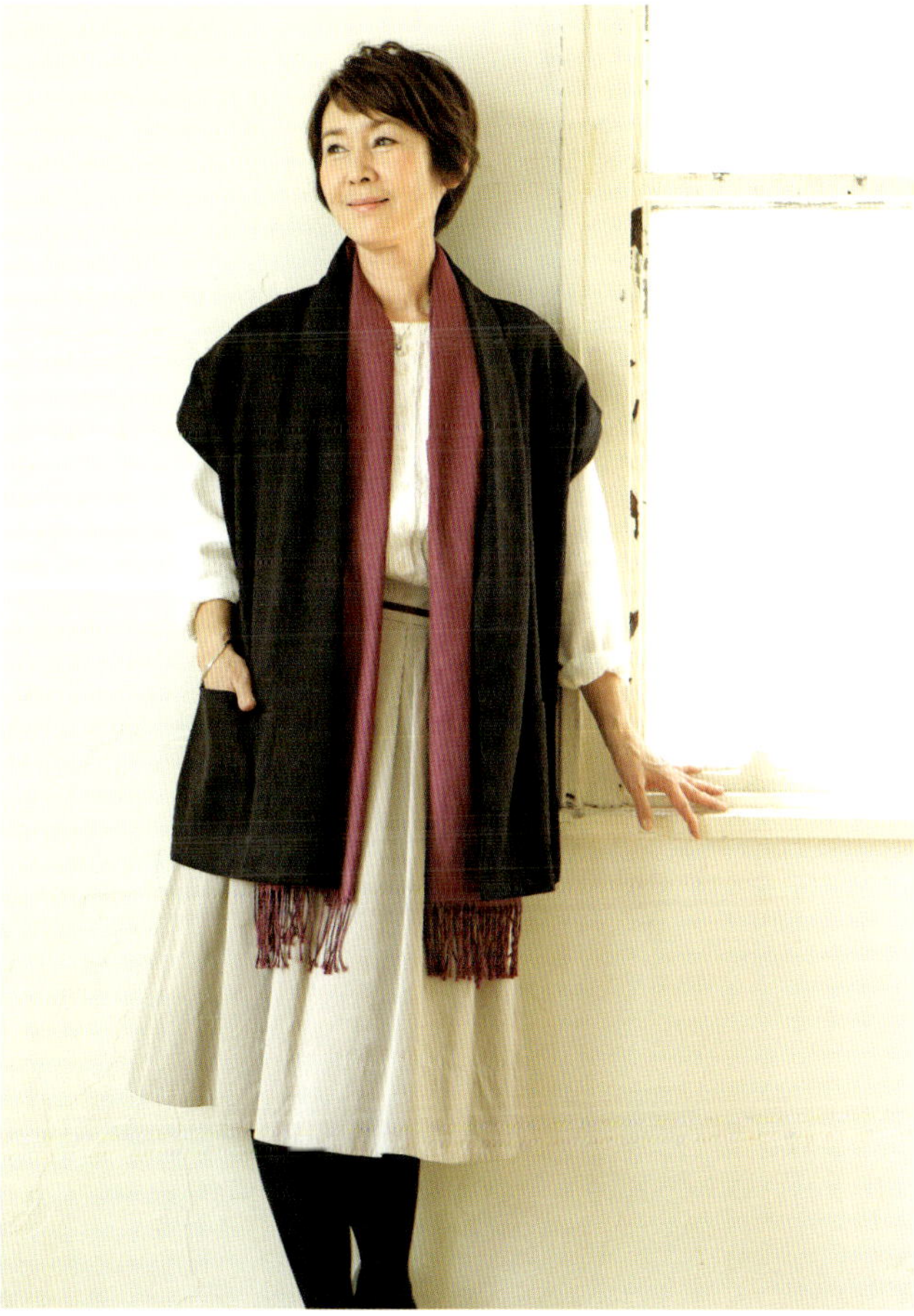

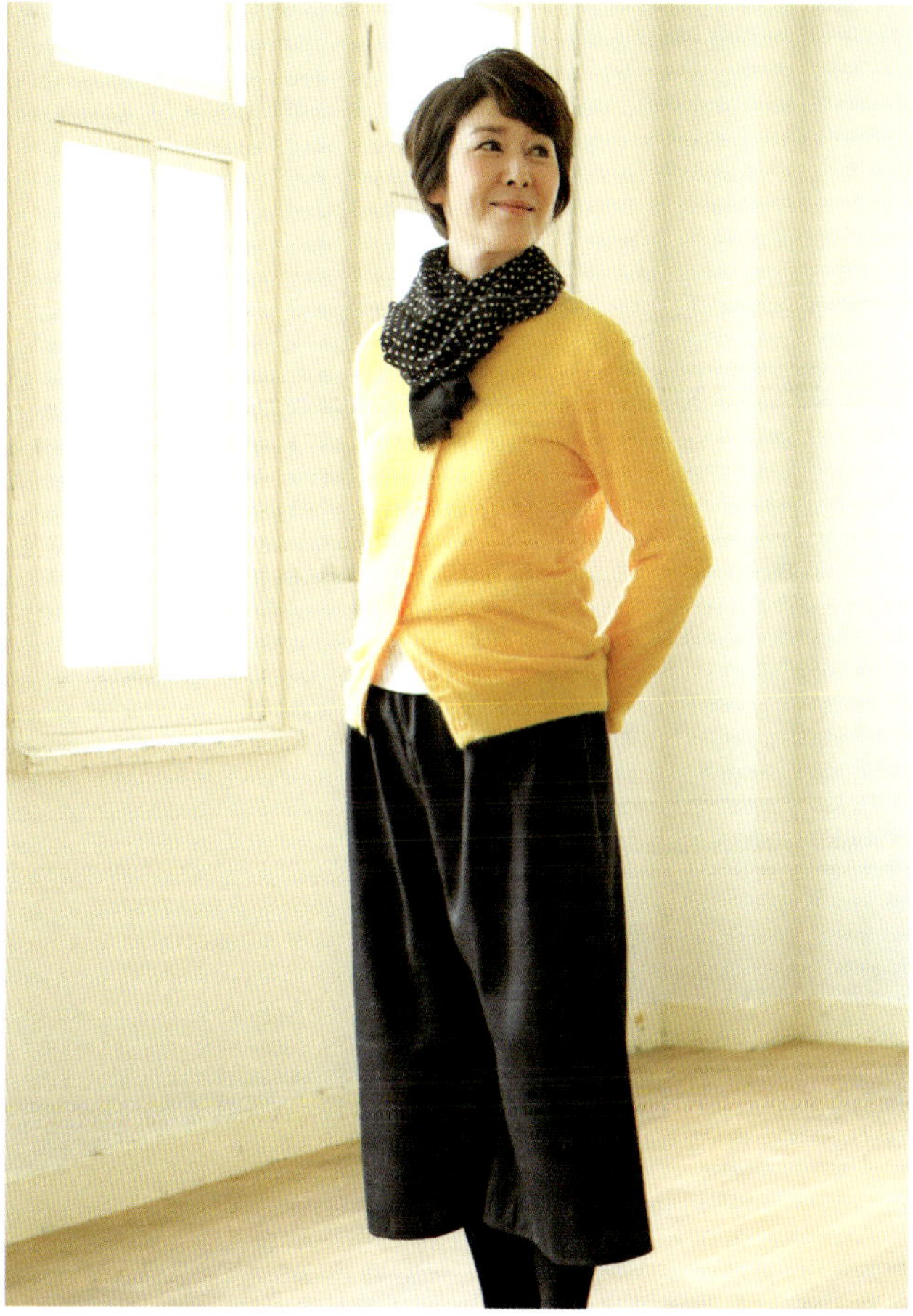

製図

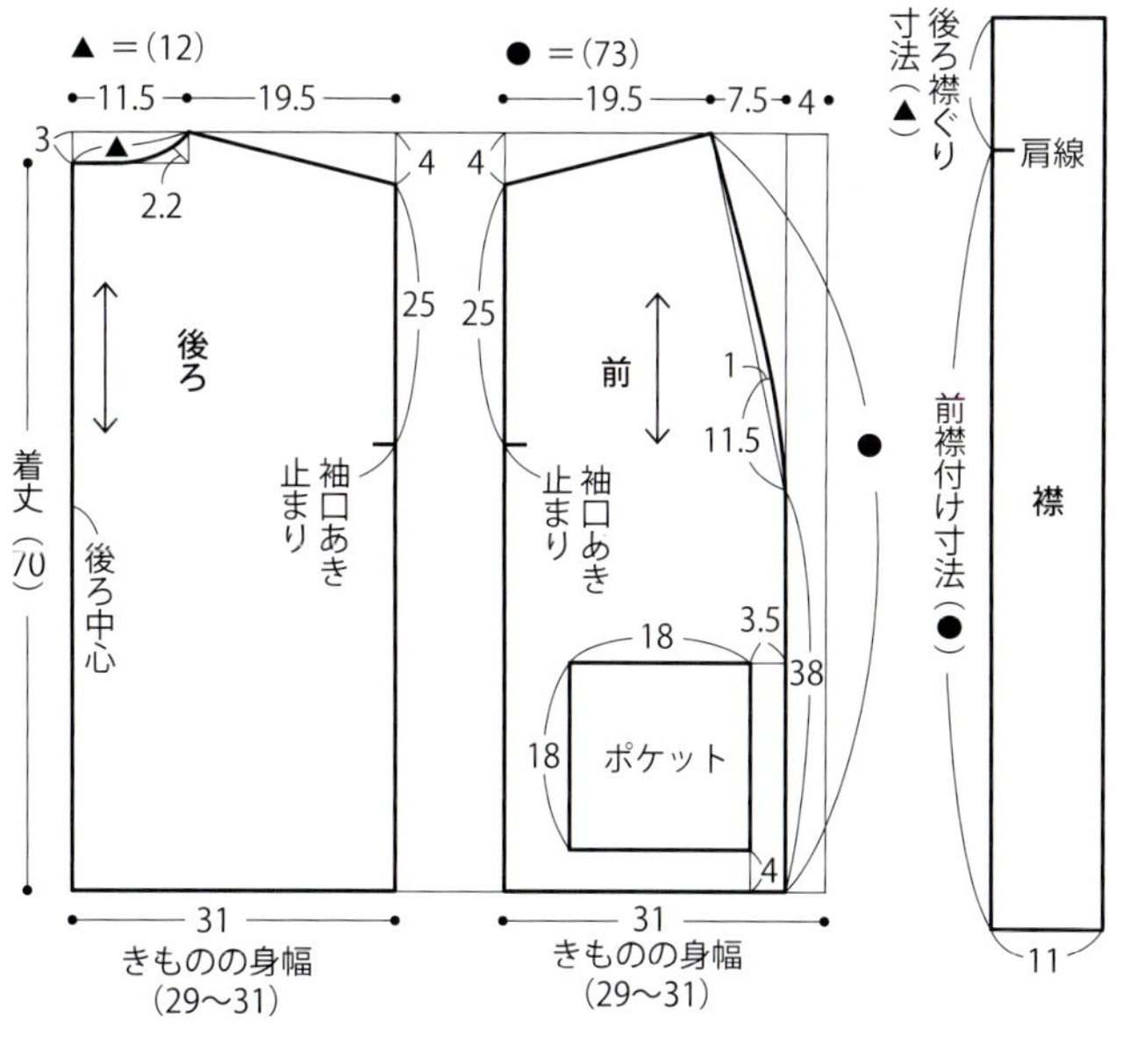

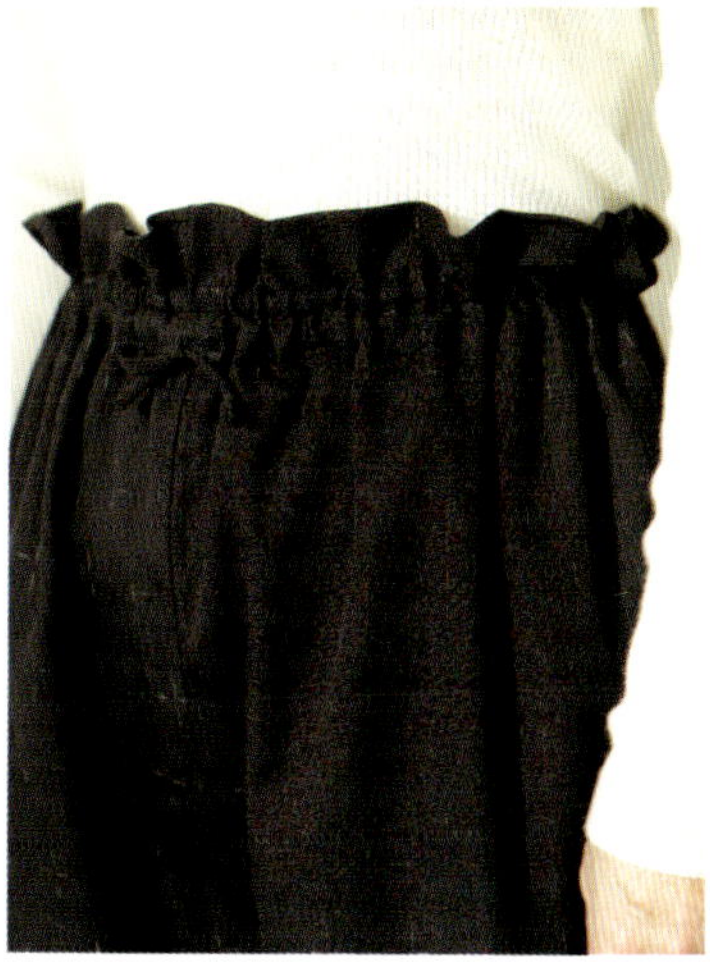

前後同形なので、ウエストに布のループを付けて前の目印に。

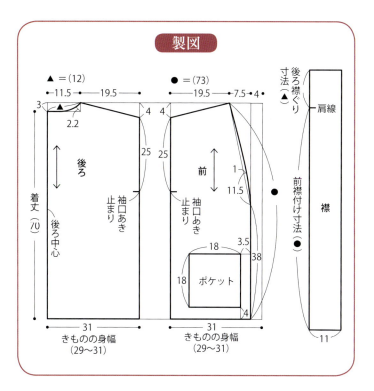

縫い方順序

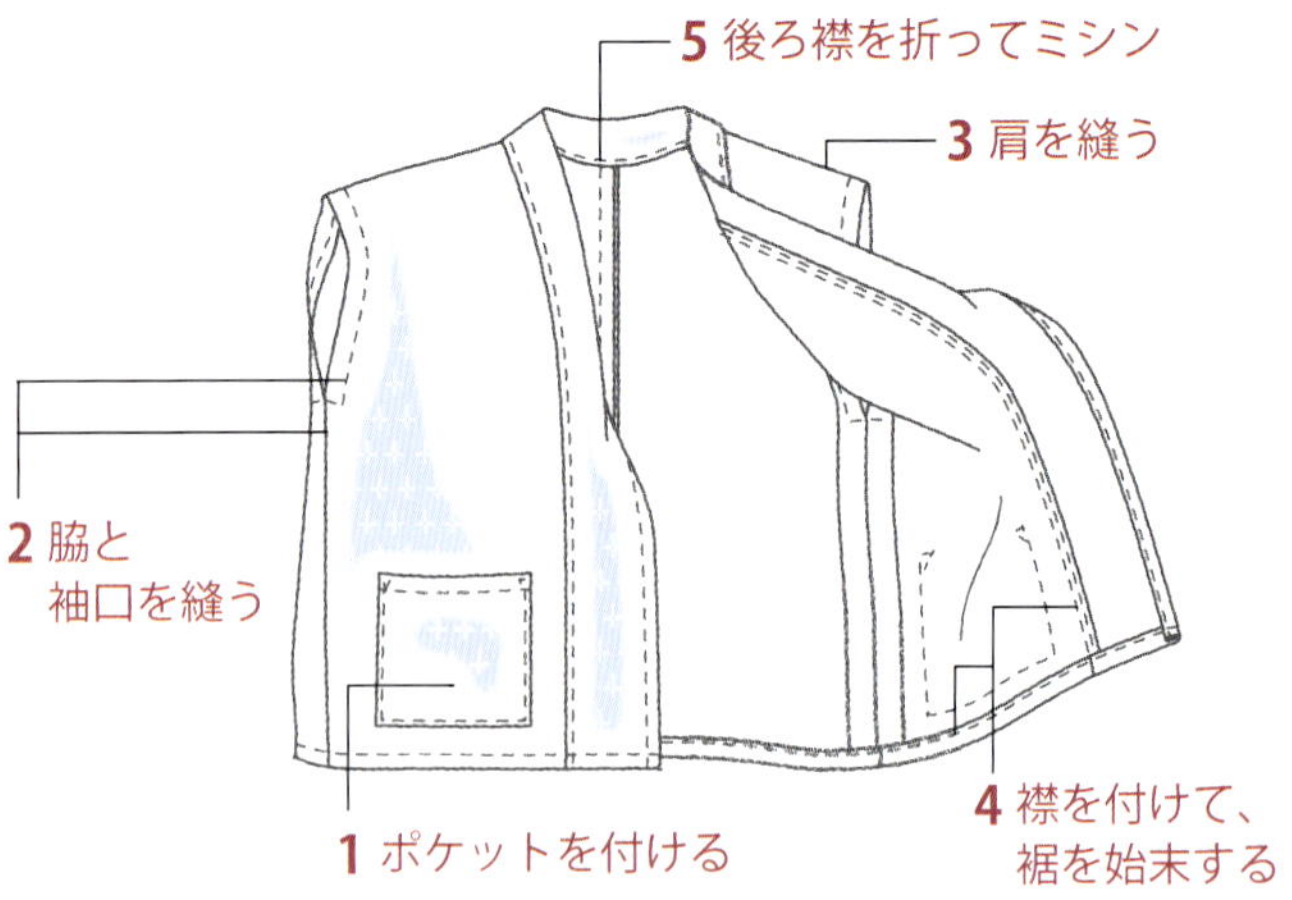

1 ポケットを付ける

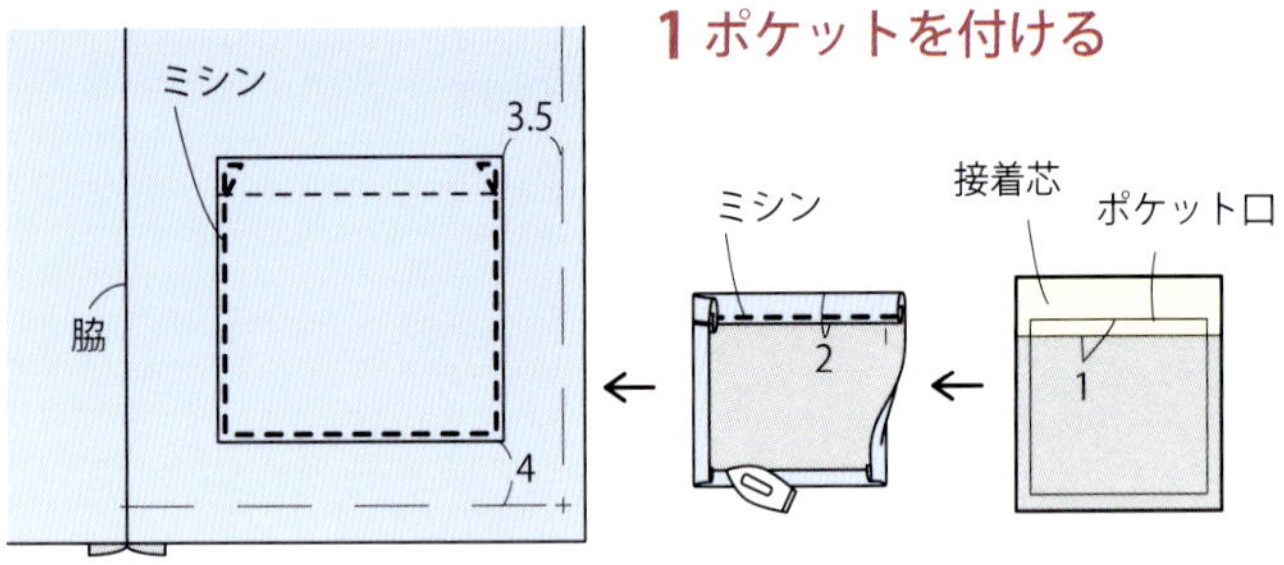

2 脇と袖口を縫う

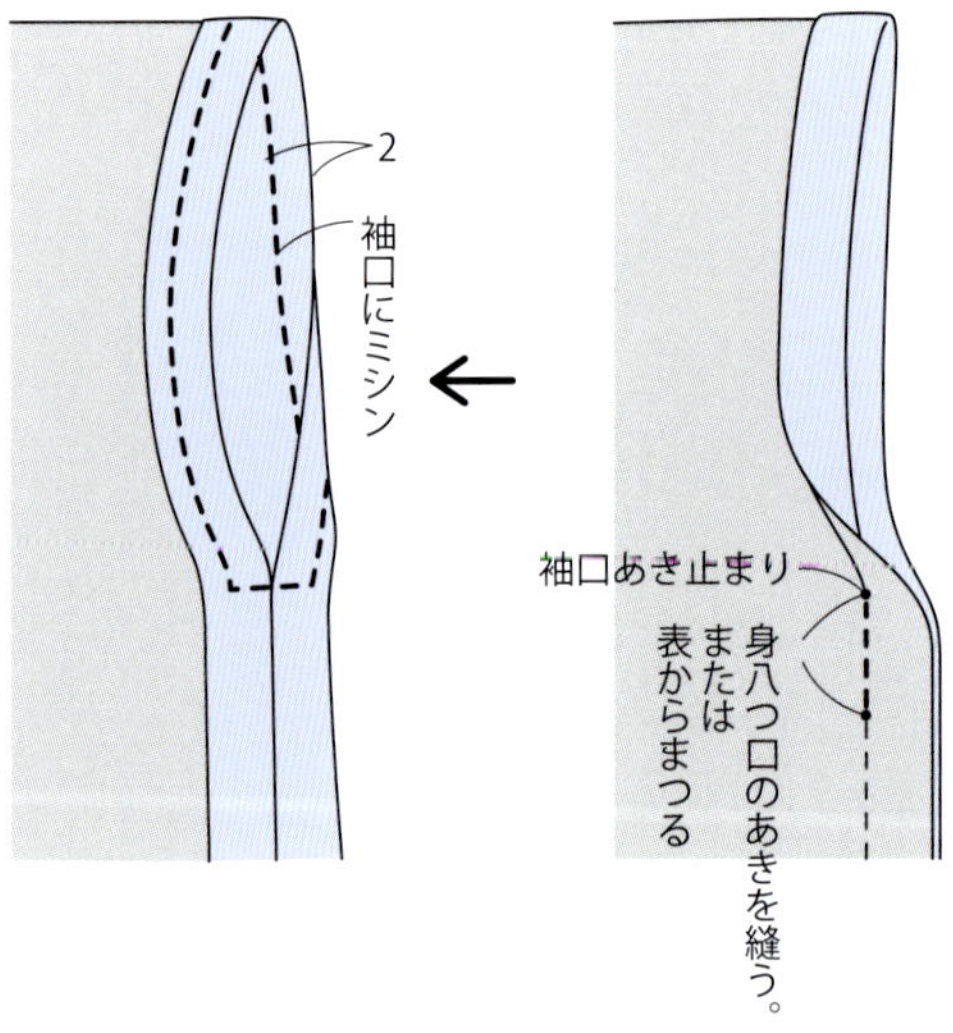

3 肩を縫う

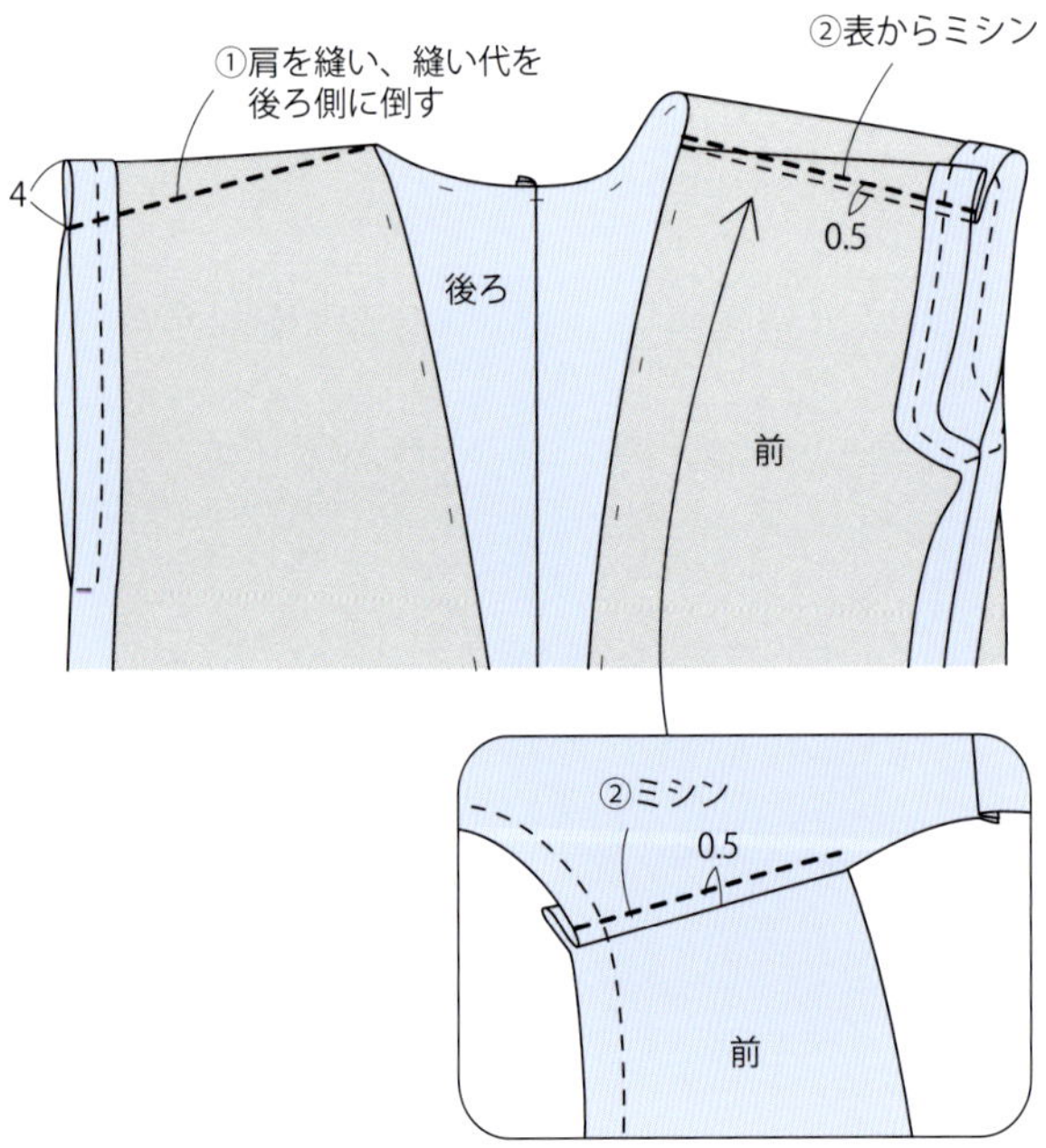

4 襟を付けて、裾を始末する

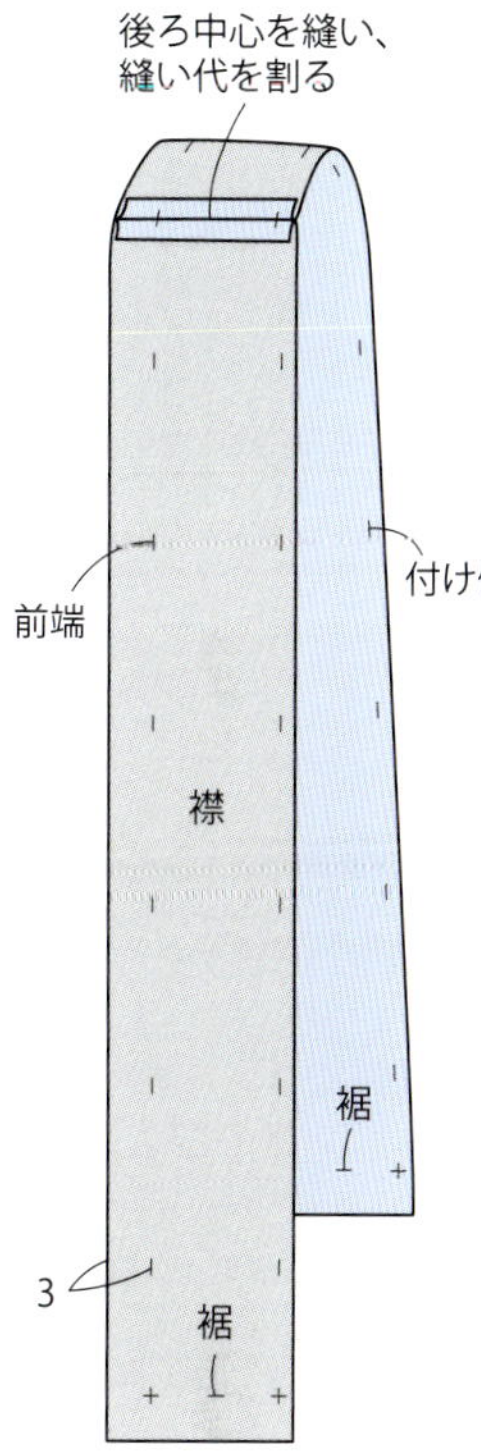

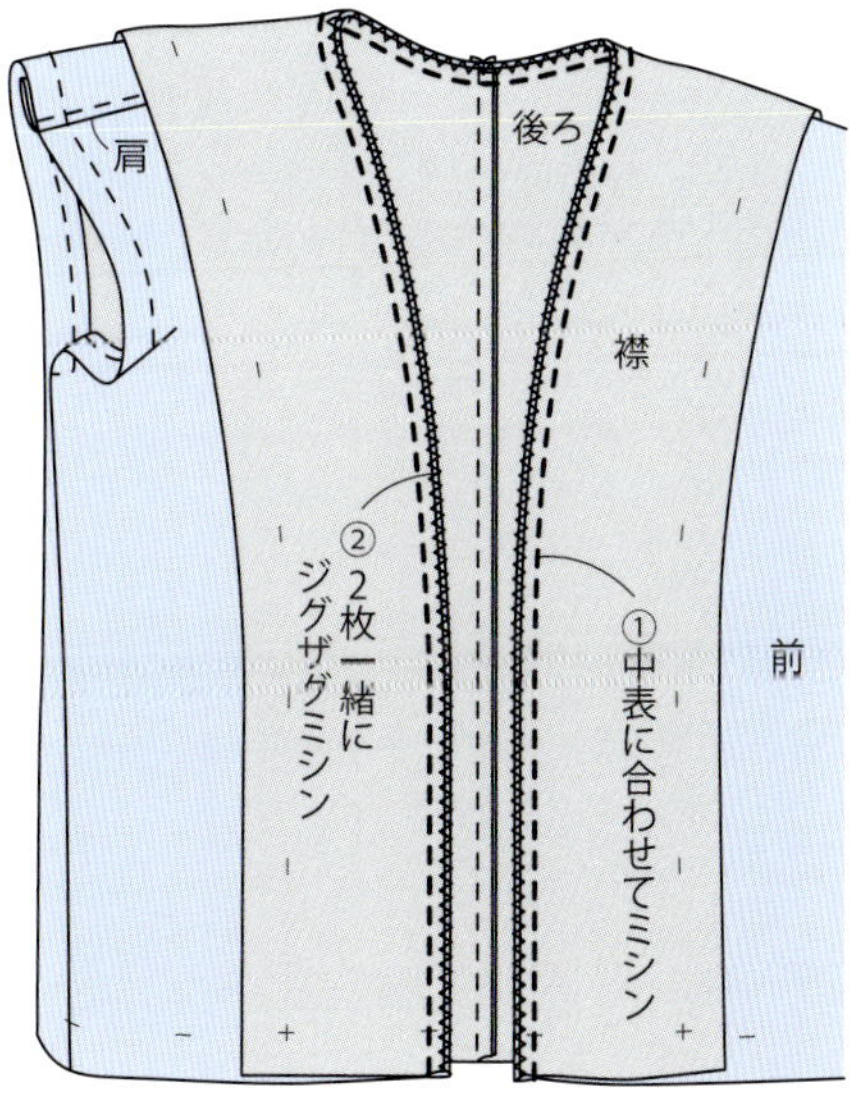

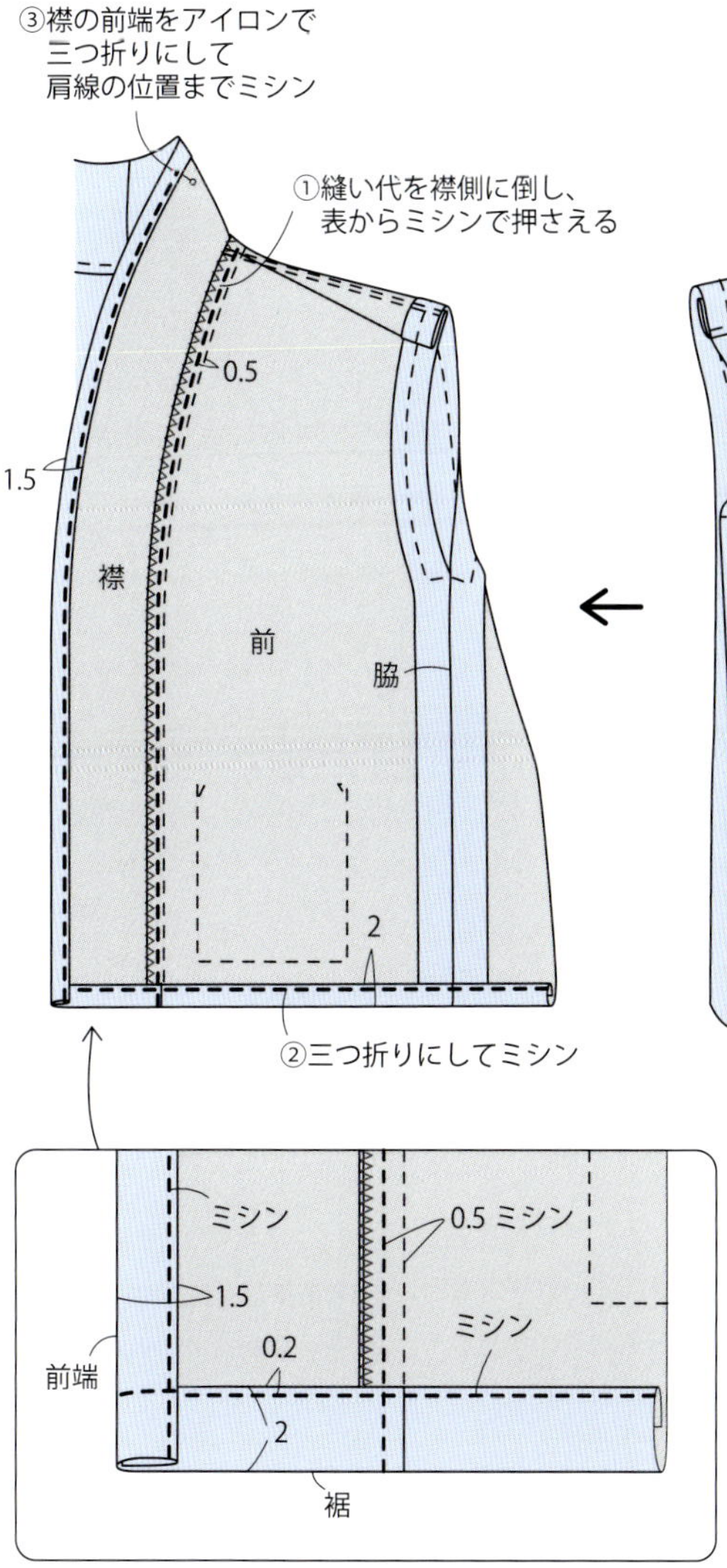

5 後ろ襟を折ってミシン

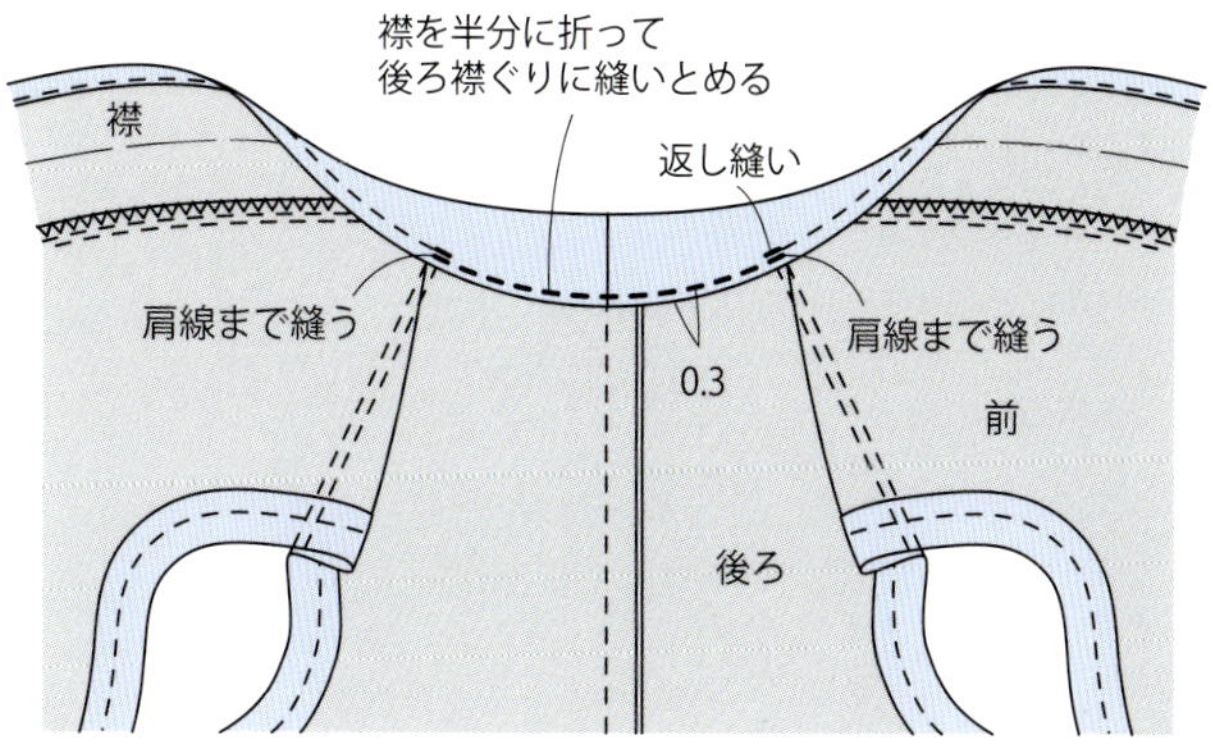

※前の飾りリボンは、着用のときに前がわかるための目印です。幅0.7cm×長さ25cmの共布のループで作りました(作り方は50ページ参照)が、既製のリボンかテープ、ボタンを付けてもいいでしょう。

縫い方順序

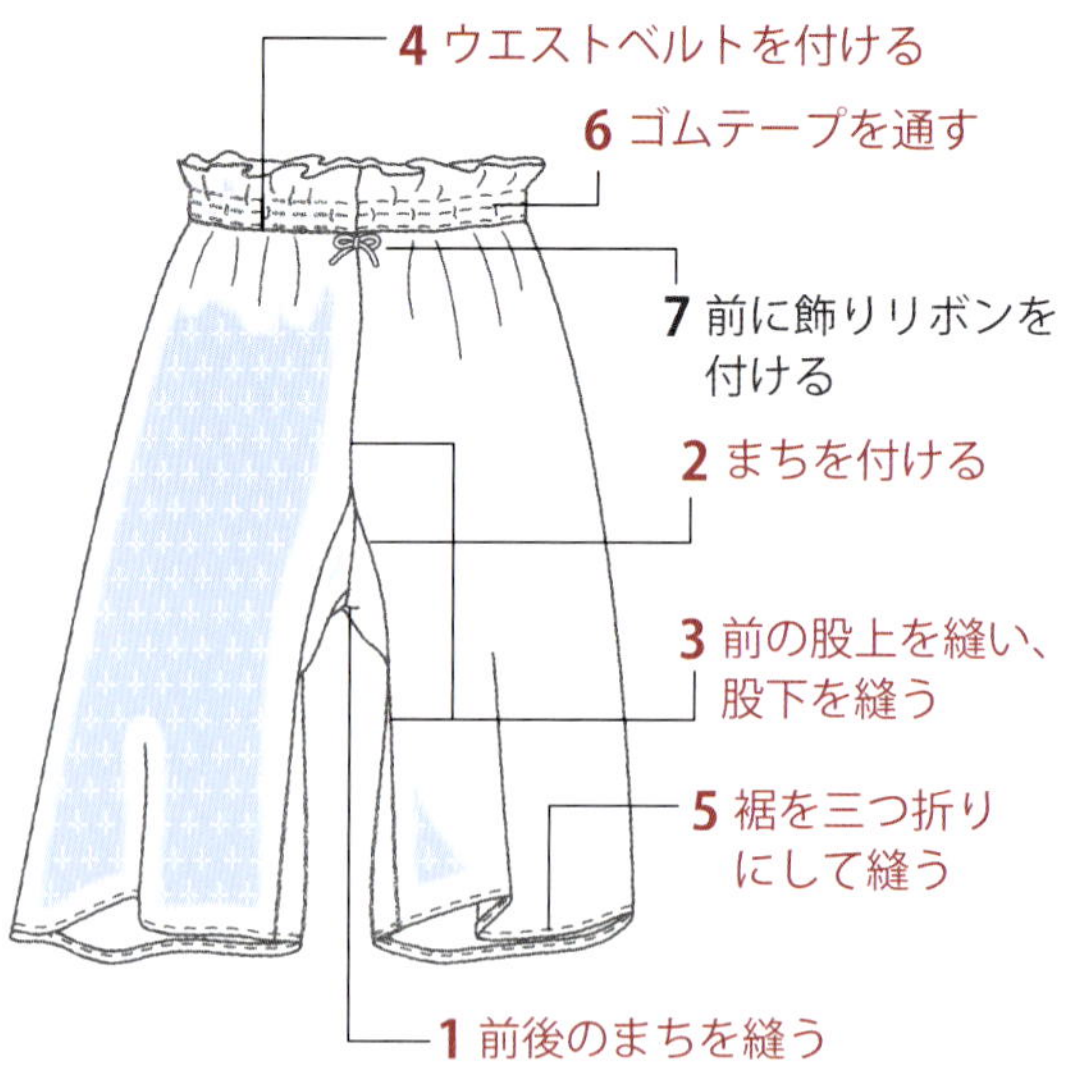

1 前後のまちを縫う

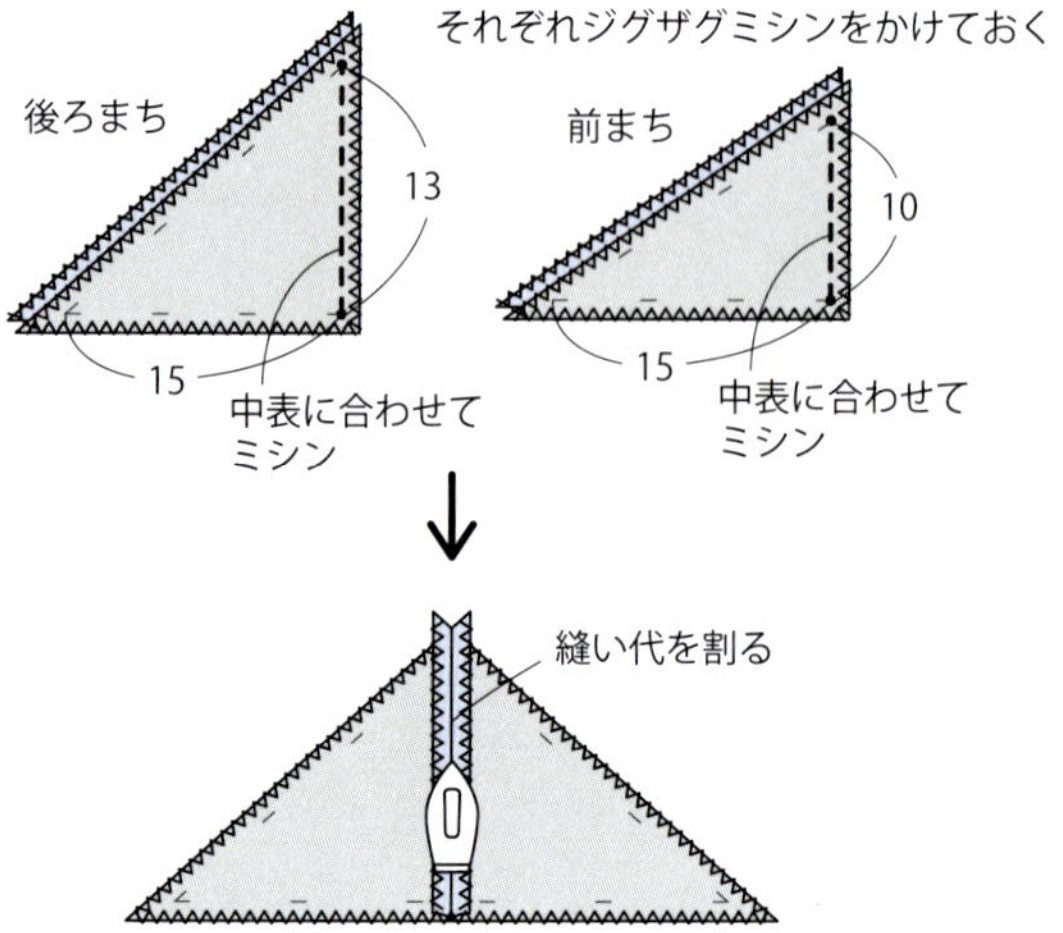

2 まちを付ける

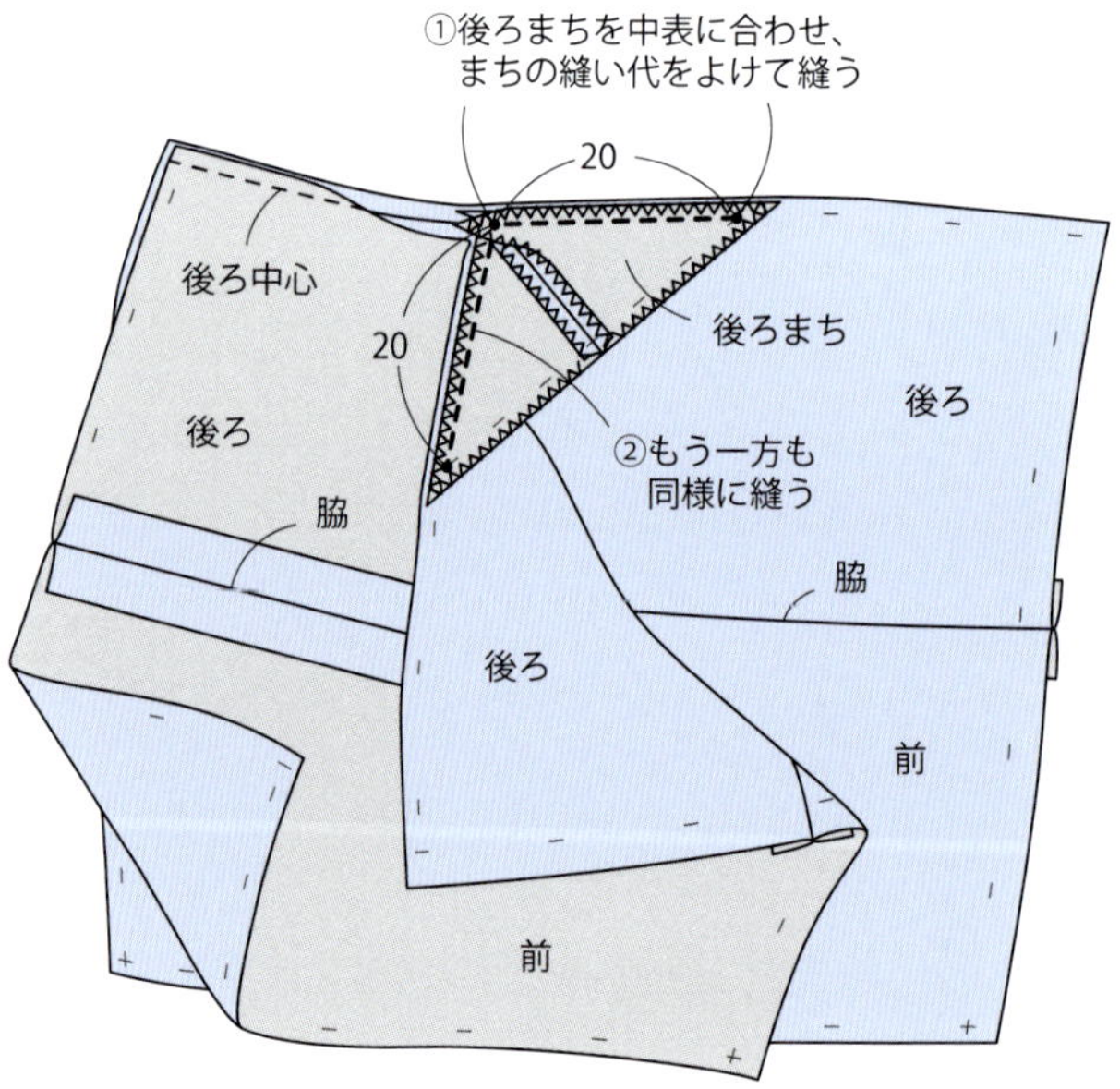

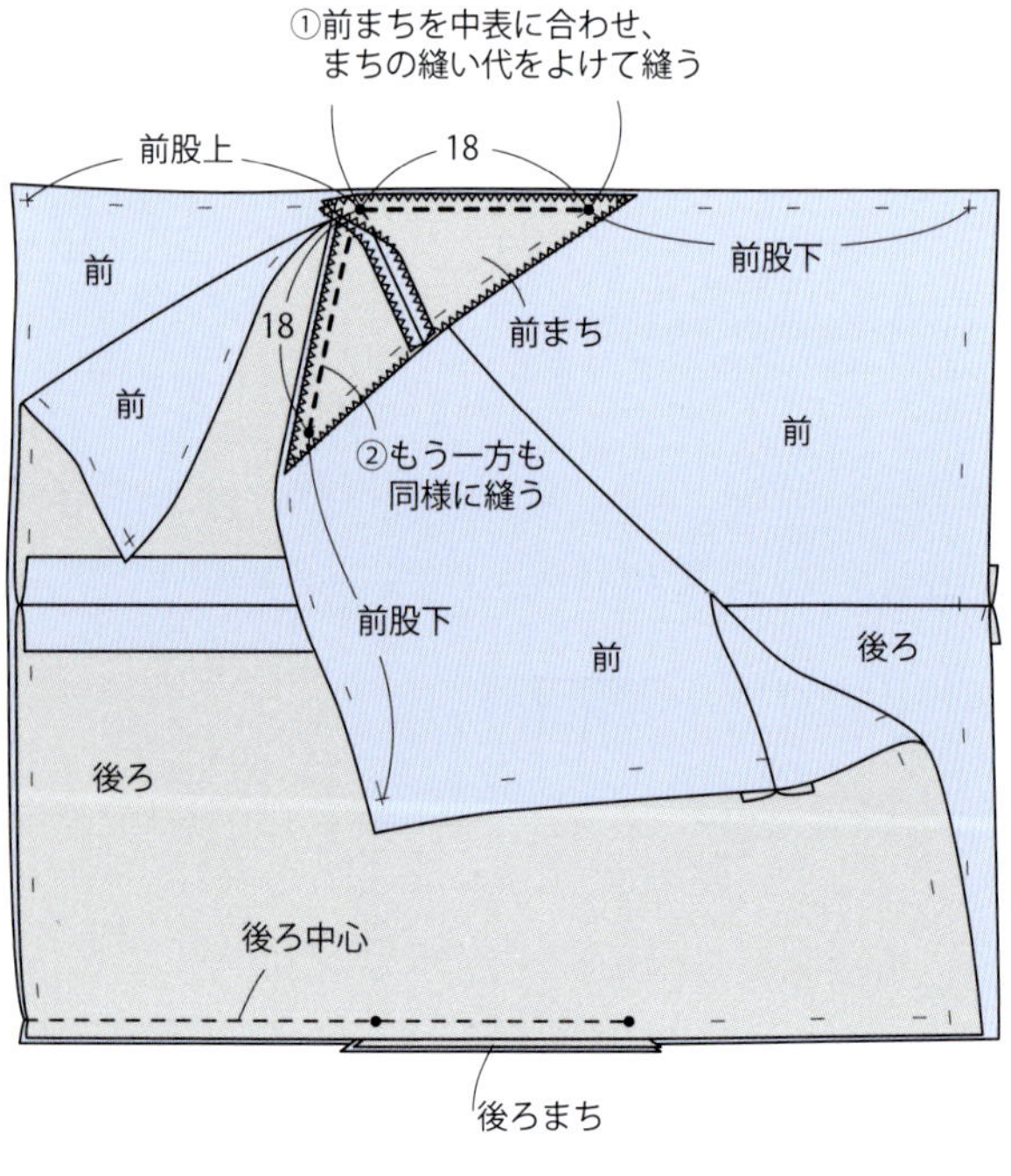

3 前の股上を縫い、股下を縫う

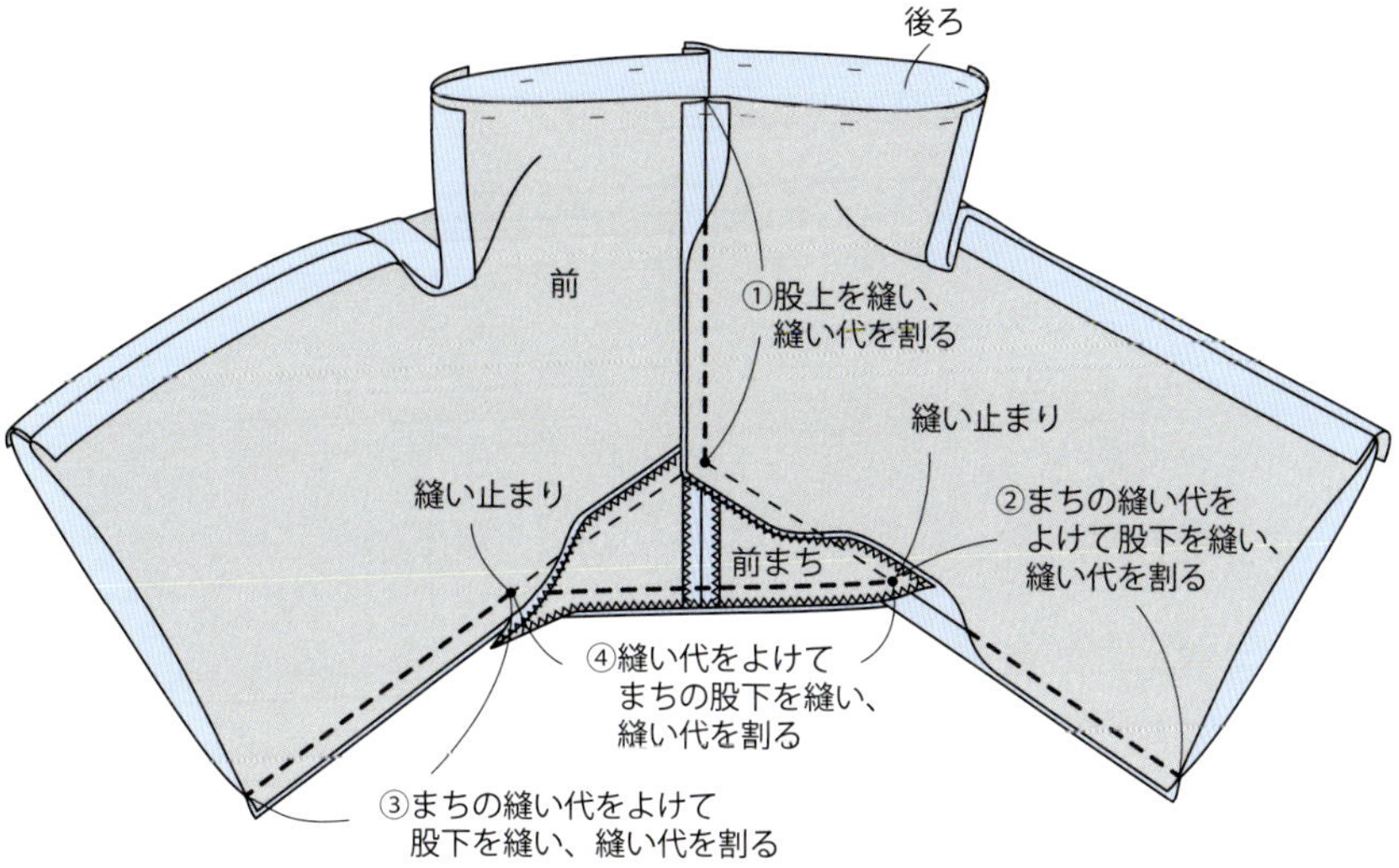

※縫い始めと縫い終わりで②〜④は
それぞれを返し縫いをする

5 裾を三つ折りにして縫う

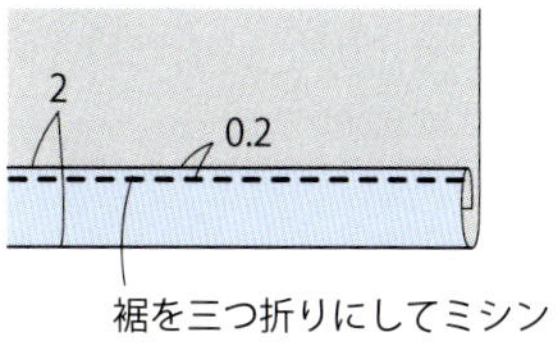

4 ウエストベルトを付ける

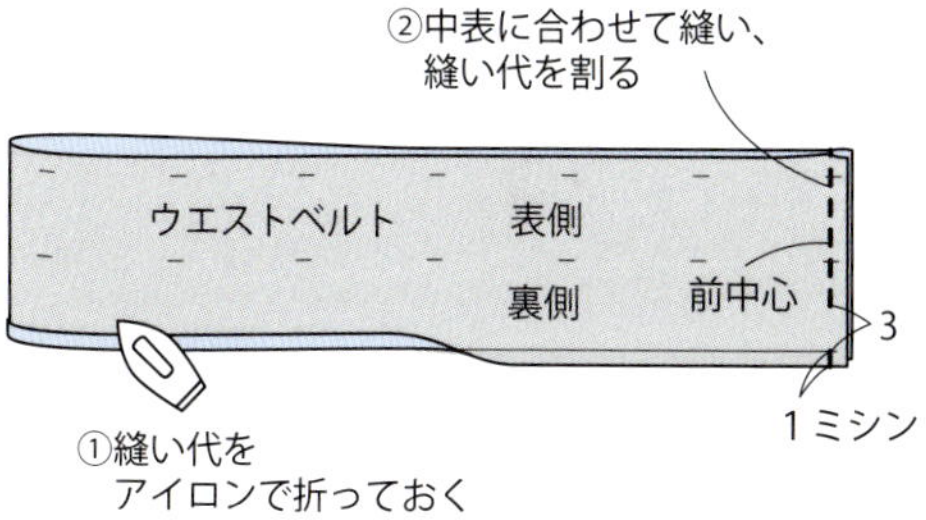

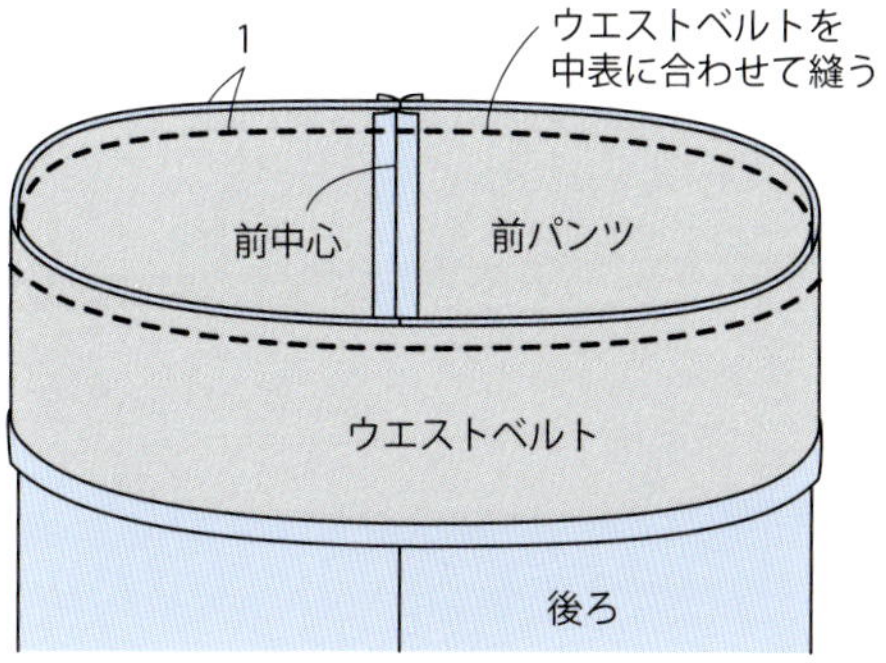

6 ゴムテープを通す

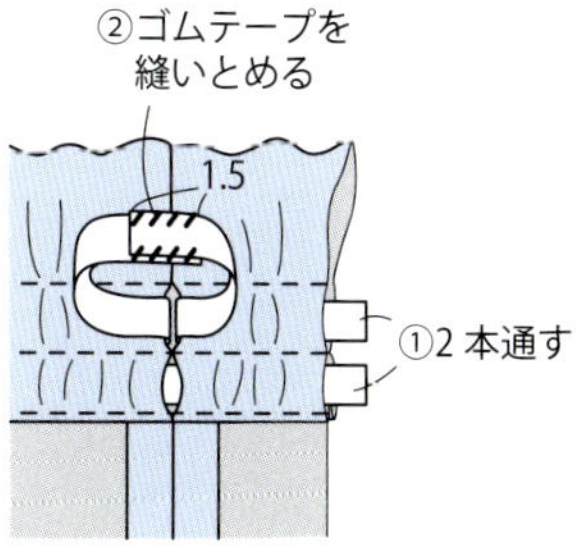

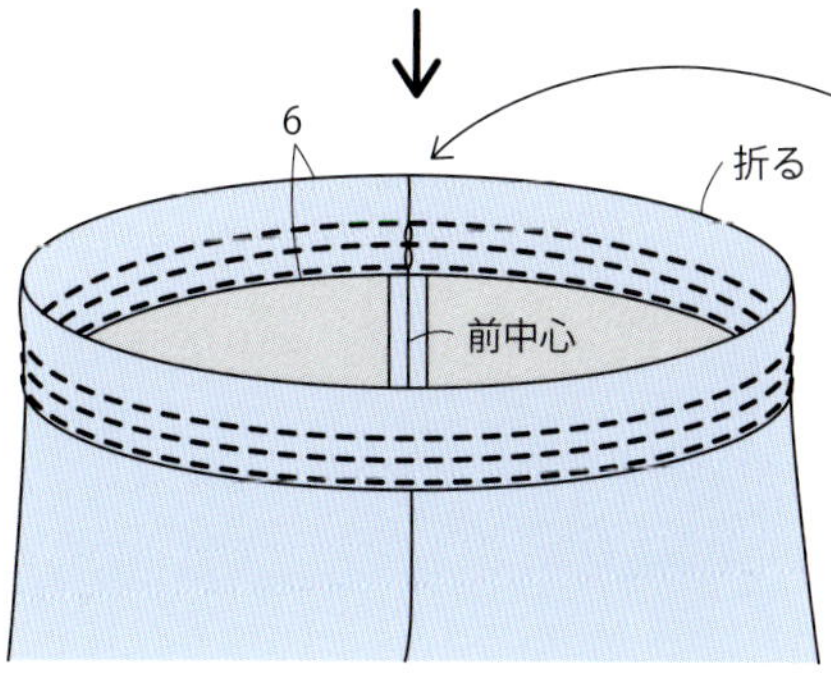

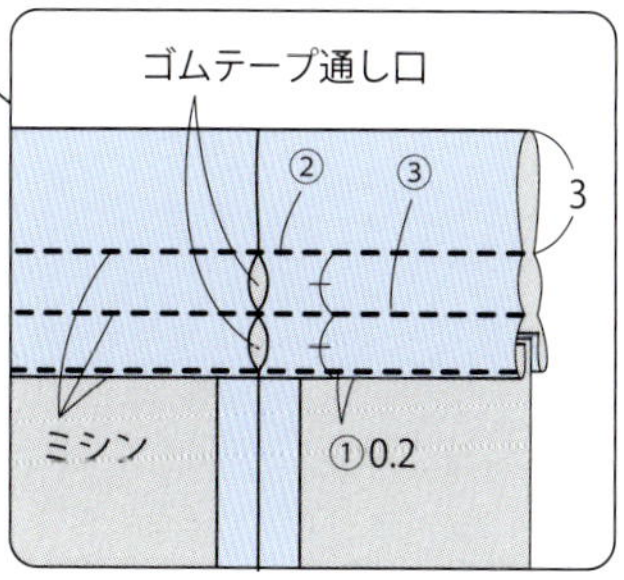

長方形をつなげるだけ
スカート

ベストを裁った後の残りのきものは、パンツのほかに、スカートも作って楽しめます。

きものの裾部分の背中心も脇の縫い目も利用して筒状につなげるだけで、パンツよりも簡単に出来上がります。ウエストはゴムテープ仕様のフリーサイズ。ご覧の通り、ベストとも好相性です。

使ったきもの地　小紋

縫い方順序

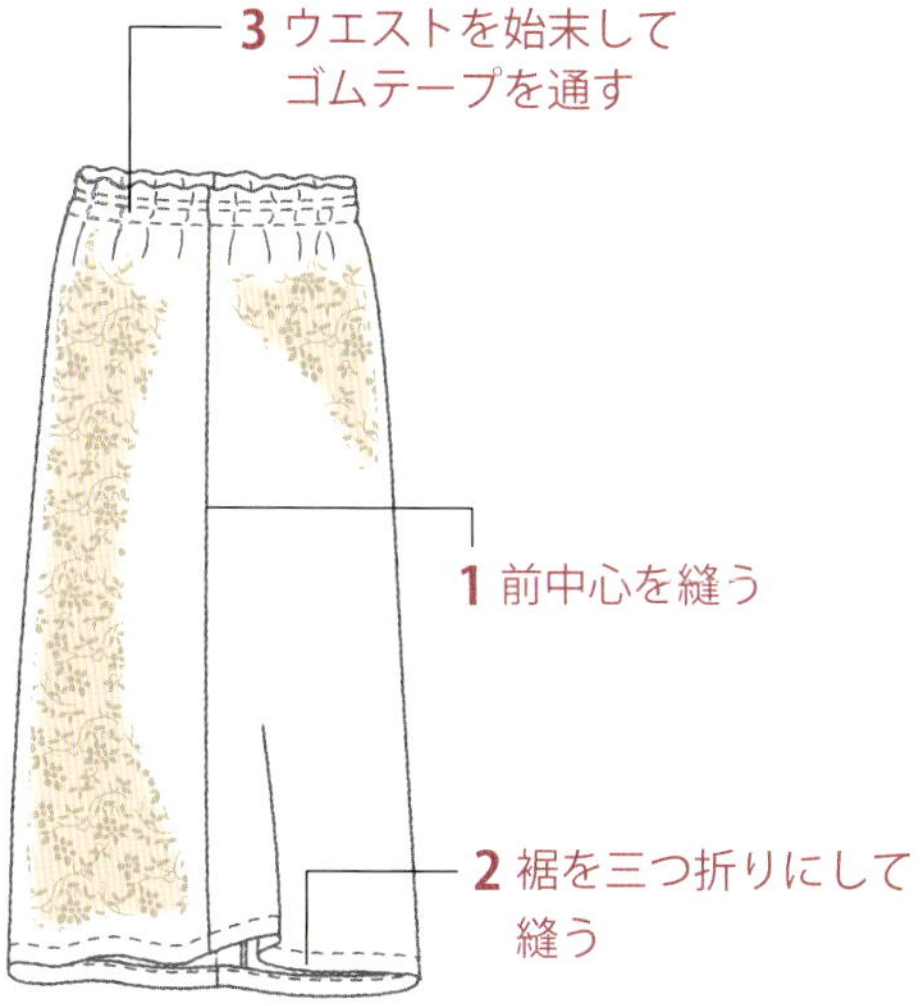

裁ち方

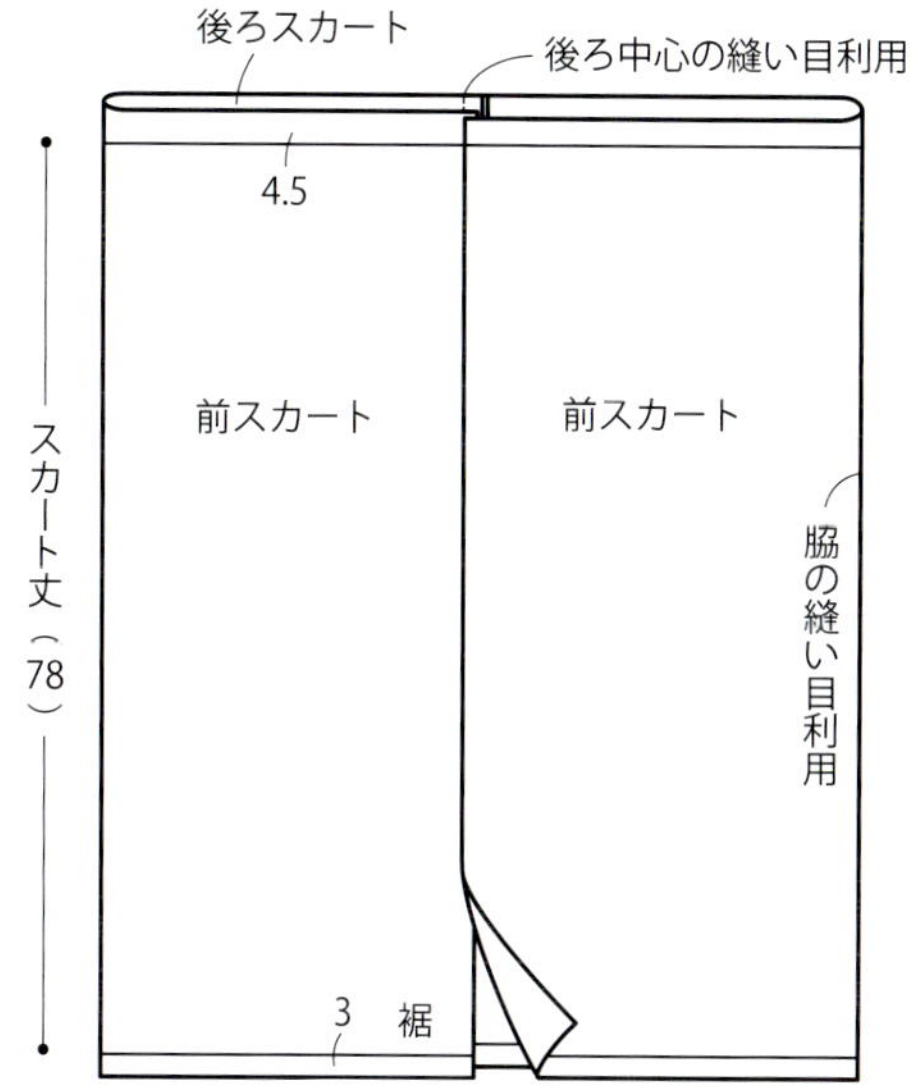

出来上がり寸法

スカート丈　78cm
ほかはフリーサイズ

用意するもの

ベストを裁った残りのきもの
ゴムテープ…1 cm幅ウエスト寸法×２本(縫い代含む)

作り方アドバイス

スカート丈78cmは目安です。ベストを裁った残りがスカート丈になります。単衣のきものの場合は裾もそのまま利用できますが、袷の場合は裾の縫い目をほどかないで、よけて裁ちます。

3 ウエストを始末して ゴムテープを通す

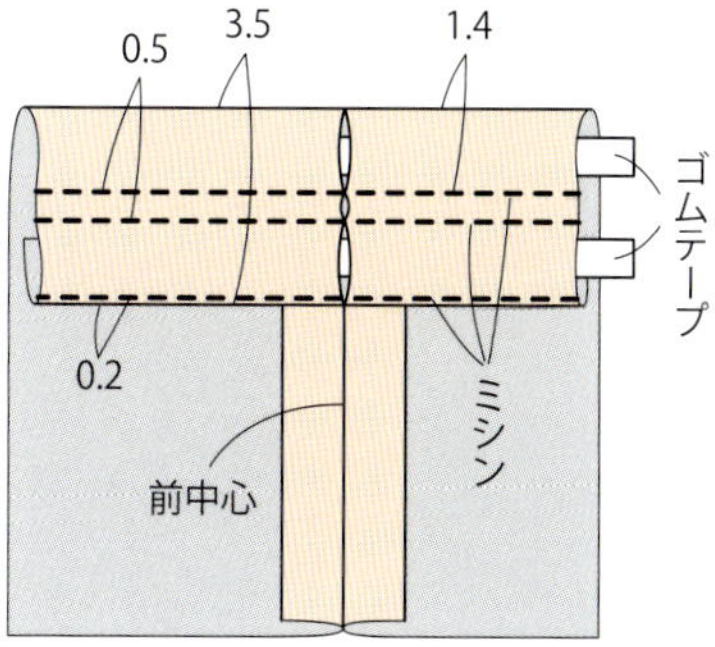

2 裾を三つ折りにして縫う

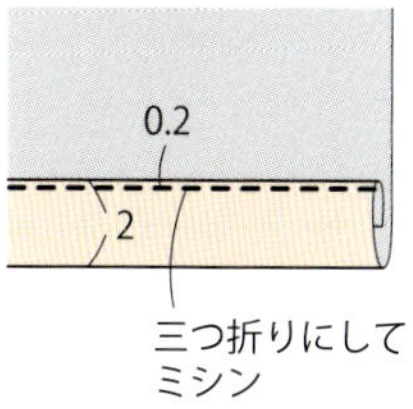

1 前中心を縫う

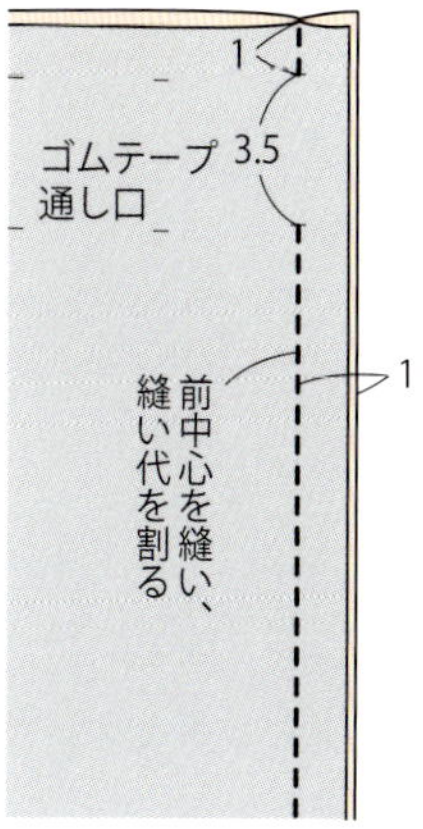

帯の幅そのまま、肩と脇を縫うだけ

兵児帯のゆったりチュニック

ここでは男性用の兵児《へこ》帯《おび》を使います。大きな帯幅をそのまま身頃に使うのでほどよいゆるみができる上、シックな色は手持ちのアイテムと合わせやすいのです。帯の両端にある絞り染めをスモッキング刺しゅうのように見立てているので、絞り部分がキュッと縮んだものを選んでください。

洗うと絞りが緩んでしまうので、キャミソールの下着を着るなどして、なるべく汗が付かないように。脱いだ後は風通しのよいところに干しましょう。

使ったきもの地

男性用の兵児帯

前後同形だから背中にも絞りがあります。

右のチュニックの着丈
を長くして、小さな袖
を付けました。

兵児帯とは

シルクや化繊など薄手の平織り布で、幅が広くて両端に絞り染めがあるのが特徴の、男性や子ども用の帯。名前の由来は薩摩(鹿児島県)の方言で若者を兵児といい、彼らが締めた帯を指したのが後に全国に広まって普及しました。

用意するもの

袖なしチュニック

男性用の兵児帯…1枚（参考寸法）72cm幅3m60cm

半袖チュニック

男性用の兵児帯…1枚（参考寸法）65cm幅3m70cm

作り方アドバイス

男性用の兵児帯は一般的に幅65～75cm前後です。使用する兵児帯の帯端をそのまま利用します。絞りの部分は手で伸ばしながら縫ってください。縫い終わると元に戻ります。

半袖チュニックは、裁ち方図の指定の位置にジグザグミシンをかけておきます。

製図

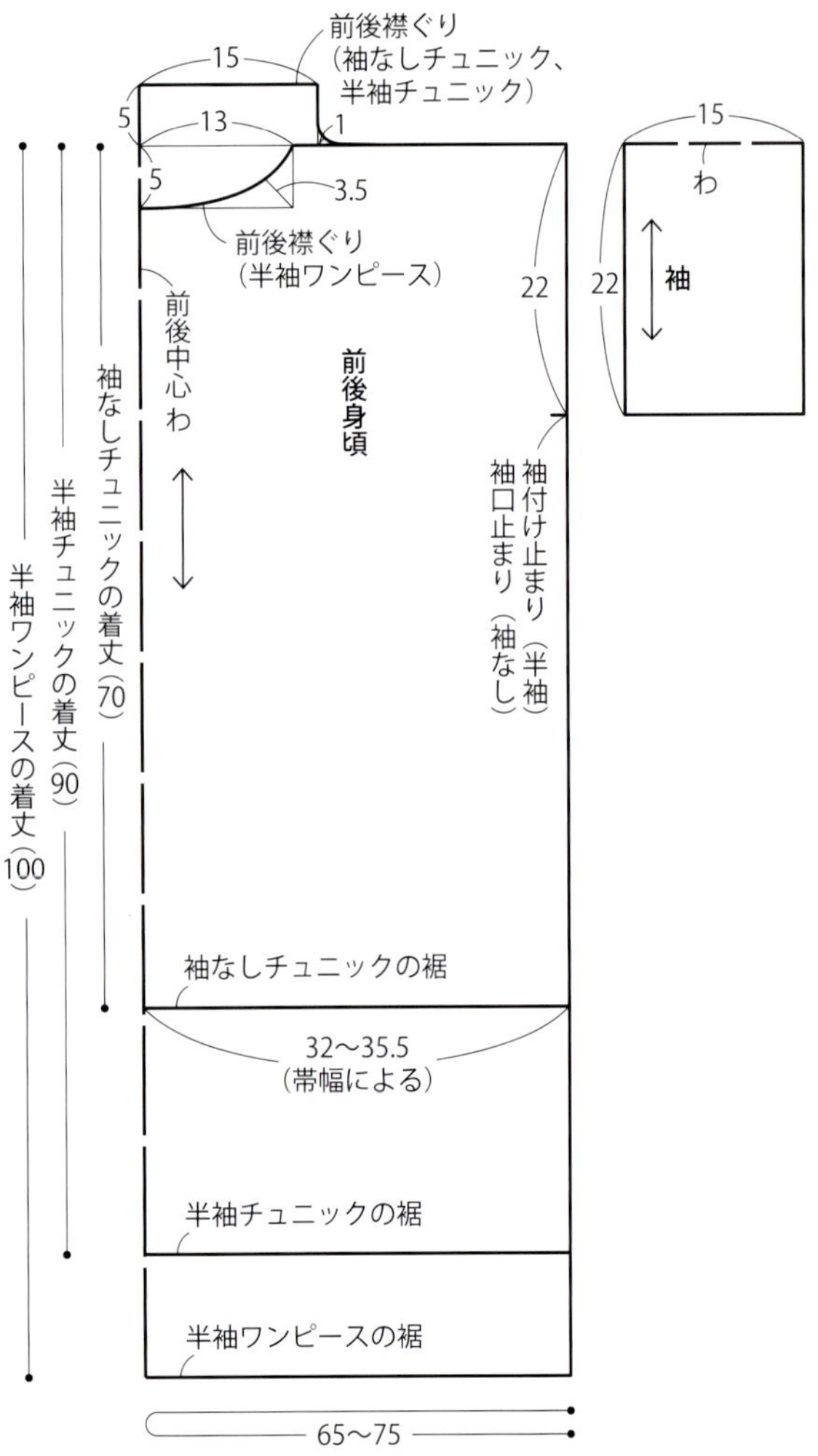

裁ち方

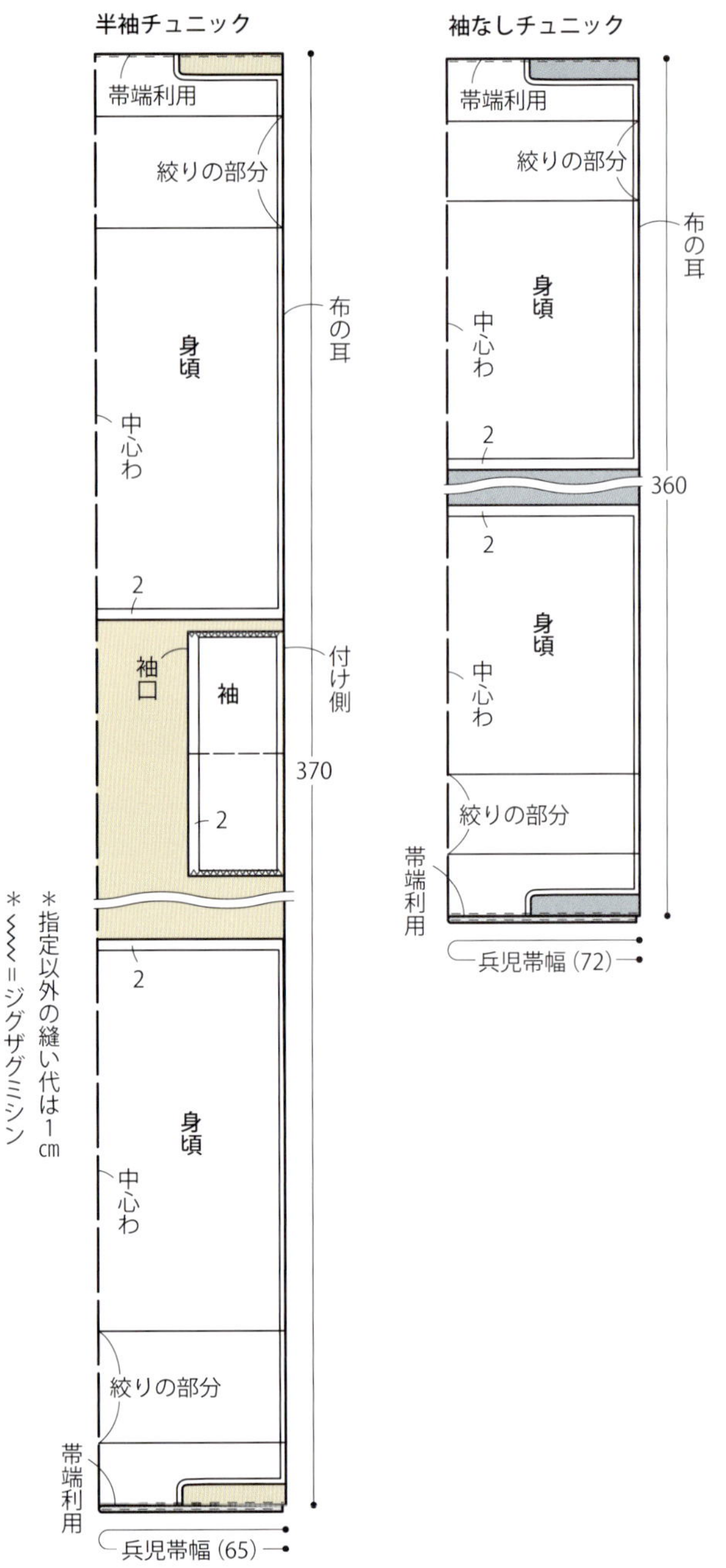

半袖チュニック

出来上がり寸法

バスト　約126cm
着　丈　90cm
ゆき丈　約47cm

袖なしチュニック

出来上がり寸法

バスト　約140cm
着　丈　70cm

1 肩を縫う
2 脇を縫う

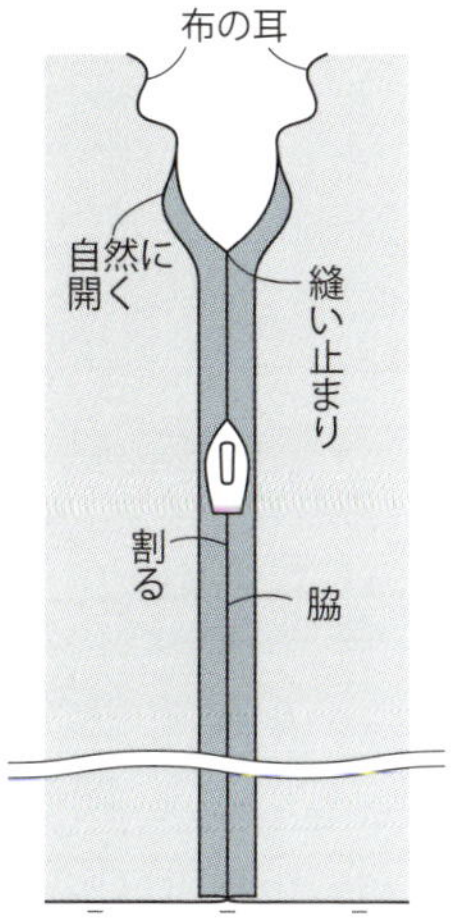

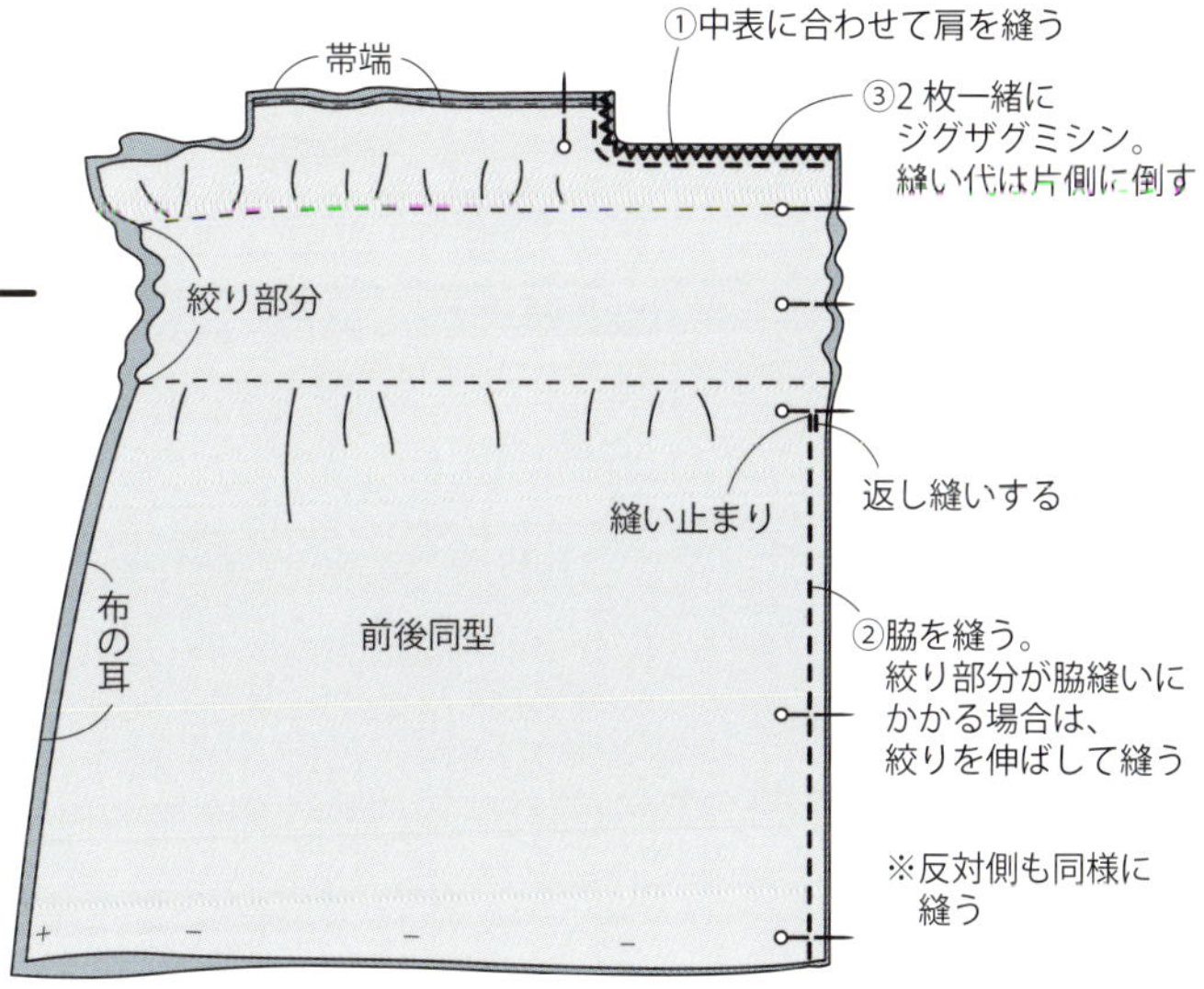

3 裾を三つ折りにして縫う

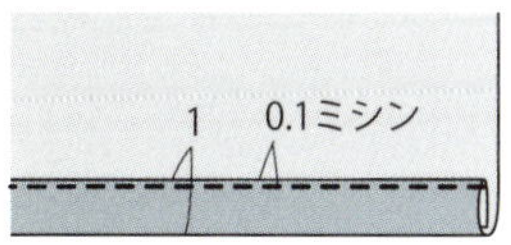

縫い方順序

3 袖を作って、付ける

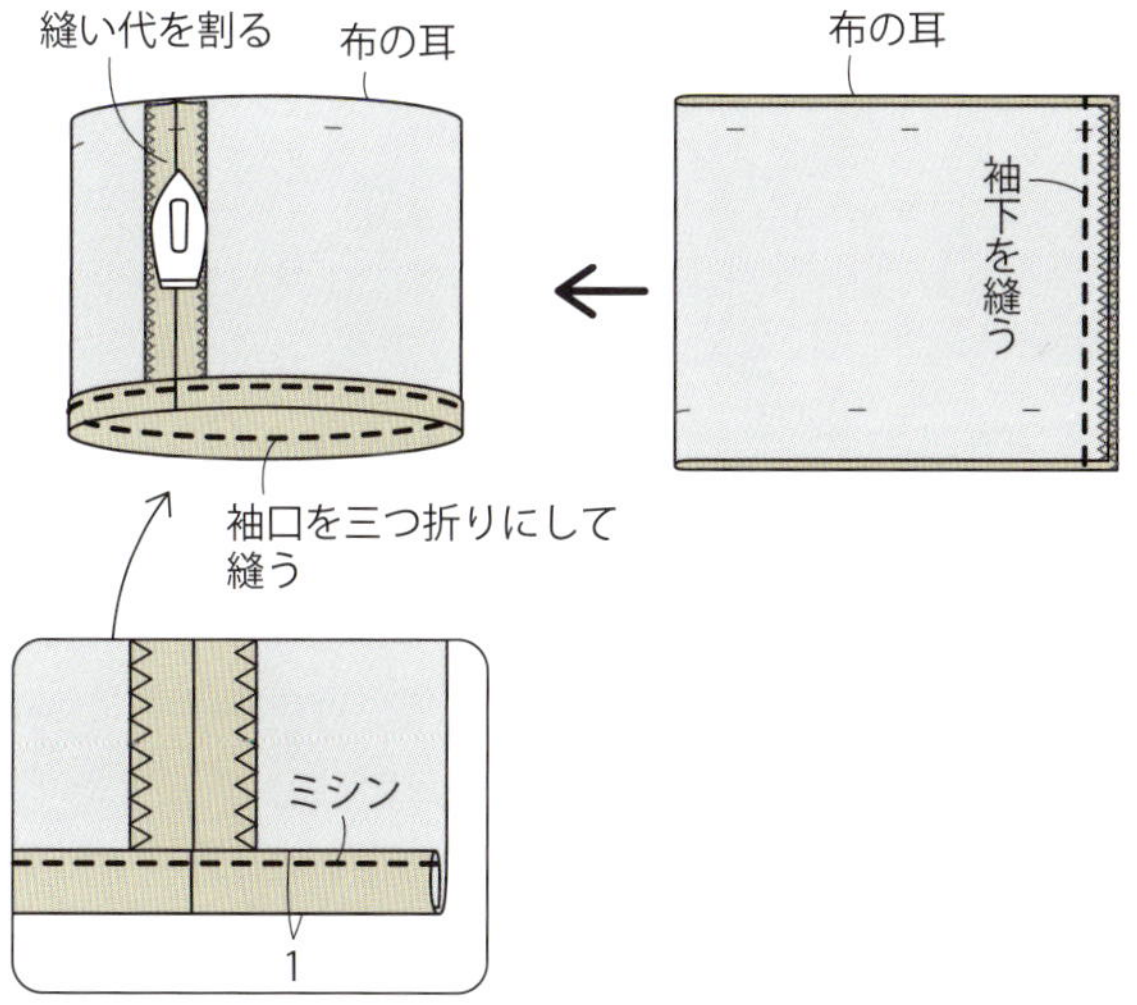

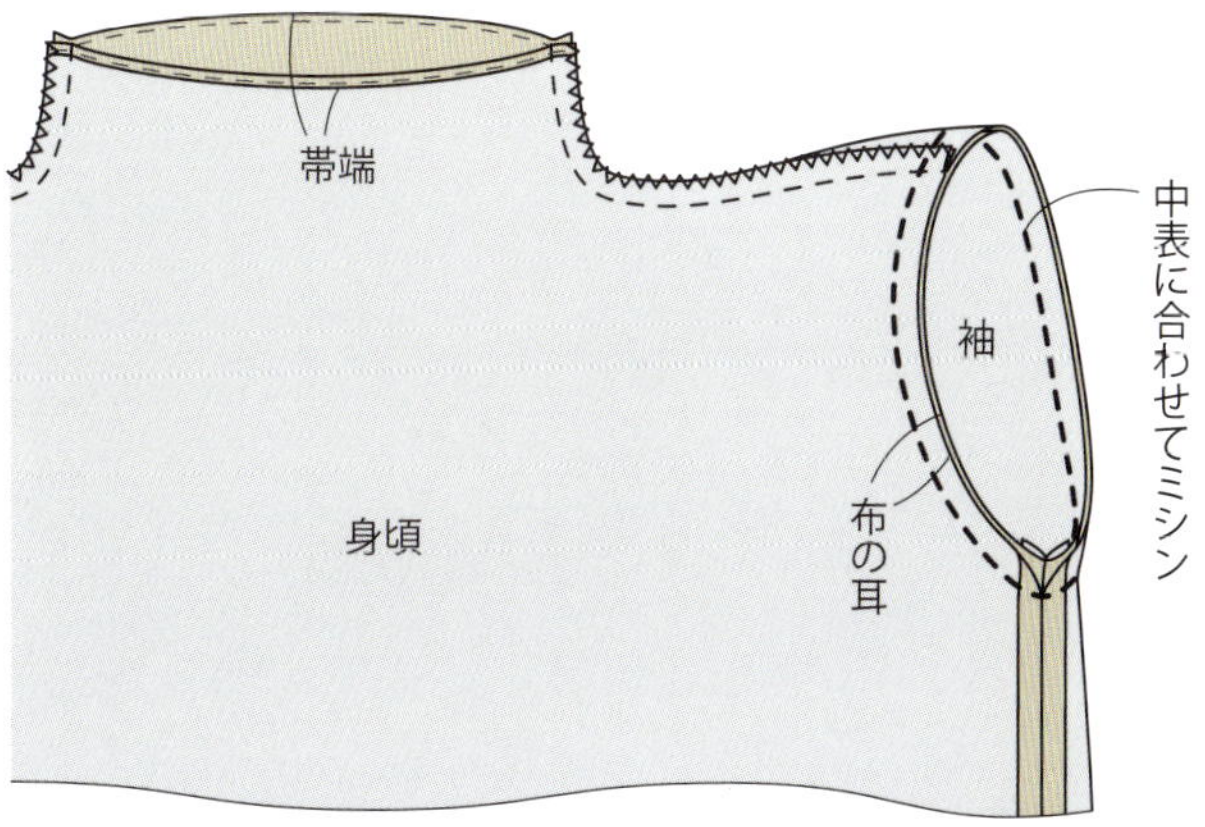

縫い方順序

※縫い方順序３以外は、袖なしチュニックを参照してください。

ドレスアップにも最適

兵児帯のワンピース

使ったきもの地

男性用の兵児帯

チュニックの着丈をひざ下くらいまで長くアレンジしたワンピース。襟元は丸くくり抜いて、首回りがすっきり見えるようにしました。襟ぐりにはゴムテープを通したので、チュニック同様かぶって着られます。紺や黒で作ると改まった雰囲気で、夏場の法事にも着られます。また、インナーを重ね着すれば、四季を通して重宝します。

用意するもの

男性用の兵児帯…1枚(参考寸法) 70cm幅3m60cm

ゴムテープ………0.7cm幅50cm

作り方アドバイス

製図は18ページにあります。裁ち方図の指定の位置にジグザグミシンをかけておきます。縫い方順序**4**、**5**は、袖なしチュニックと半袖チュニックを参照してください。

出来上がり寸法		
バスト　約136cm	着丈　100cm	ゆき丈　約49cm

縫い方順序

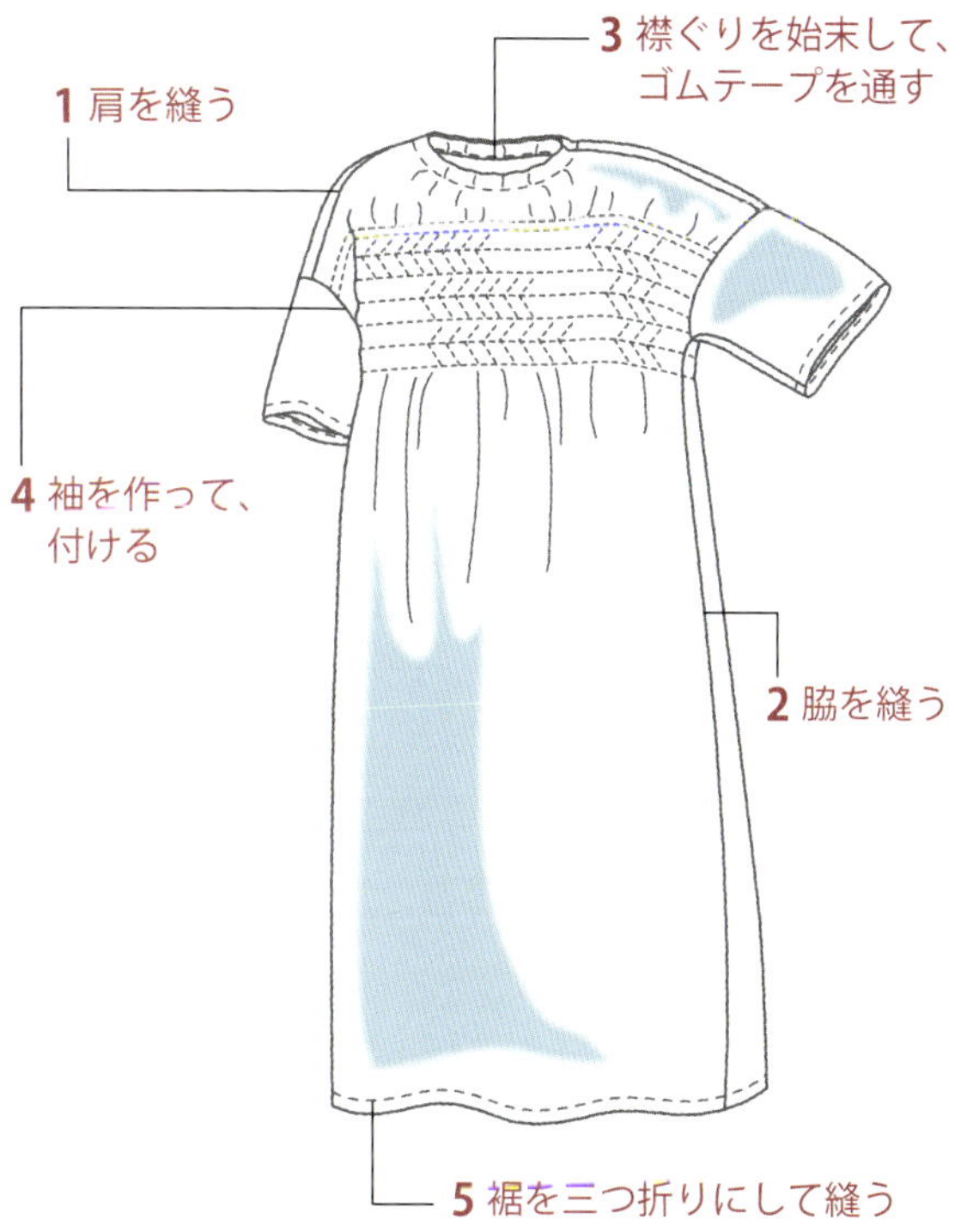

裁ち方

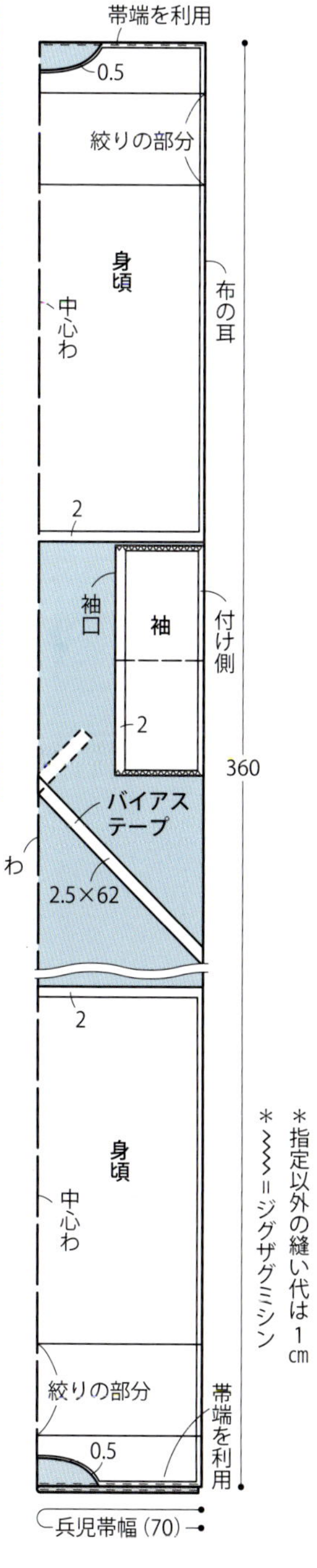

1 肩を縫う
2 脇を縫う

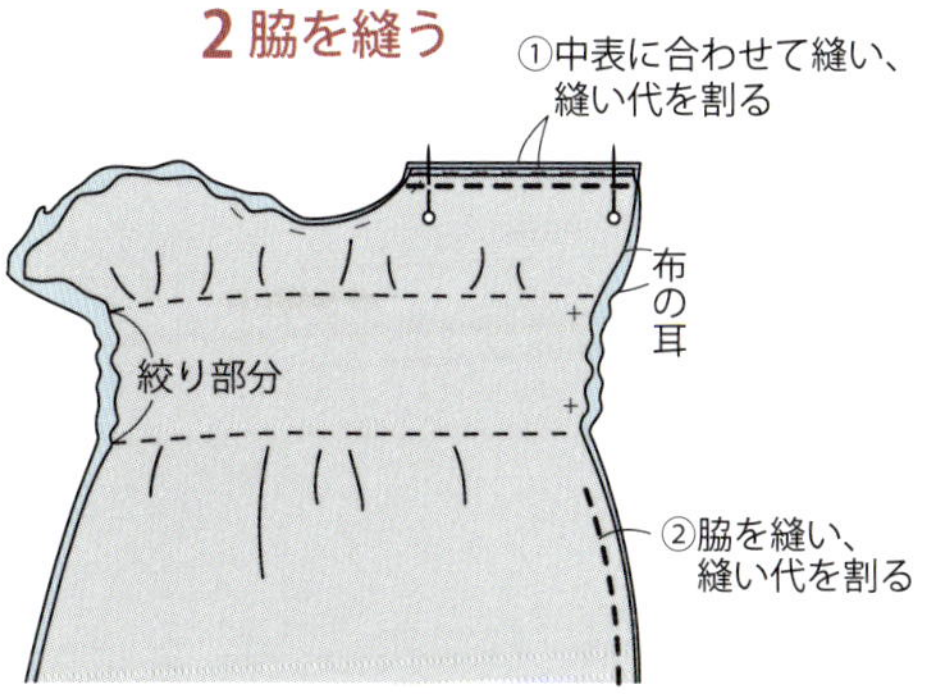

3 襟ぐりを始末して、ゴムテープを通す

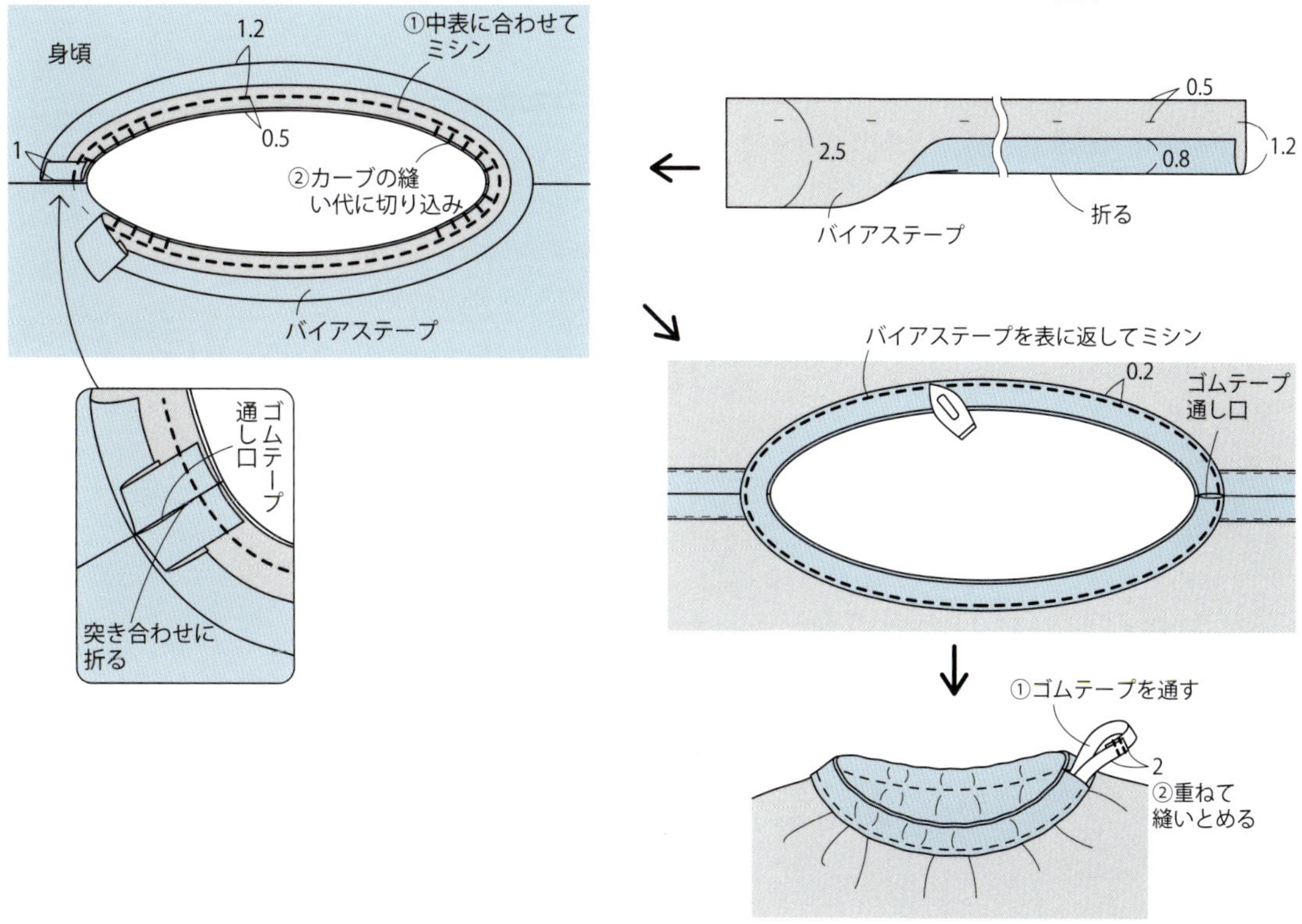

リフォームを思い立ったら、まずこれ

古いきものほど、布地の状態を確かめましょう。

いつかリフォームしたいと思いつつ、たんすに眠ったままのきもの。長期間そのままにしていると、保管状況によっては生地が傷んでいたり、もろくなっていたりすることがあります。

いざリフォームを思い立ったら、まず最初に、リフォームに適しているかどうか、きもの地の状態を確認することから始めてください。

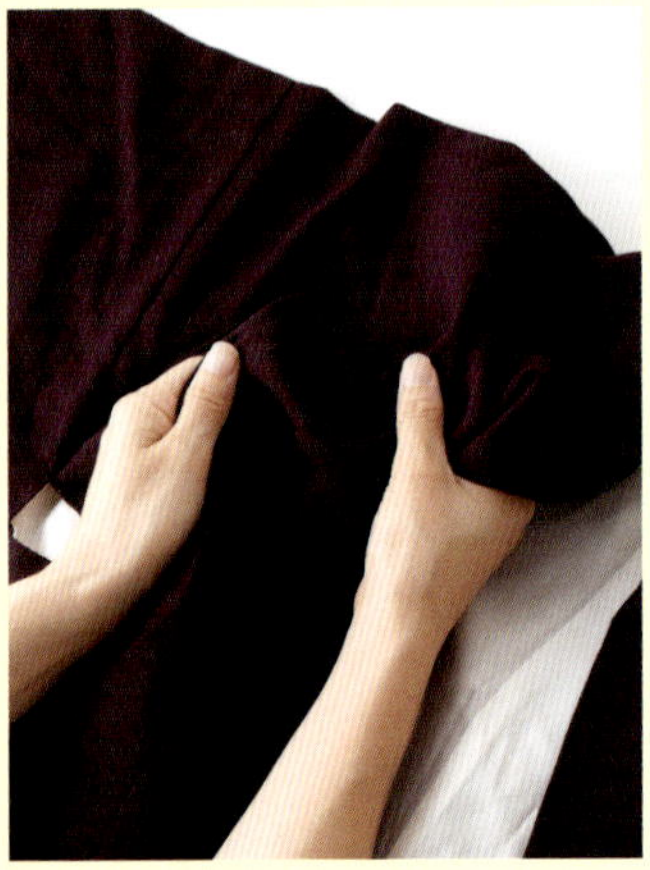

もろくなっていませんか

生地の耐久性は古いものほど弱くなります。全体を触って、極端に薄くなっている部分がないか、チェックしましょう。特にお尻の部分はこすれて薄くなりやすいので、よく確認してください。

また、軽く引っ張ってみて、切れてしまうものはリフォームに不向きです。

シミや汚れはありませんか

衿や袖口など直接肌に触れる部分はシミや汚れが付きやすいところです。必ず確認しましょう。

保管状況によってはあらゆるところにシミが付いている可能性があるので、全体を見て、どこにどのくらいのものがあるかをチェックしてください。

シミの位置によっては、型紙の置き方次第で布地を生かせる場合があります。

裁つのも縫うのもラク！

〝ほぼまっすぐ〟で完成します

使ったきもの地　麻

広がる袖口がエレガントな羽織りもの

Aラインのオーバーブラウス

よくある型紙は袖山と袖ぐりがカーブですが、ここではどちらも直線。肩、脇もまっすぐ、前あきもボタンホールではなくスナップどめなので、作るのが実に簡単です。体をふんわりと包むAラインのデザイン、袖口に向かって広がるトランペットスリーブはとてもエレガント。張りのあるきもの地で作りましたが、正絹で作るとドレープの美しいシルエットになります。

用意するもの

きもの地……36cm幅5m、18cm幅70cm
接着芯………30cm × 70cm
スナップ……直径1cm3組

作り方アドバイス

前見返しと前後の襟ぐり見返しに接着芯を貼り、裁ち方図の指定の位置にジグザグミシンをかけておきます。

出来上がり寸法
バスト 104cm
着 丈 62cm

裁ち方

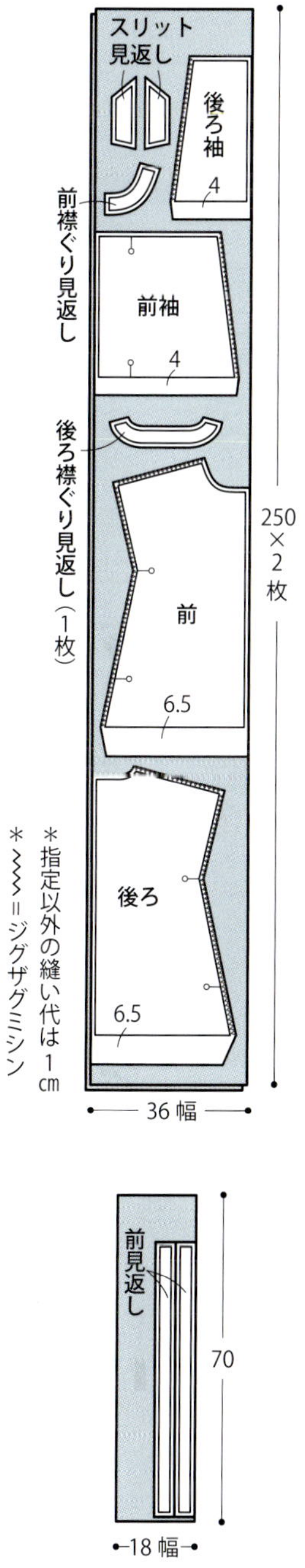

製図

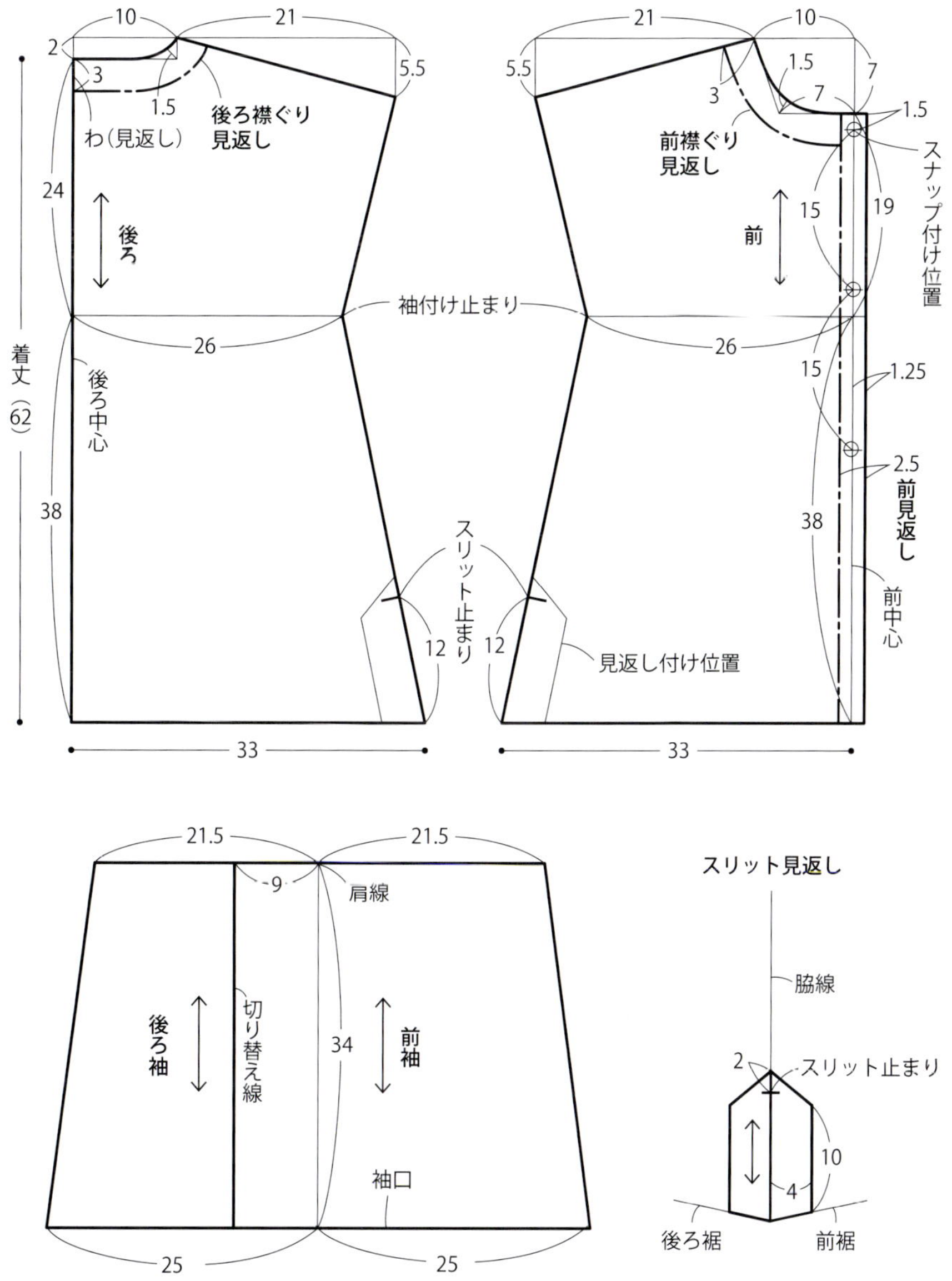

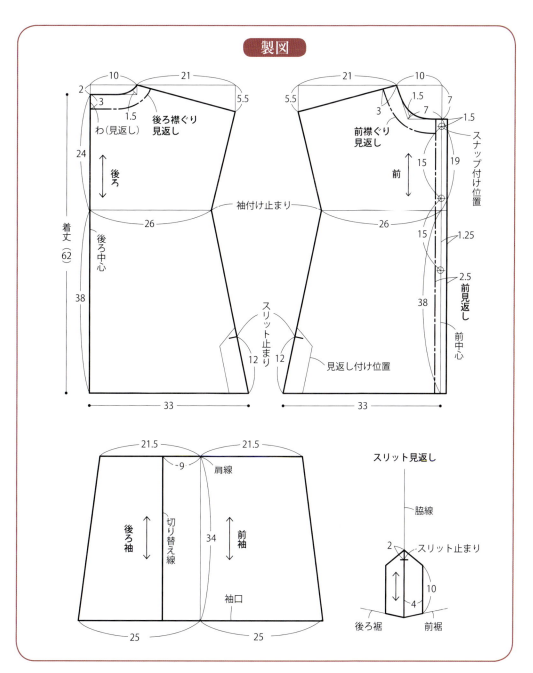

1 後ろ中心を縫い、身頃と見返しの肩を縫う

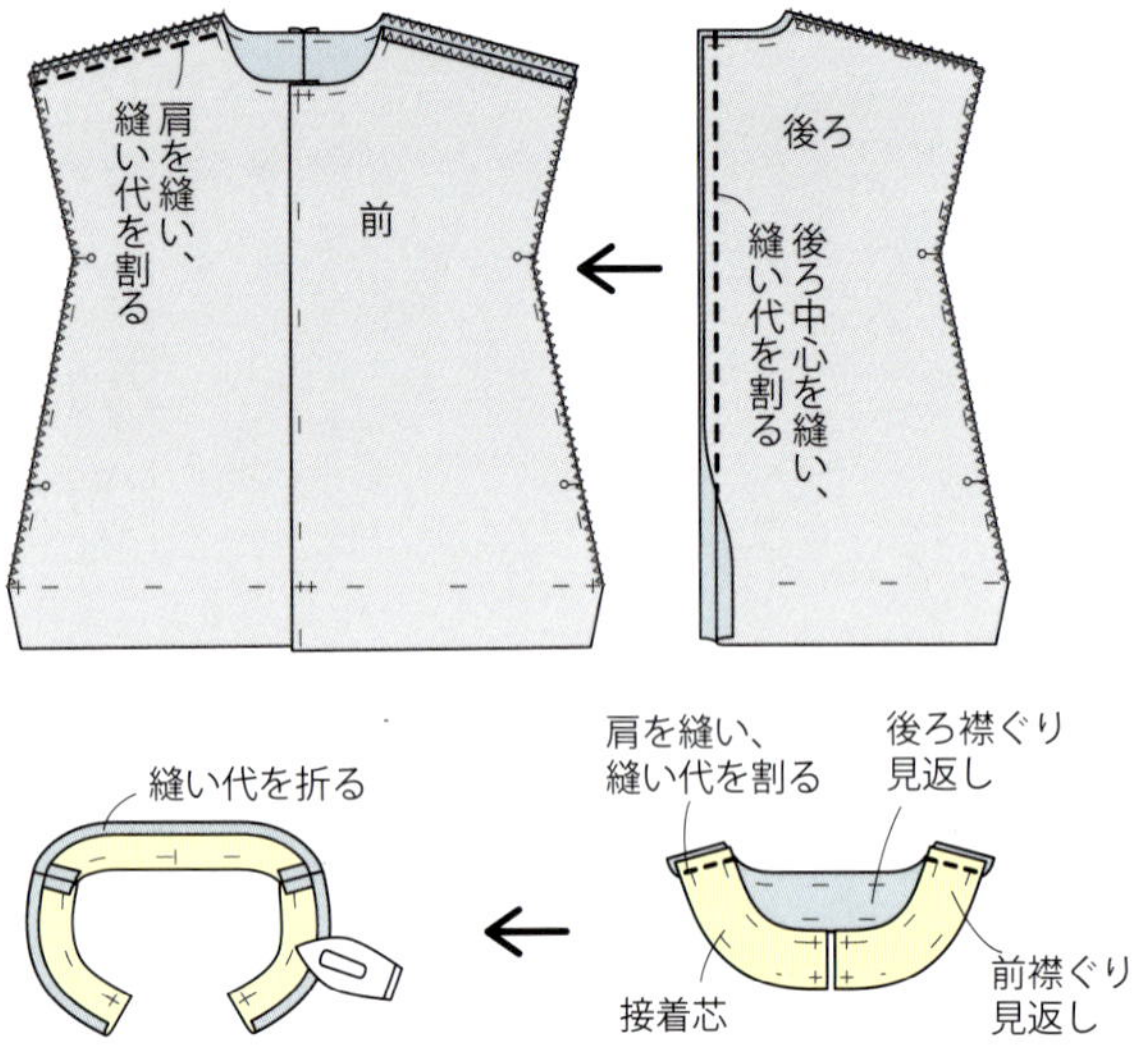

肩を縫い、縫い代を割る
前
後ろ
後ろ中心を縫い、縫い代を割る
縫い代を折る
肩を縫い、縫い代を割る
後ろ襟ぐり見返し
接着芯
前襟ぐり見返し

縫い方順序

2 前と襟ぐりの見返しを付ける
1 後ろ中心を縫い、身頃と見返しの肩を縫う
6 袖を付ける
5 袖を縫う
3 脇を縫う
7 スナップを付ける
4 スリットに見返しを付け、裾を始末する

2 前と襟ぐりの見返しを付ける

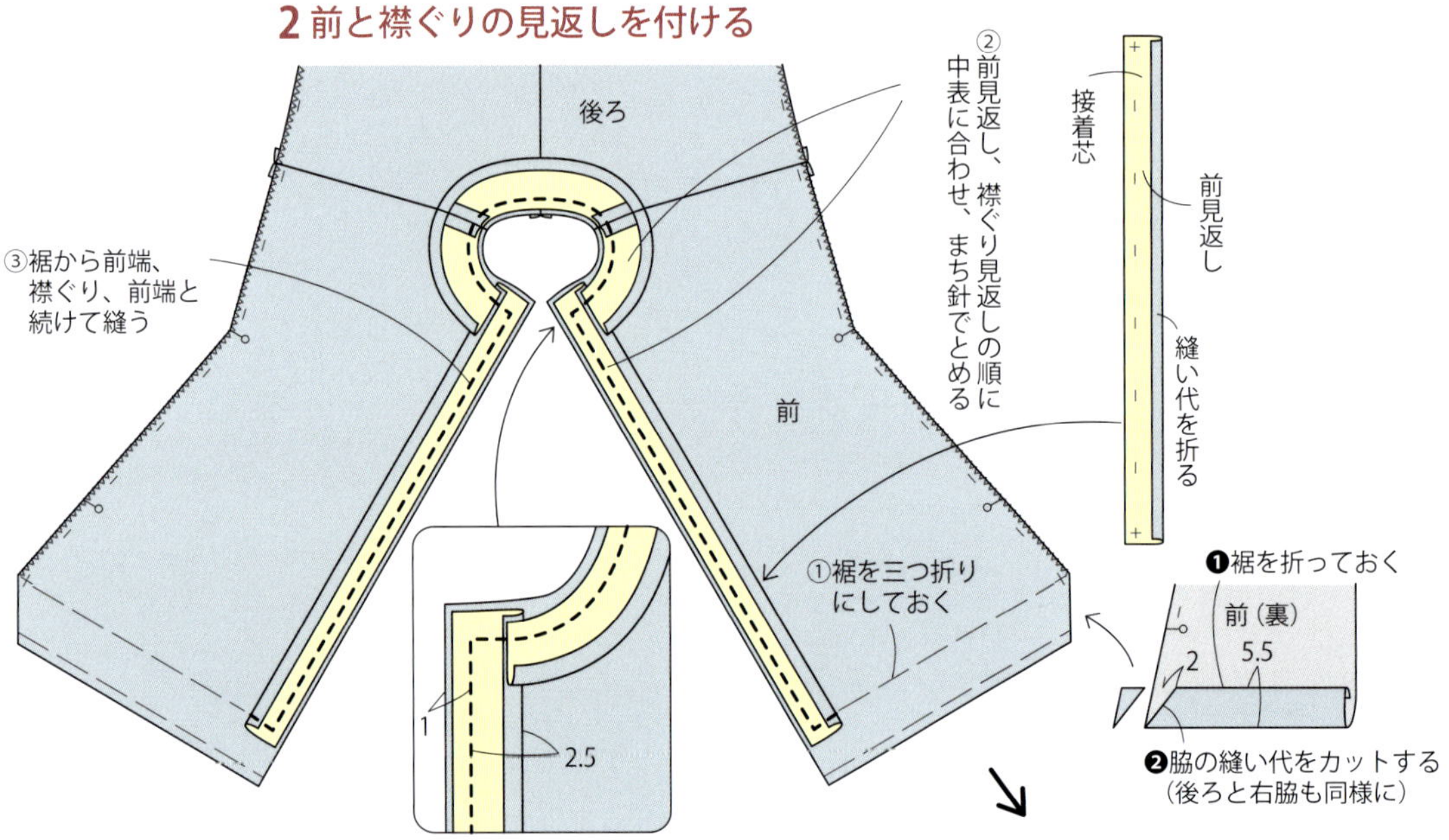

後ろ
②前見返し、襟ぐり見返しの順に中表に合わせ、まち針でとめる
接着芯
前見返し
縫い代を折る
③裾から前端、襟ぐり、前端と続けて縫う
前
①裾を三つ折りにしておく
1
2.5
❶裾を折っておく
前（裏）
2
5.5
❷脇の縫い代をカットする（後ろと右脇も同様に）

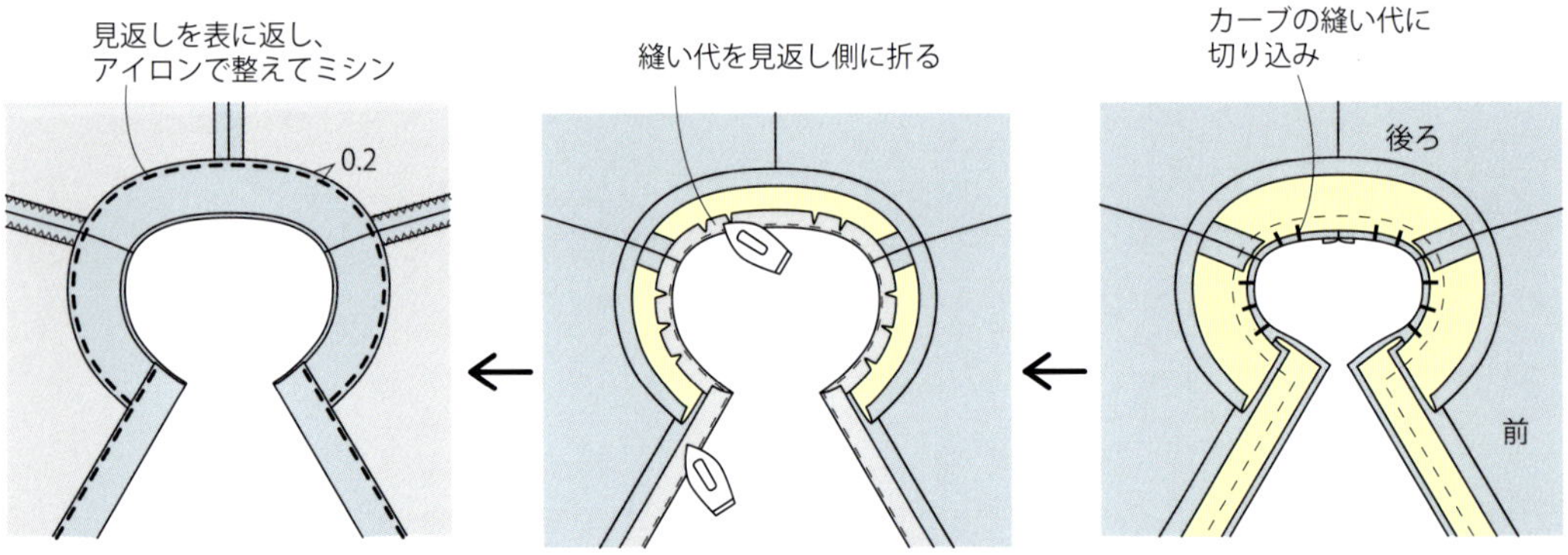

見返しを表に返し、アイロンで整えてミシン
0.2
縫い代を見返し側に折る
カーブの縫い代に切り込み
後ろ
前

3 脇を縫う

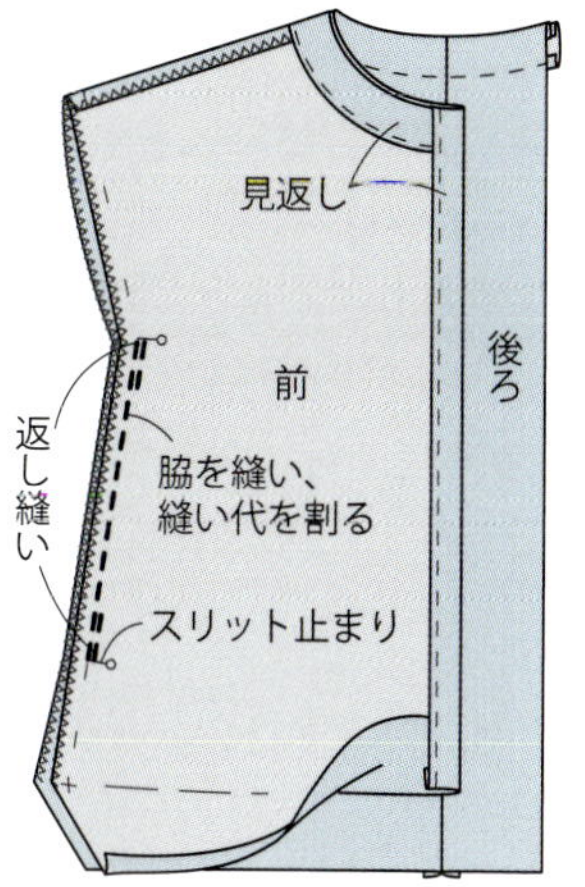
見返し
後ろ
前
返し縫い
脇を縫い、
縫い代を割る
スリット止まり

4 スリットに見返しを付け、裾を始末する

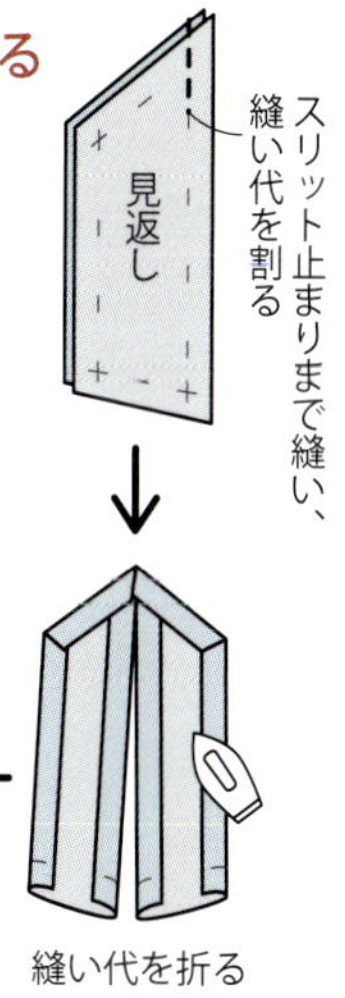
スリット止まりまで縫い、
縫い代を割る
見返し
縫い代を折る

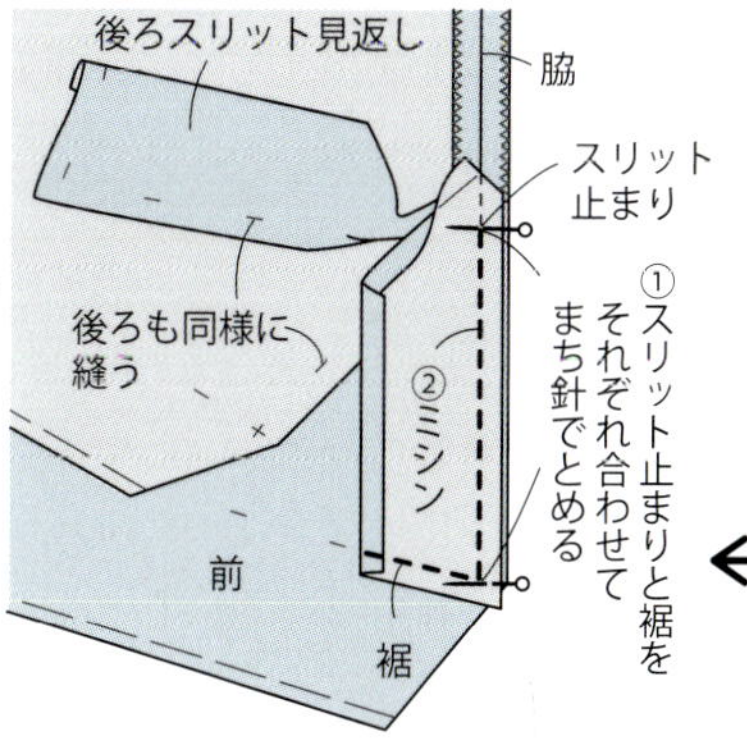
後ろスリット見返し
脇
スリット
止まり
①スリット止まりと裾を
それぞれ合わせて
まち針でとめる
後ろも同様に
縫う
②ミシン
前
裾

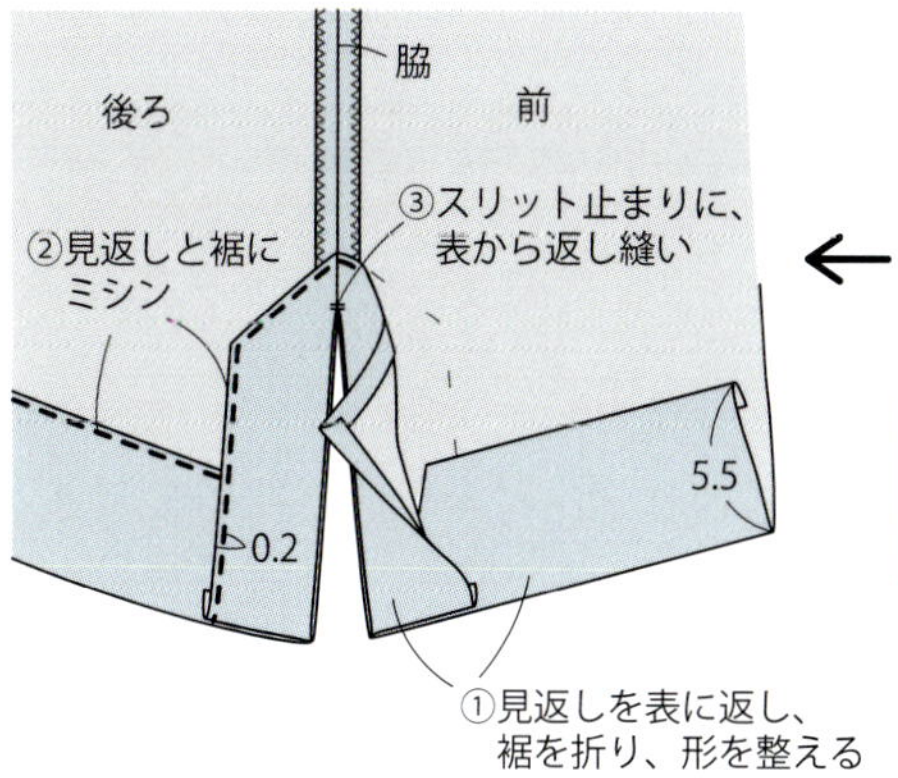
後ろ
脇
前
③スリット止まりに、
表から返し縫い
②見返しと裾に
ミシン
0.2
5.5
①見返しを表に返し、
裾を折り、形を整える

5 袖を縫う

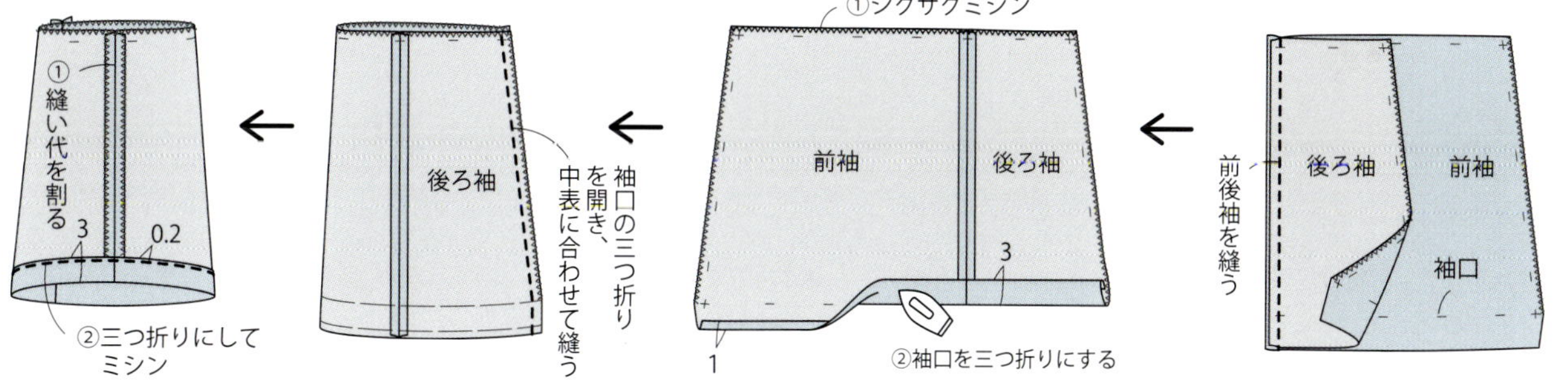
前後袖を縫う
後ろ袖
前袖
袖口
①ジグザグミシン
前袖
後ろ袖
3
1
②袖口を三つ折りにする
後ろ袖
袖口の三つ折りを開き、中表に合わせて縫う
①縫い代を割る
3
0.2
②三つ折りにして
ミシン

6 袖を付ける

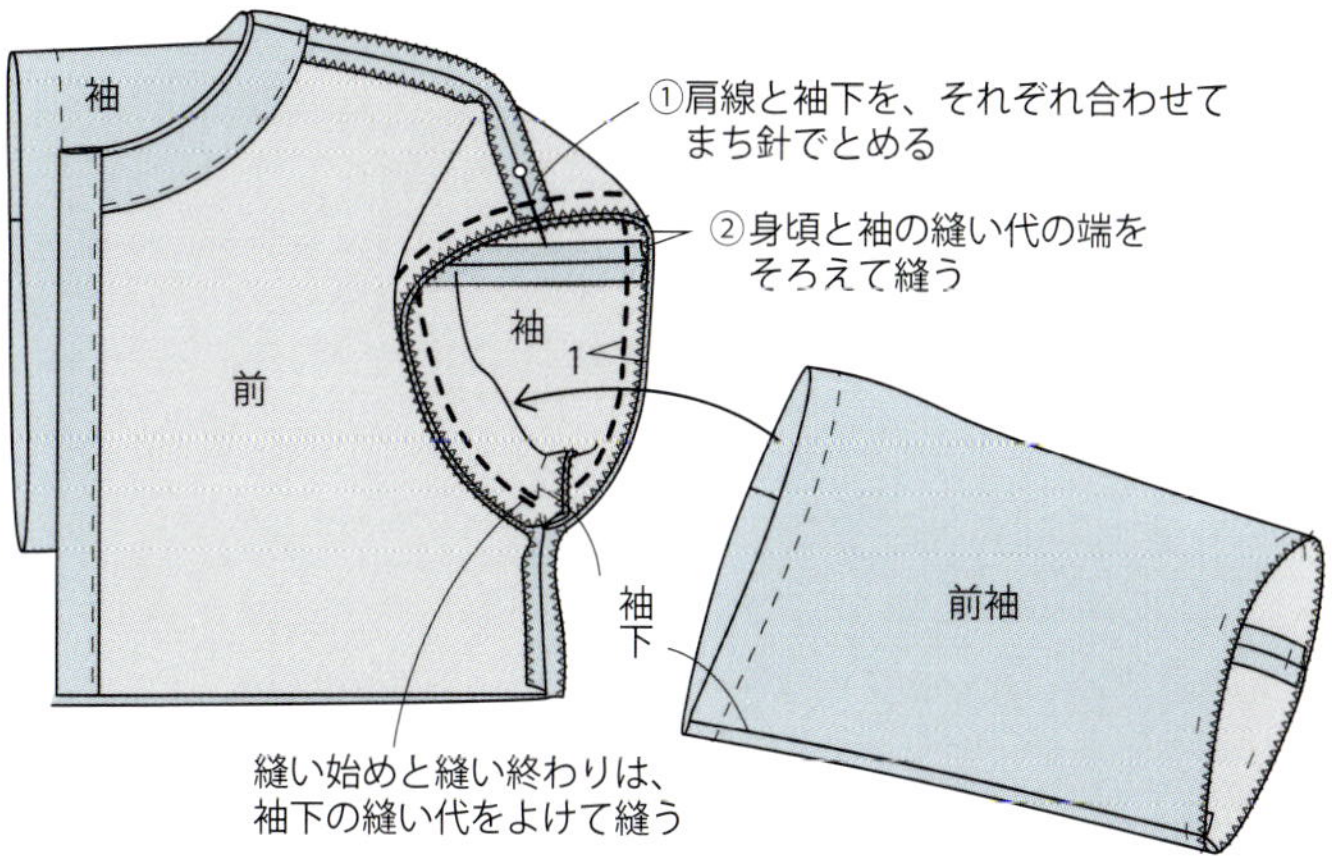
袖
前
袖
1
①肩線と袖下を、それぞれ合わせて
まち針でとめる
②身頃と袖の縫い代の端を
そろえて縫う
袖下
前袖
縫い始めと縫い終わりは、
袖下の縫い代をよけて縫う

7 スナップを付ける

スナップは、ボタン付け糸か
刺しゅう糸など太めの糸で付け、
右前は表まで針を通して、飾
りステッチのように見せる

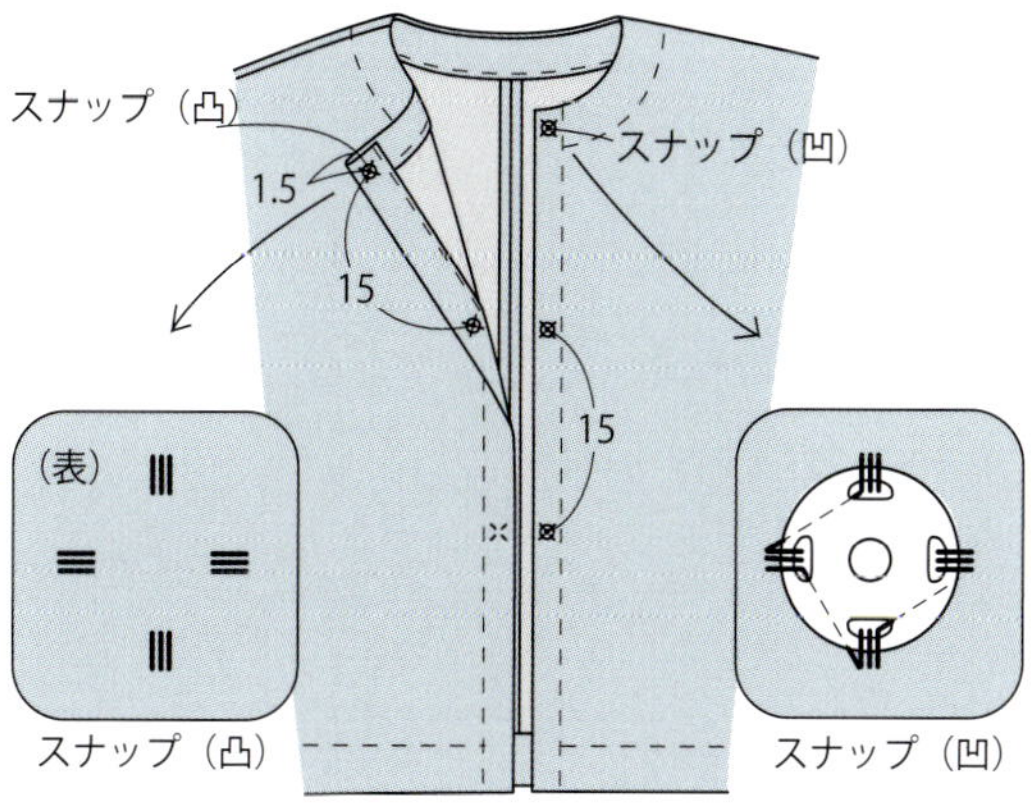
スナップ（凸）
1.5
15
スナップ（凹）
15
(表)
スナップ（凸）
スナップ（凹）

体形をスラリと見せる

Vネックのオーバーブラウス

肩、脇、裾、袖ぐりがまっすぐなのに加え、襟ぐりもほぼ直線という、初めての方にも挑戦しやすい一枚です。Vネックが深いので、かぶって着られます。

また、胸元がゆったりとしていて、緩やかに裾すぼまりのデザインは、着る人をスラリと見せる効果があります。袖は五分袖にして肘が隠れるように工夫しました。右に一つ、少し斜めに付けたポケットがおしゃれなアクセントです。

使ったきもの地　紬

用意するもの

きもの地……36cm幅5m60cm

作り方アドバイス

裁ち方図の指定の位置にジグザグミシンをかけ、ポケットの型紙は底の丸み部分のみ、はがき程度の厚紙で作っておきます。

出来上がり寸法

バスト 116㎝
着丈 74㎝

製図

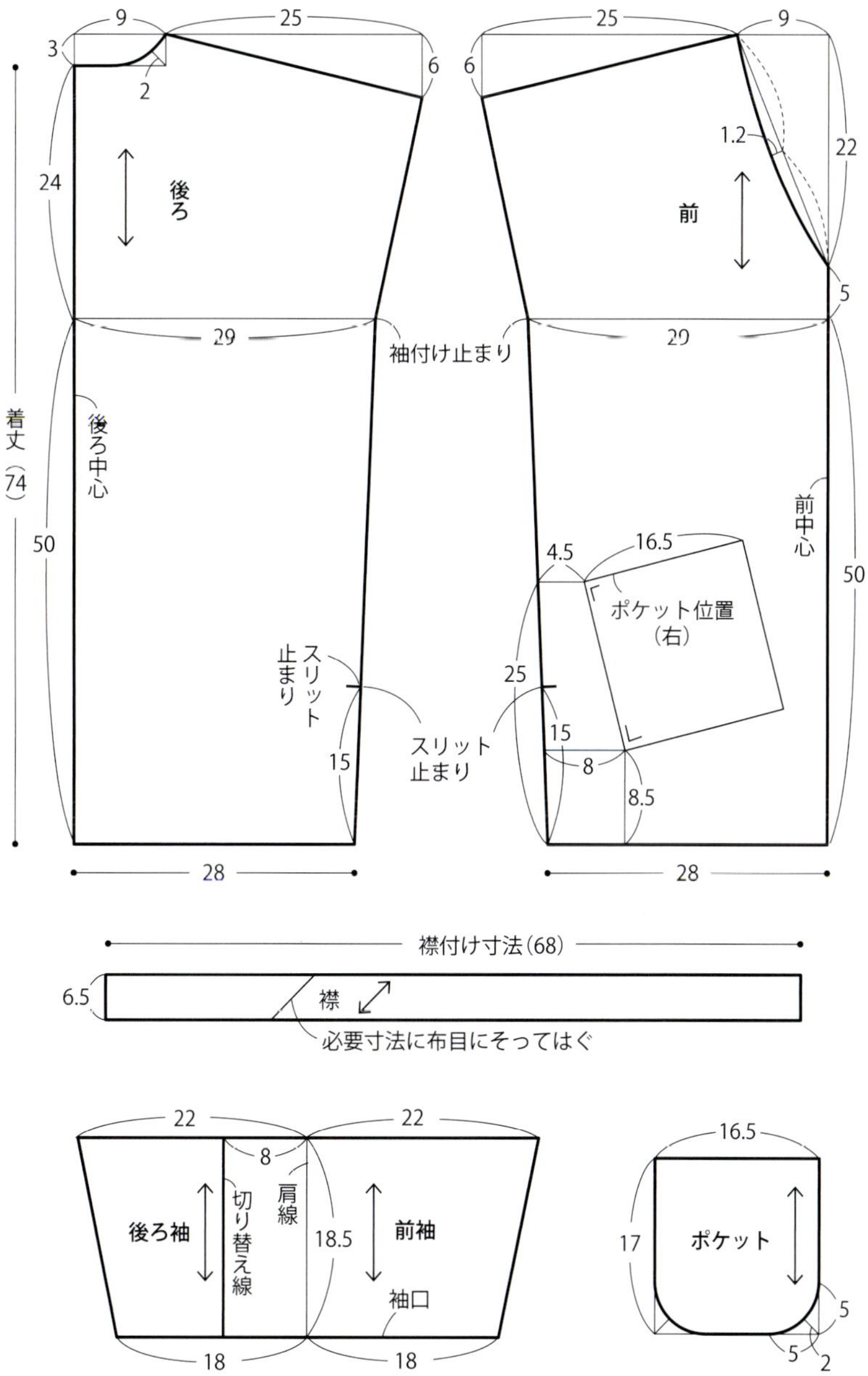

裁ち方

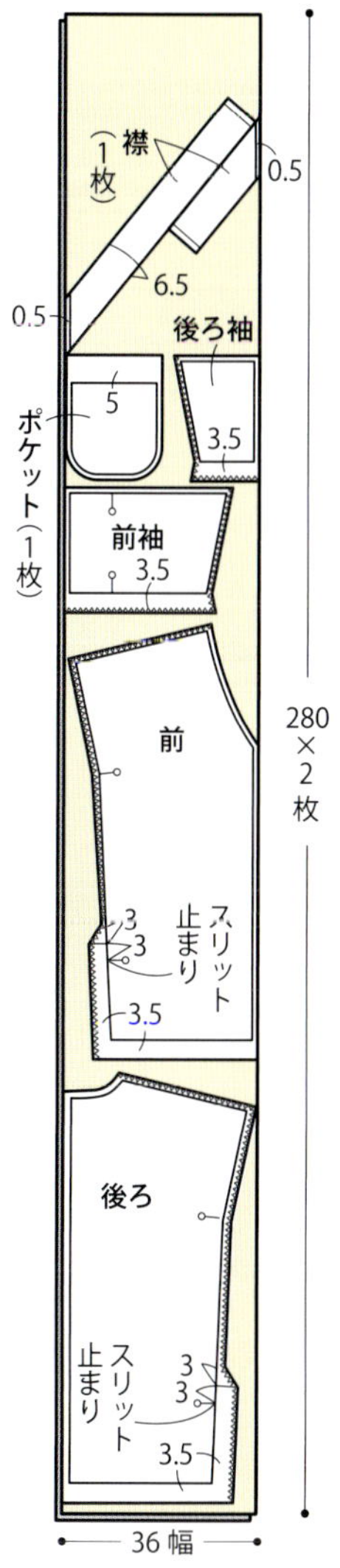

＊指定以外の縫い代は1㎝
＊〰＝ジグザグミシン

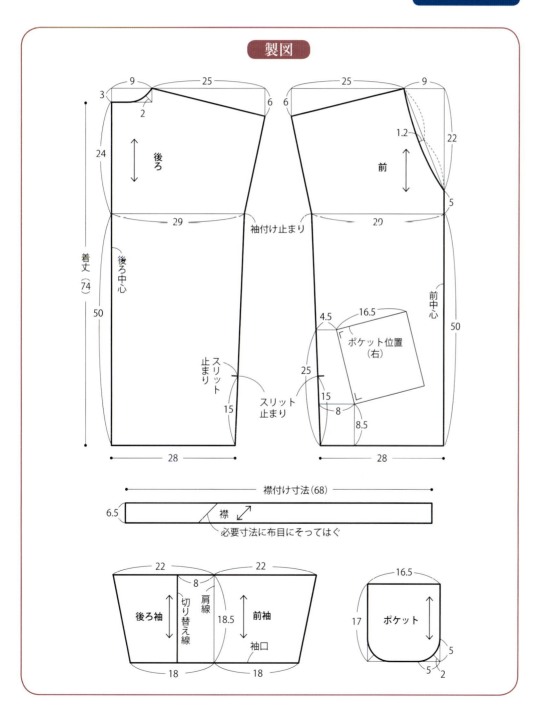

縫い方順序

2 前後中心を縫って肩を縫う

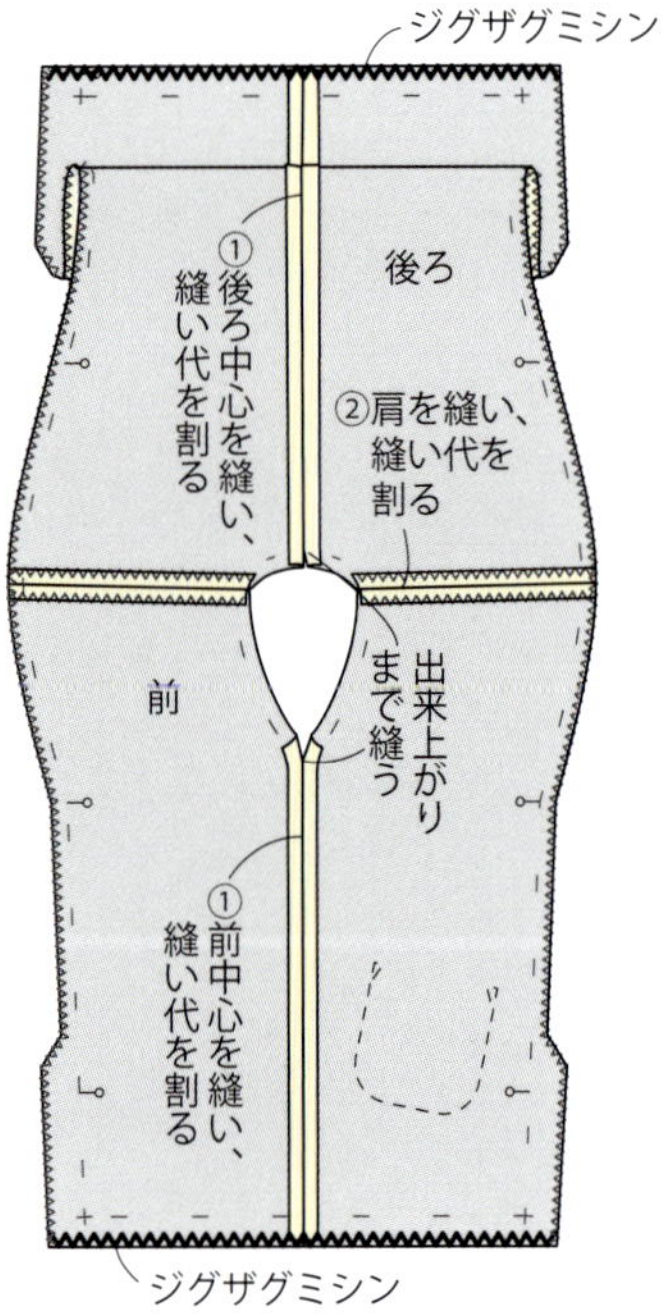

1 右前にポケットを付ける

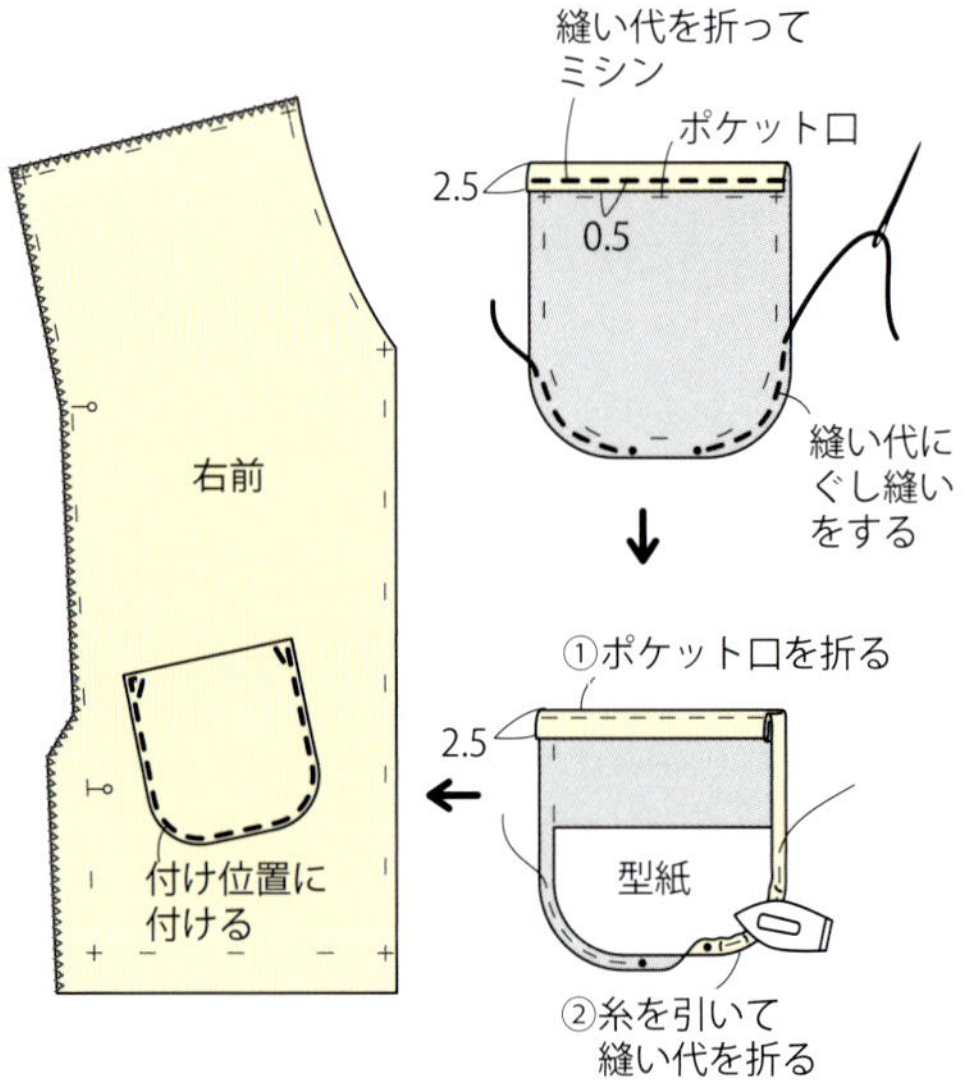

3 襟を付ける

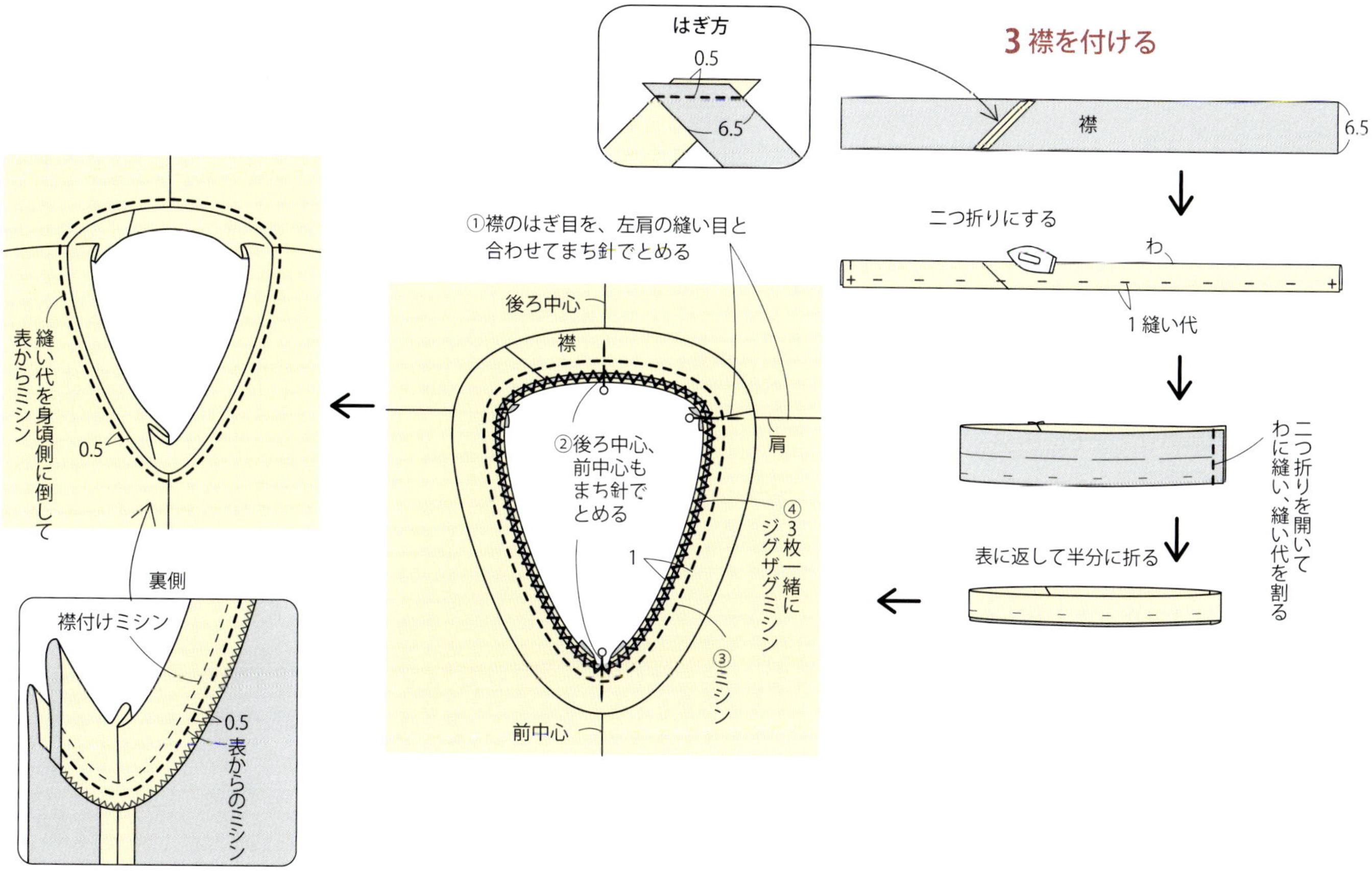

4 脇を縫って裾を始末する

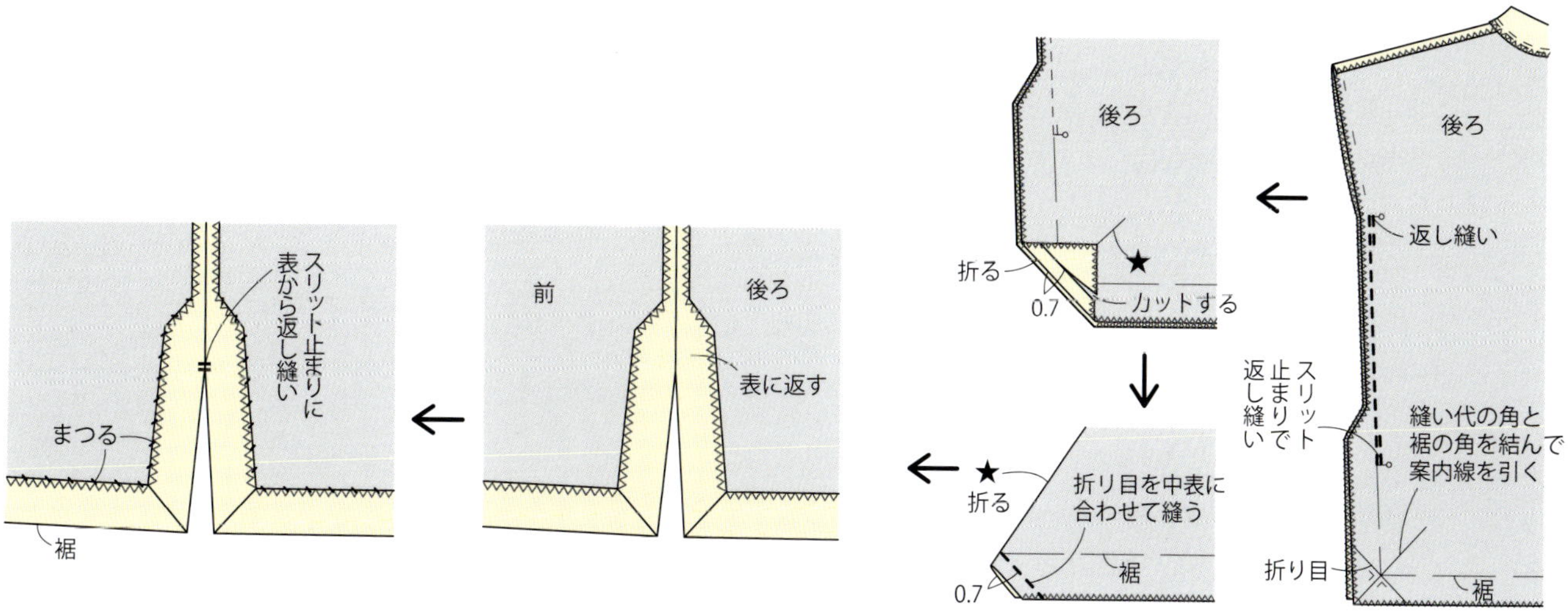

着まわしやすいチュニック丈

スラッシュあきのベスト

単衣のきもので作ったチュニック丈のベストです。身幅がたっぷりしていて、気になるヒップもおなか回りも隠れるので体形カバーにもってこい。

前を深いスラッシュあきにしたので、かぶって着られ、袖ぐりも広いので動きやすさも二重丸。

ベストの下は長袖のシャツや半袖のカットソーを合わせたり、ベストの上にカーディガンをはおったりすると、長いシーズン楽しめます。パンツに合わせてさっそうと着こなしてください。

使ったきもの地　紬

用意するもの

きもの地……36cm幅4m60cm
接着芯……… 30cm × 30cm

作り方アドバイス

前中心のあきの縫い代に接着芯を貼り（34ページの縫い方**1**参照）、裁ち方図の指定の位置にジグザグミシンをかけておきます。バイアステープは、襟ぐりの付け寸法より約0.5cm短く用意し、つり気味に付けるときれいです。

出来上がり寸法

バスト　約111cm
着　丈　　75cm

裁ち方

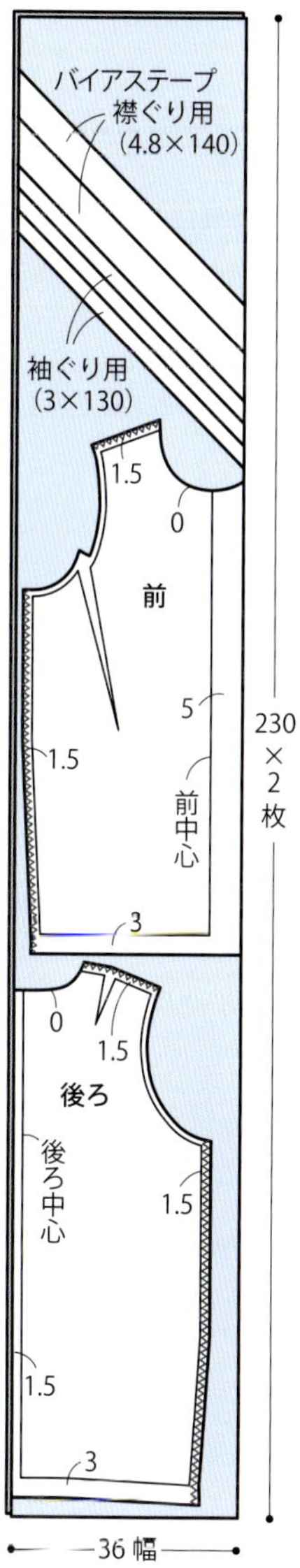

＊指定以外の縫い代は1cm
＊〰〰 = ジグザグミシン

製図

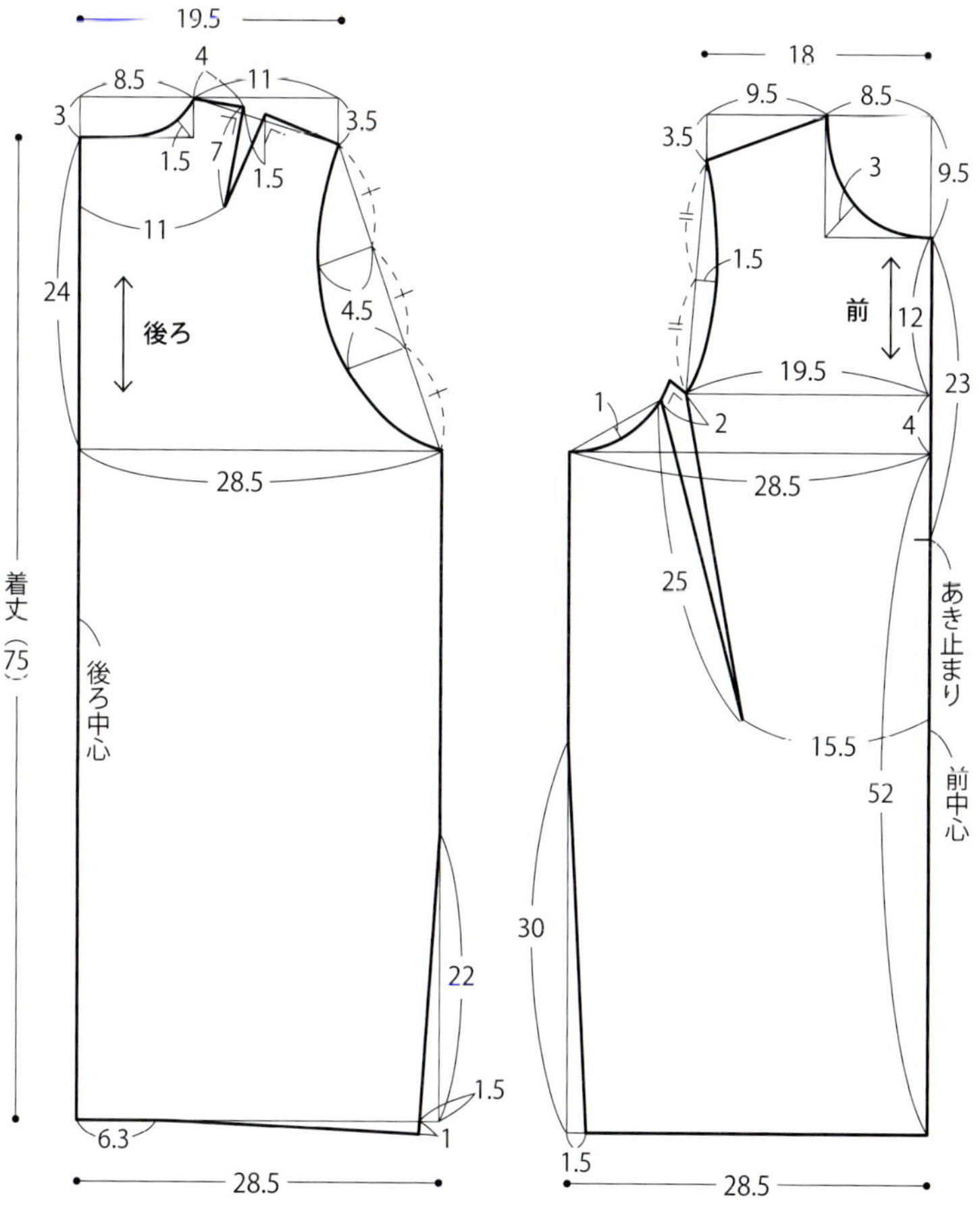

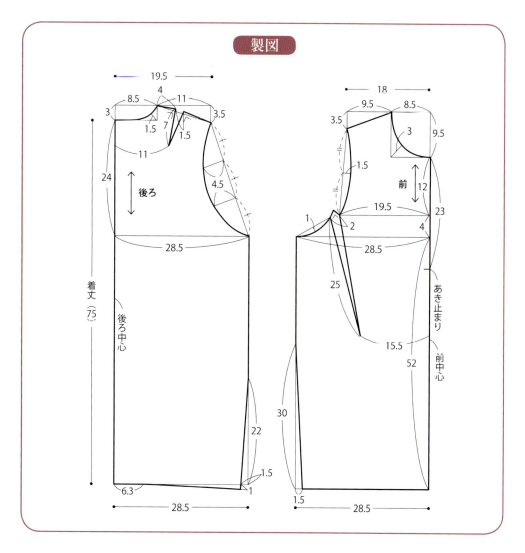

1 ダーツと前後中心を縫う

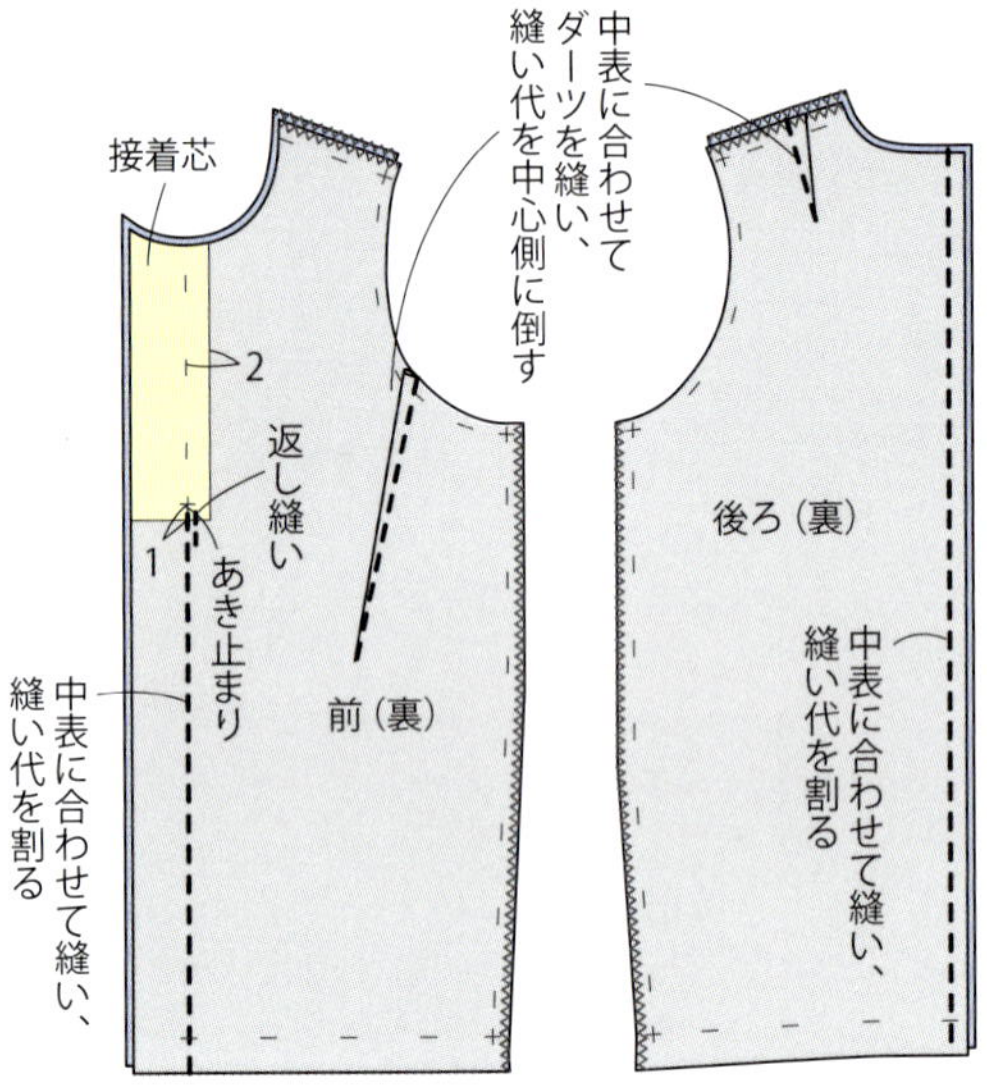
接着芯
2
1
返し縫い
あき止まり
中表に合わせて縫い、縫い代を割る
中表に合わせて
ダーツを縫い、
縫い代を中心側に倒す
前（裏）
後ろ（裏）
中表に合わせて縫い、縫い代を割る

縫い方順序

5 襟ぐりをバイアステープで始末して、続けてひもを縫う
2 肩を縫う
4 袖ぐりをバイアステープで始末する
1 ダーツと前後中心を縫う
3 脇を縫う
6 裾を二つ折りにしてまつる

2 肩を縫う

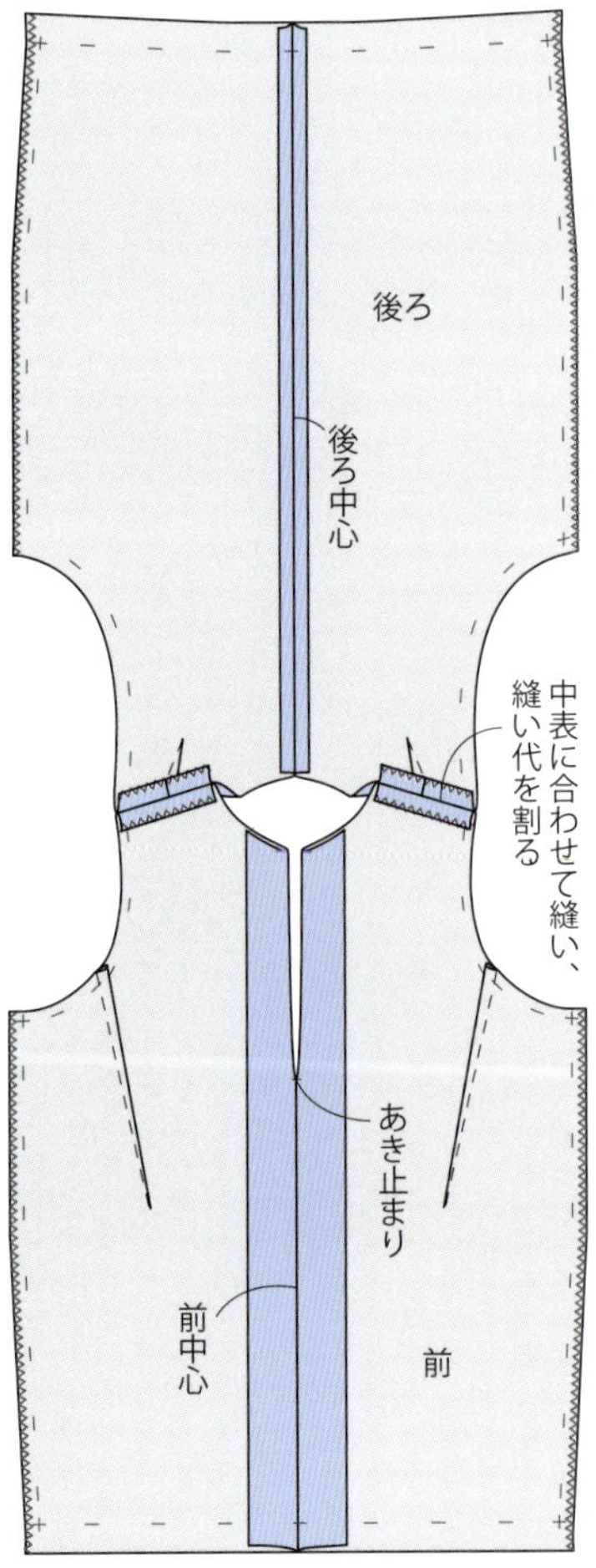
後ろ
後ろ中心
中表に合わせて縫い、縫い代を割る
あき止まり
前中心
前

3 脇を縫う

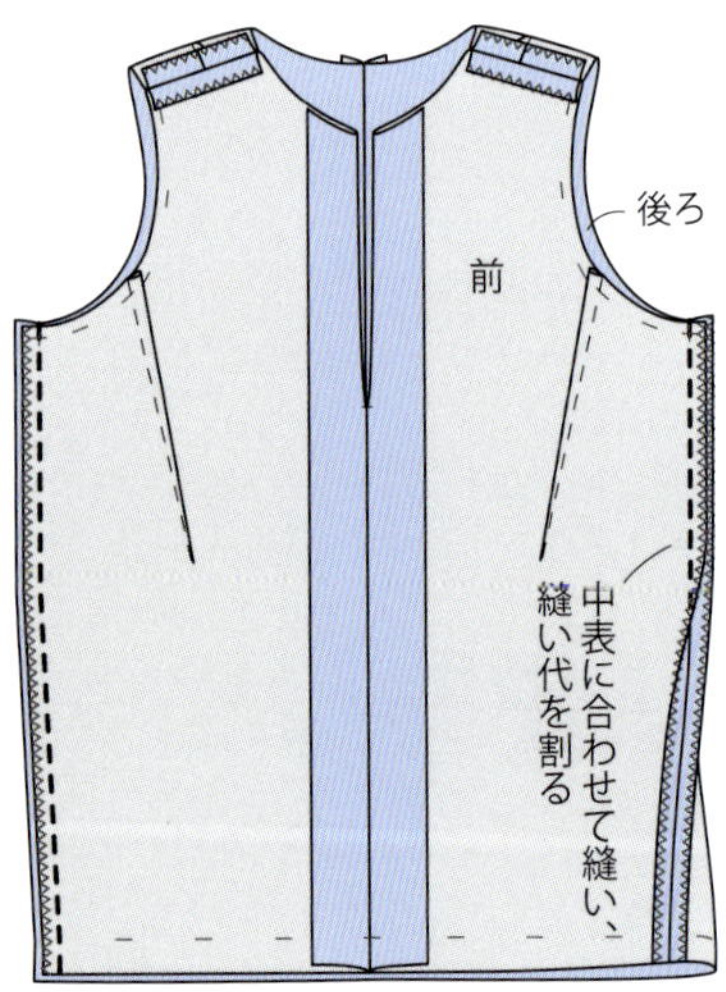
後ろ
前
中表に合わせて縫い、縫い代を割る

4 袖ぐりをバイアステープで始末する

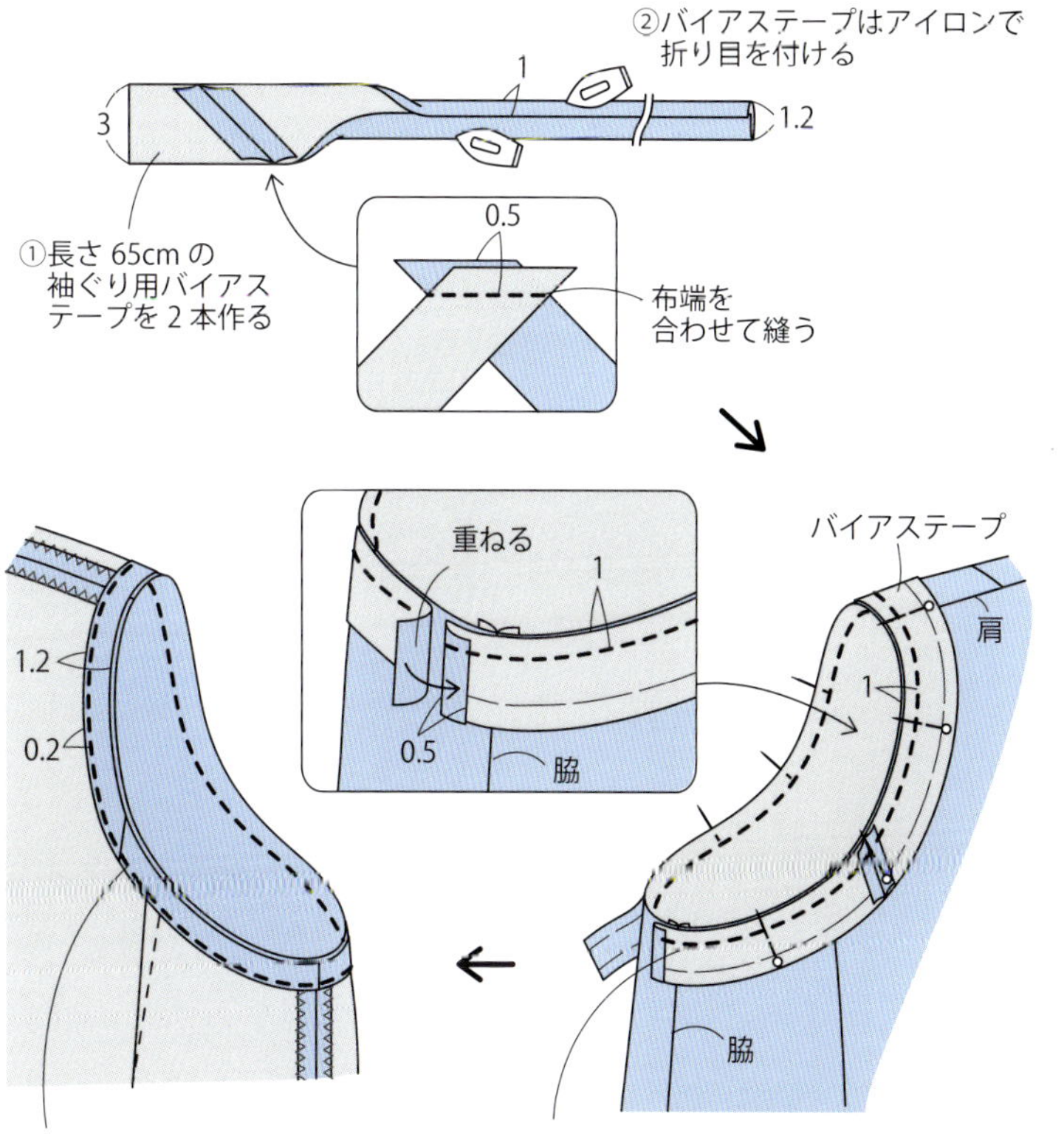

バイアステープを表に返してアイロンで形を整え、まち針で仮どめしてから縫う

身頃とバイアステープを中表に合わせて縫う。縫い代を 0.7 cmに切りそろえてカーブの縫い代に切り込みを入れ、縫い目の際をバイアステープ側に折る

5 襟ぐりをバイアステープで始末して、続けてひもを縫う

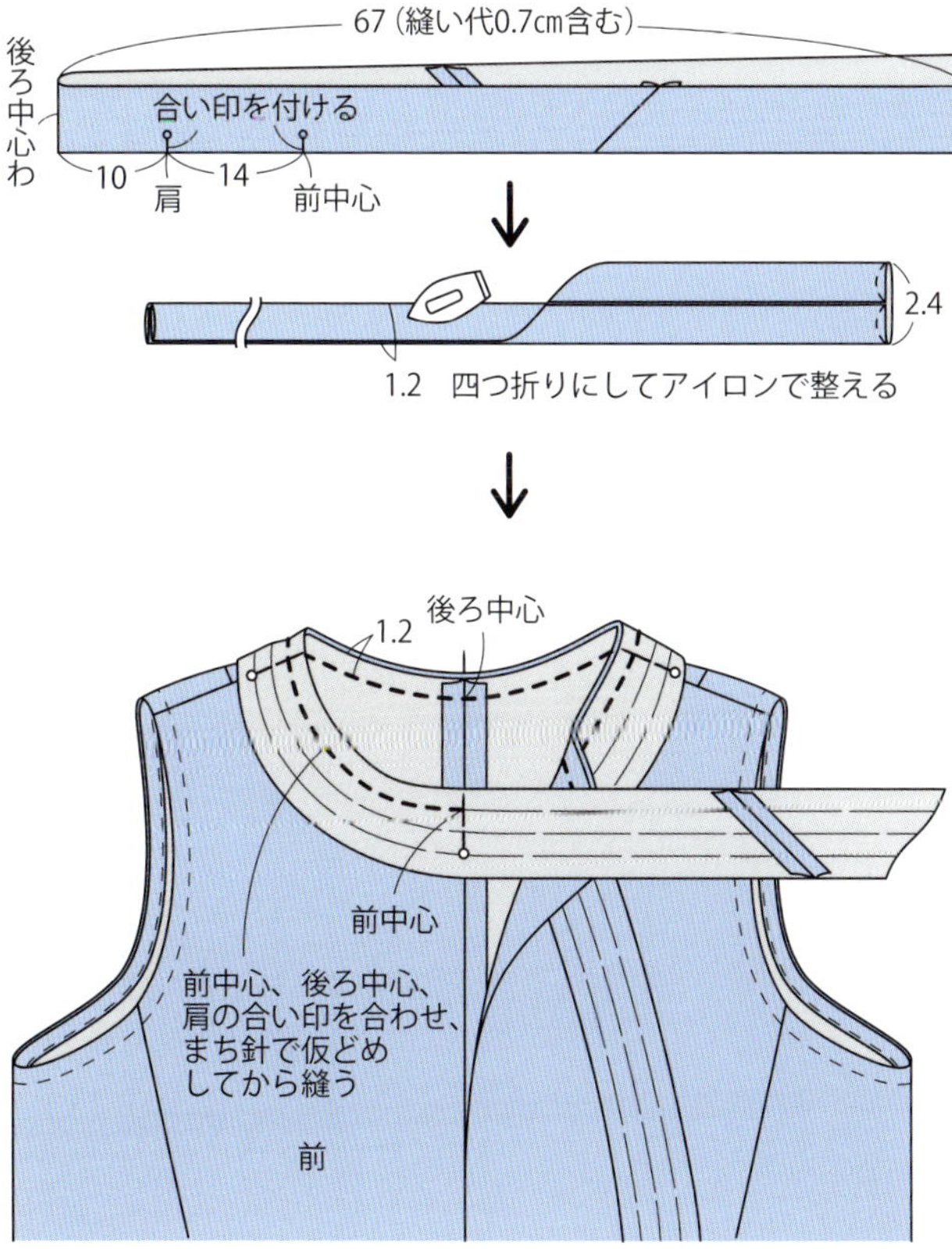

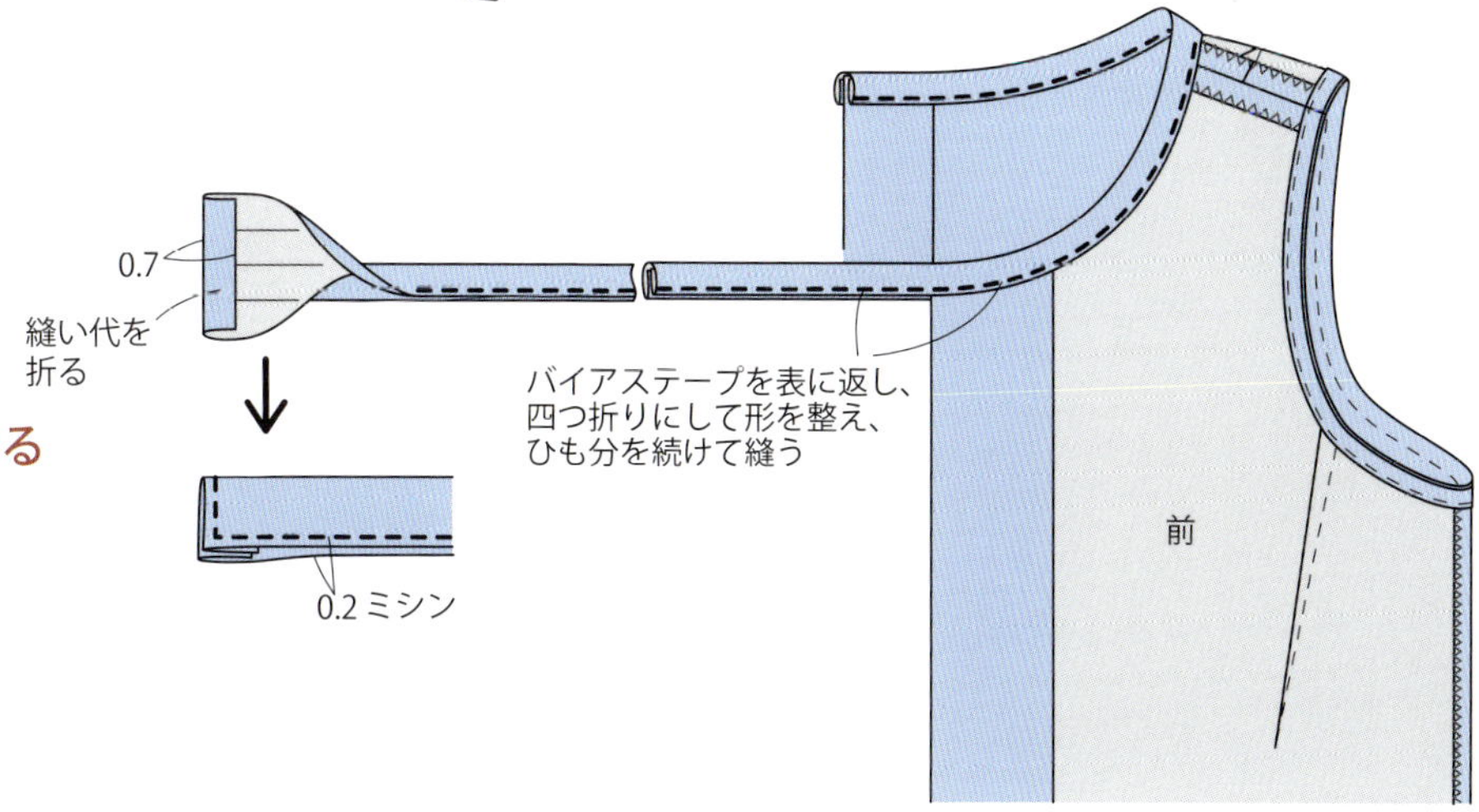

6 裾を二つ折りにしてまつる

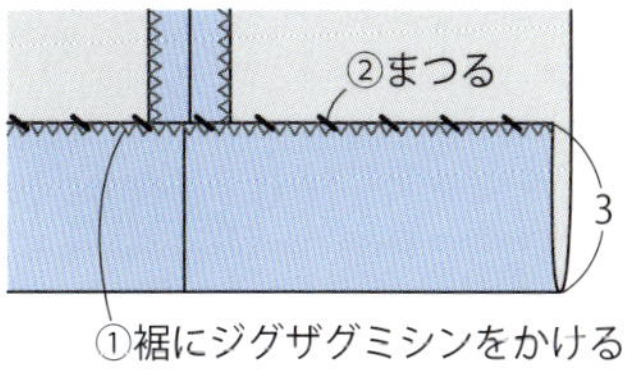

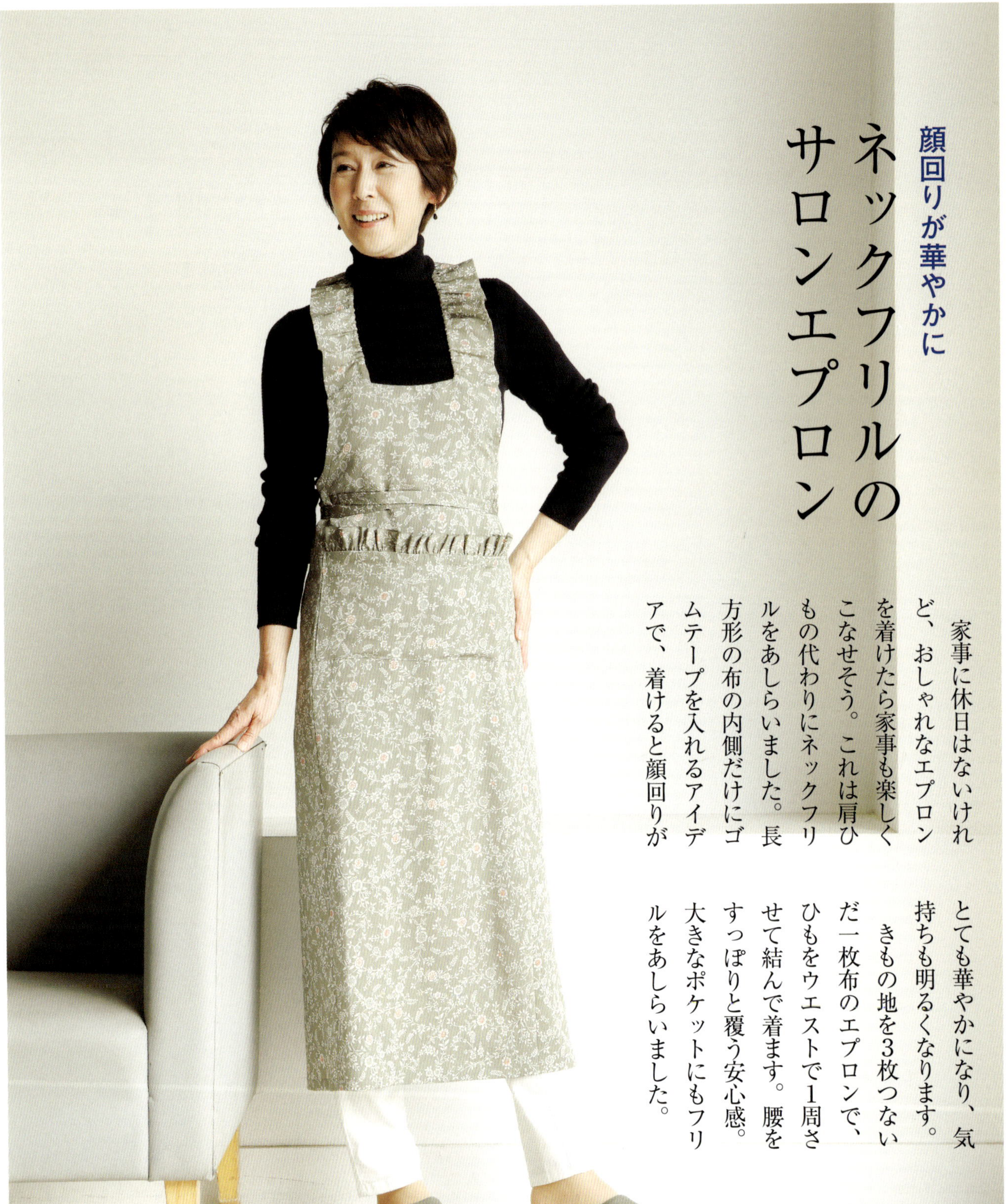

顔回りが華やかに

ネックフリルのサロンエプロン

家事に休日はないけれど、おしゃれなエプロンを着けたら家事も楽しくこなせそう。これは肩ひもの代わりにネックフリルをあしらいました。長方形の布の内側だけにゴムテープを入れるアイデアで、着けると顔回りがとても華やかになり、気持ちも明るくなります。

　きもの地を3枚つないだ一枚布のエプロンで、ひもをウエストで1周させて結んで着ます。腰をすっぽりと覆う安心感。大きなポケットにもフリルをあしらいました。

使ったきもの地　小紋

用意するもの

きもの地………………………36cm幅5m
市販のバイアステープ……1.2cm幅90cm
ゴムテープ………………………0.7cm幅60cm

作り方アドバイス

布幅いっぱいに裁って、布の耳を利用します。使用する布幅により、身幅に多少の差が出ますが問題ありません。バイアステープは市販のものを使用しましたが、共布のバイアステープにしても。

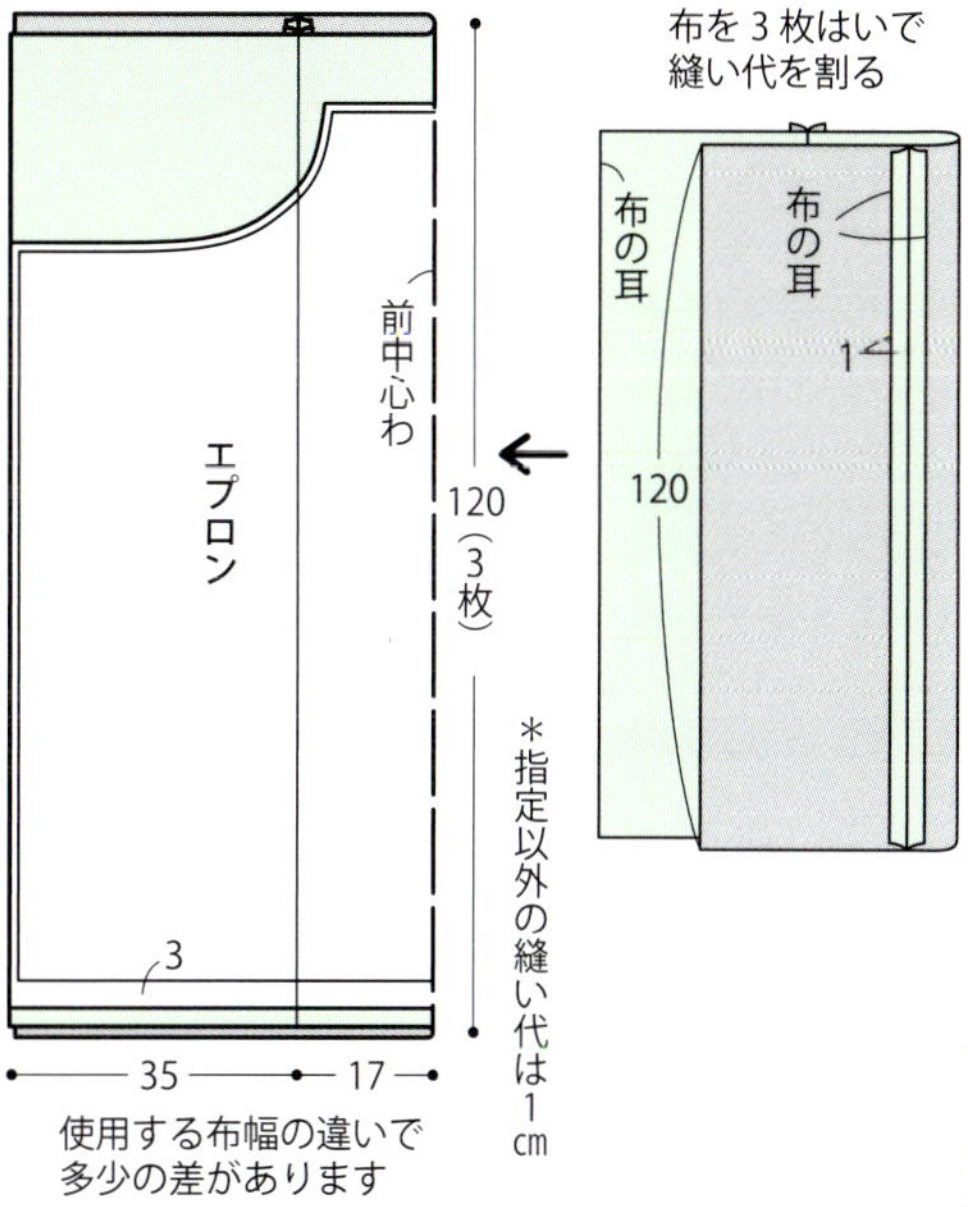

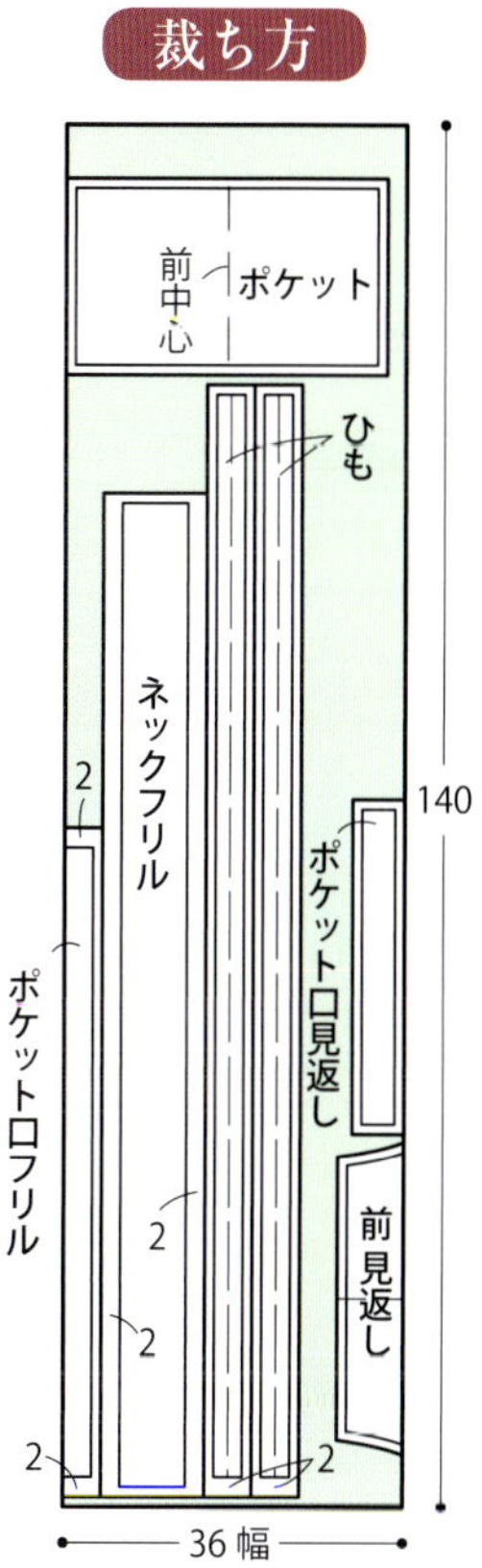

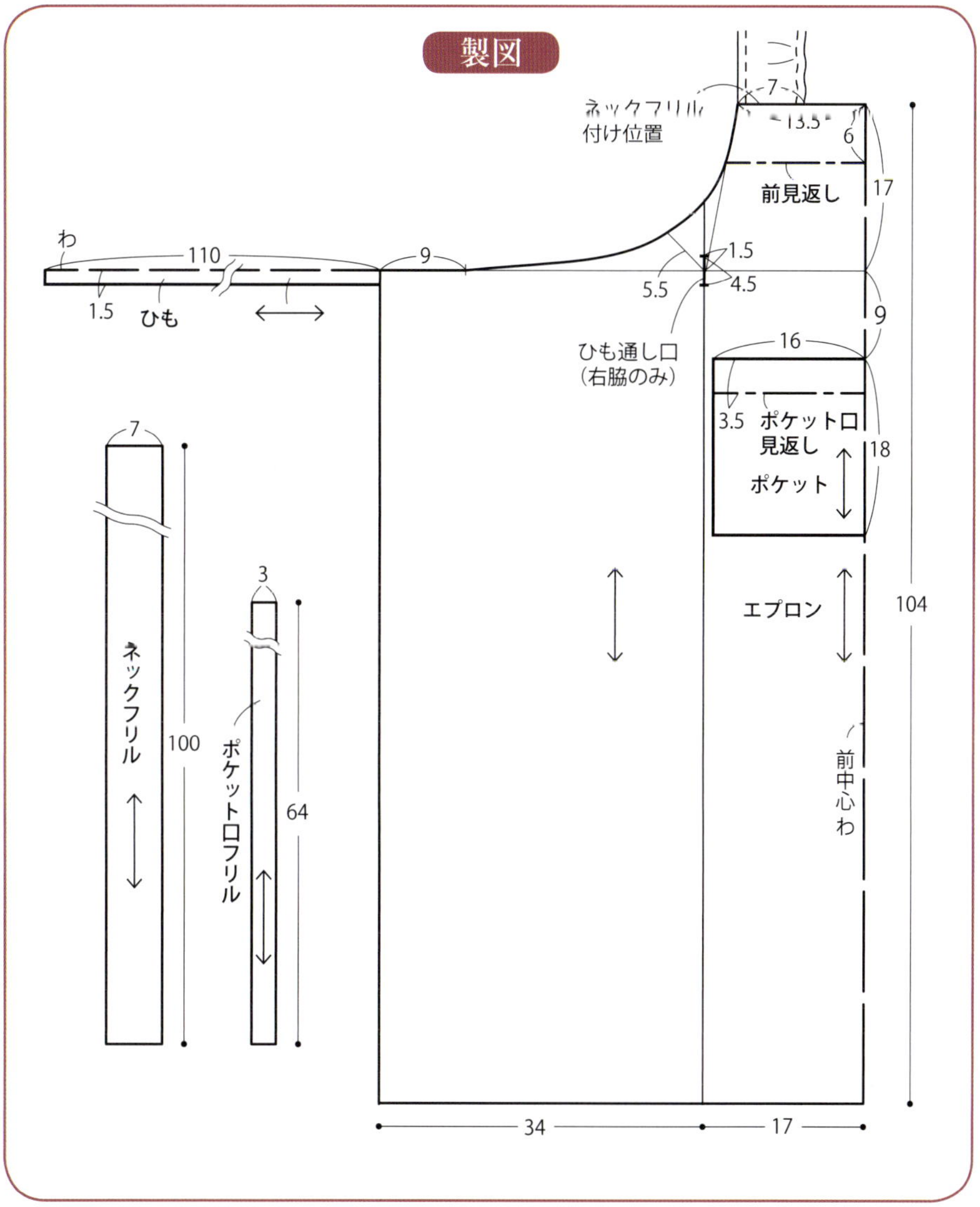

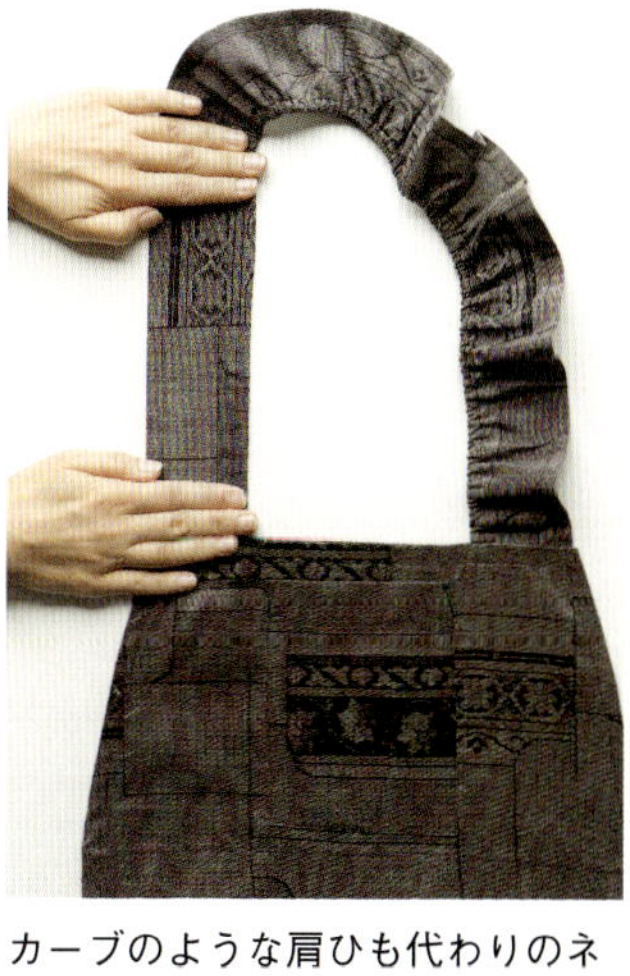

カーブのような肩ひも代わりのネックフリル。実はこのように、まっすぐの長方形なんです。

出来上がり寸法

エプロン丈　約127cm

1 ポケットを付ける

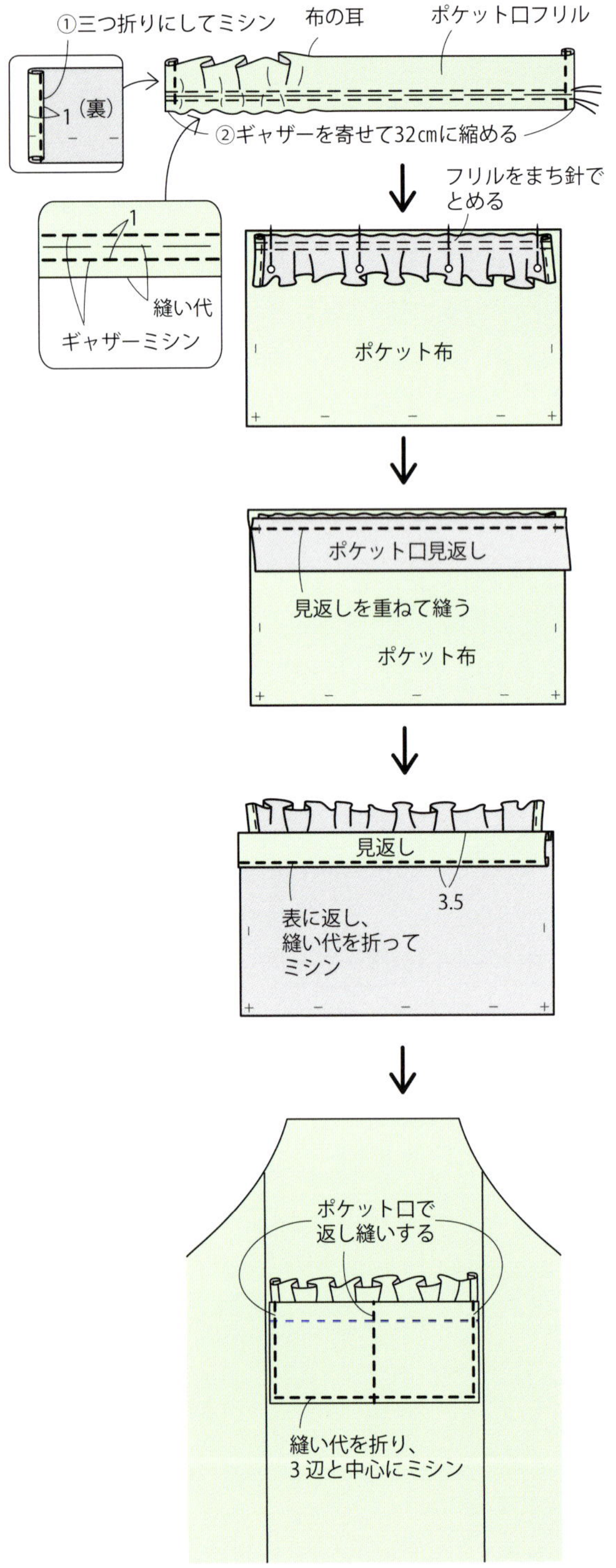

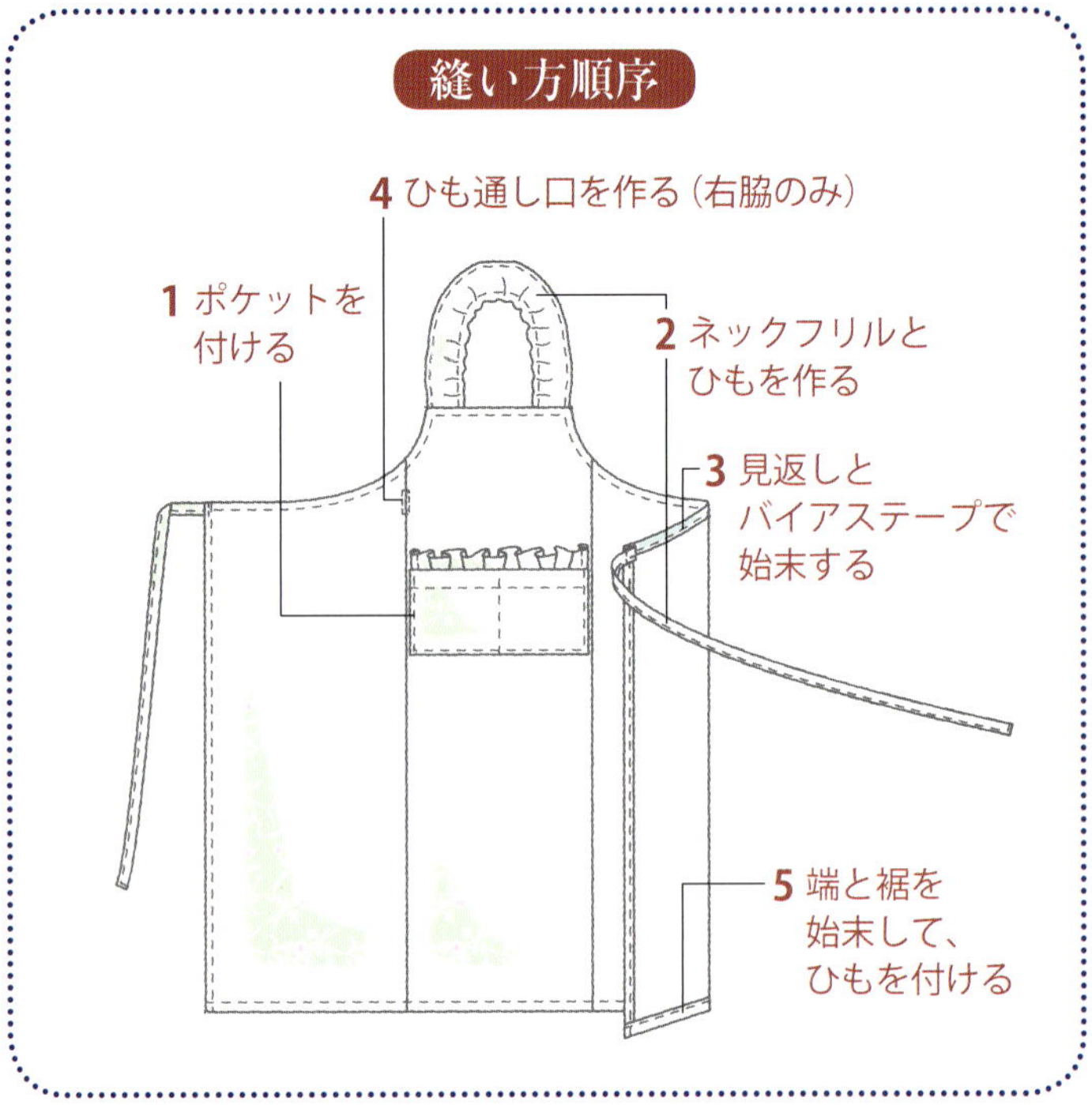

2 ネックフリルとひもを作る

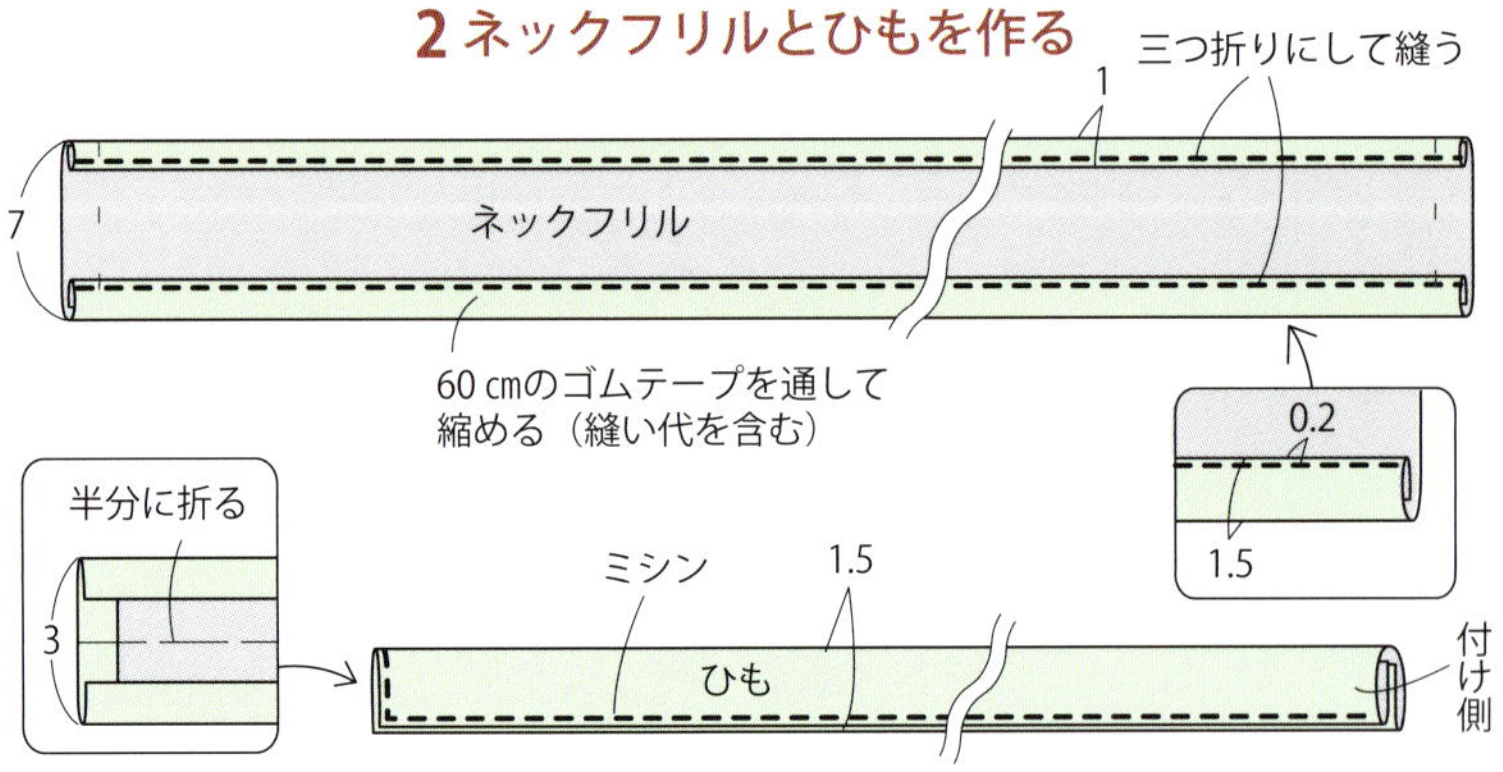

3 見返しとバイアステープで始末する

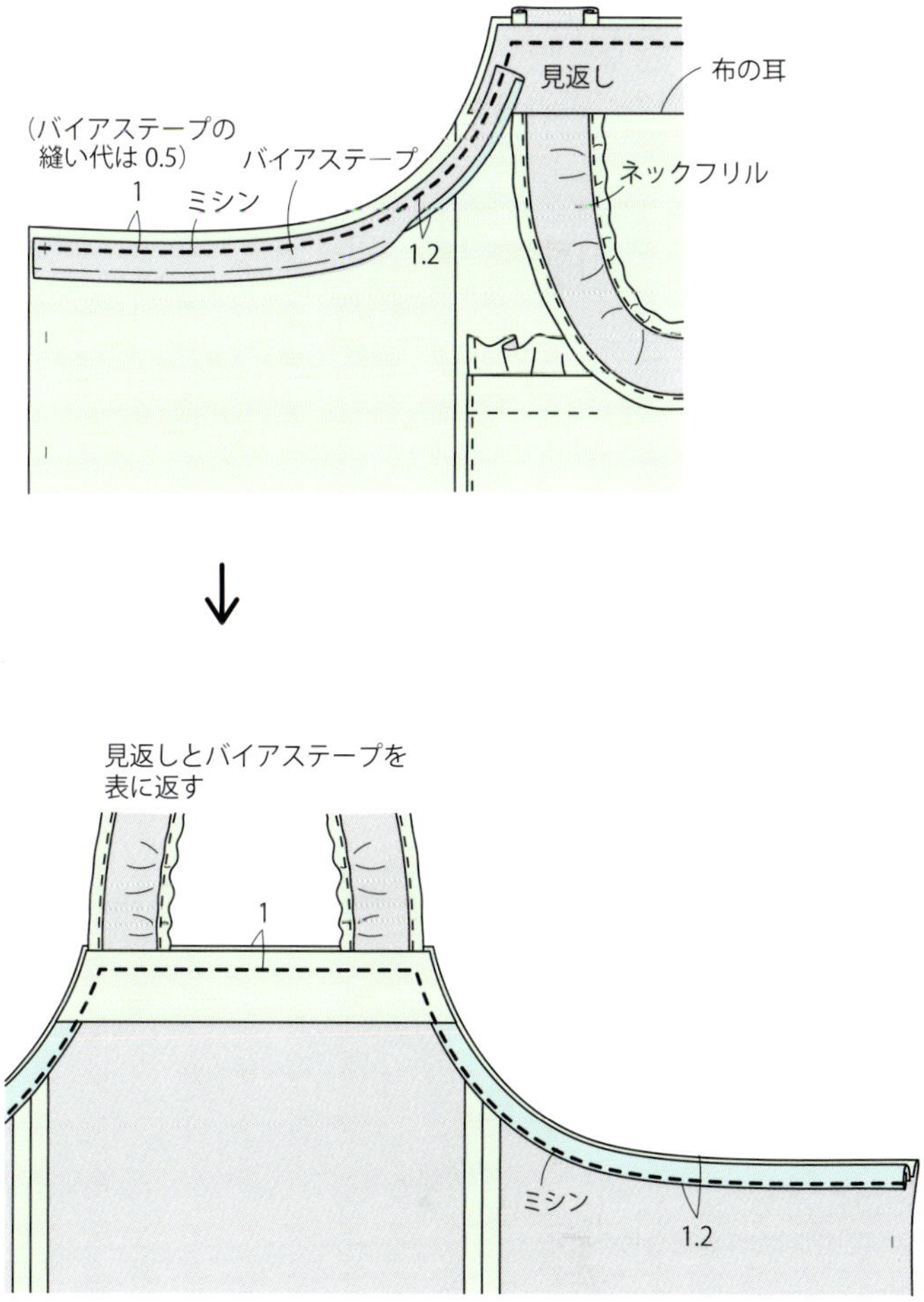

4 ひも通し口を作る

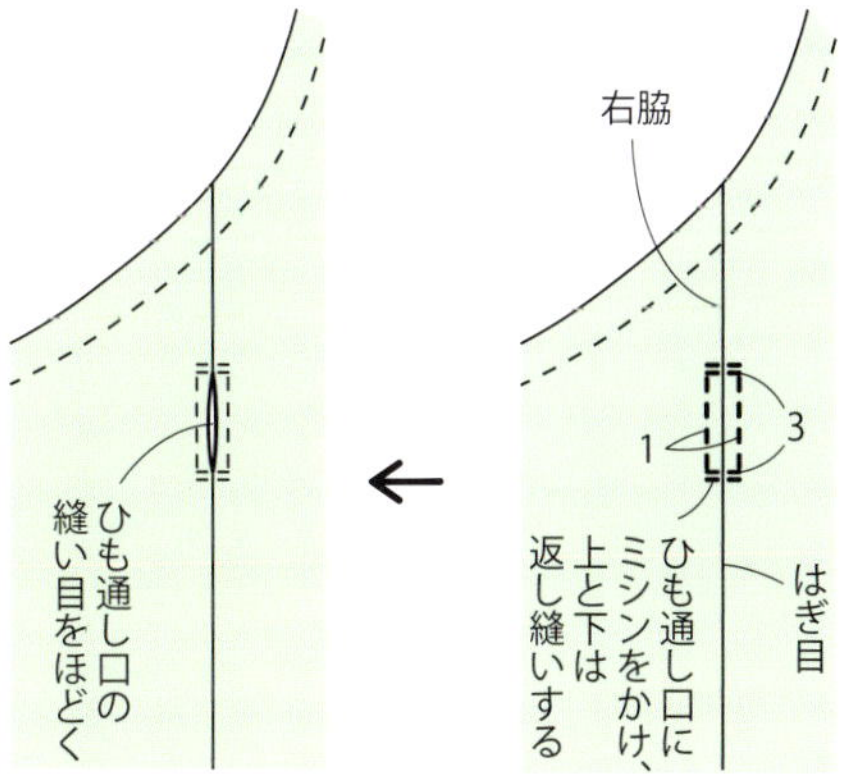

5 端と裾を始末して、ひもを付ける

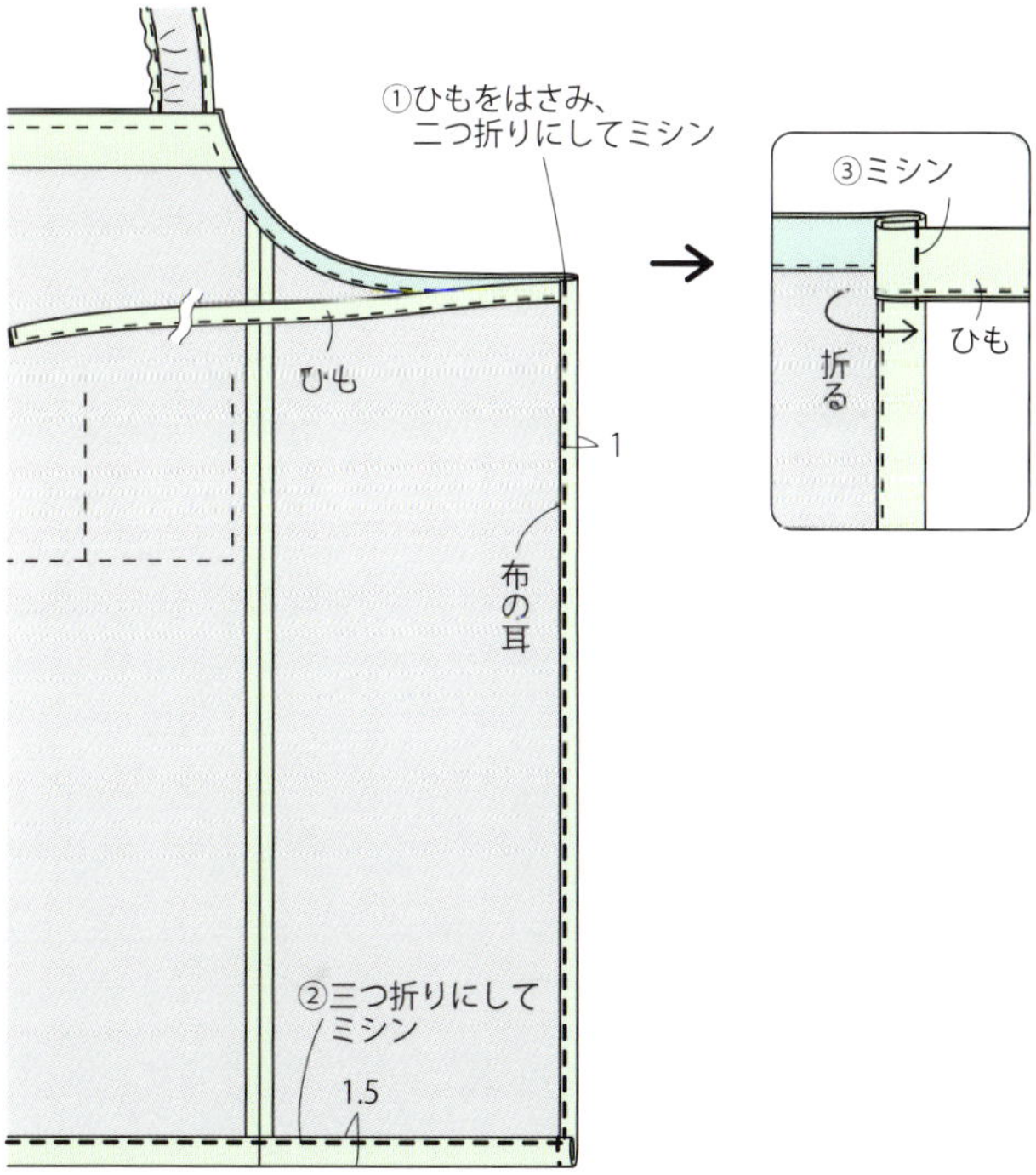

胸当てをはずせばスカートに

ツーウェイ・エプロンドレス

お客さまを招く日。こんな華やかなエプロンドレスなら、調理したりテーブルについたり、このままで十分おしゃれなウエアです。

また、胸当て部分が簡単に付けはずせるので、スカートとしても活用できます。

ネックフリルも胸当てもスカートも、全部直線で裁ち縫いできるので、とても簡単です。

使ったきもの地

小紋

用意するもの

きもの地……………36cm幅6m35cm
ゴムテープ…………4cm幅ウエスト寸法＋2cm（縫い代含む）、0.7cm幅60cm（ネックフリル分）
丸ゴム（ループ用）…24cm
ボタン………………直径1.2cm × 3個

作り方アドバイス

1段目を短くするか、なくすなどすればスカート丈を短く調節できます。

出来上がり寸法

エプロン丈　約118cm

ネックフリルも胸当てもすべて直線！

スカートの2、3段目はきものの幅そのまま

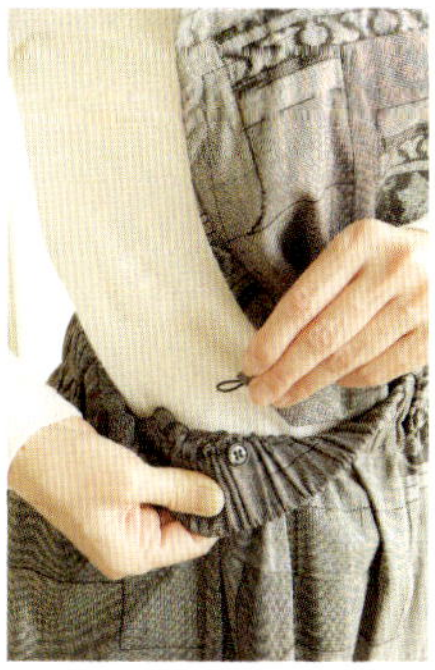

胸当ての丸ゴムをスカートのボタンにかけるだけで簡単に付けはずせます。

製図

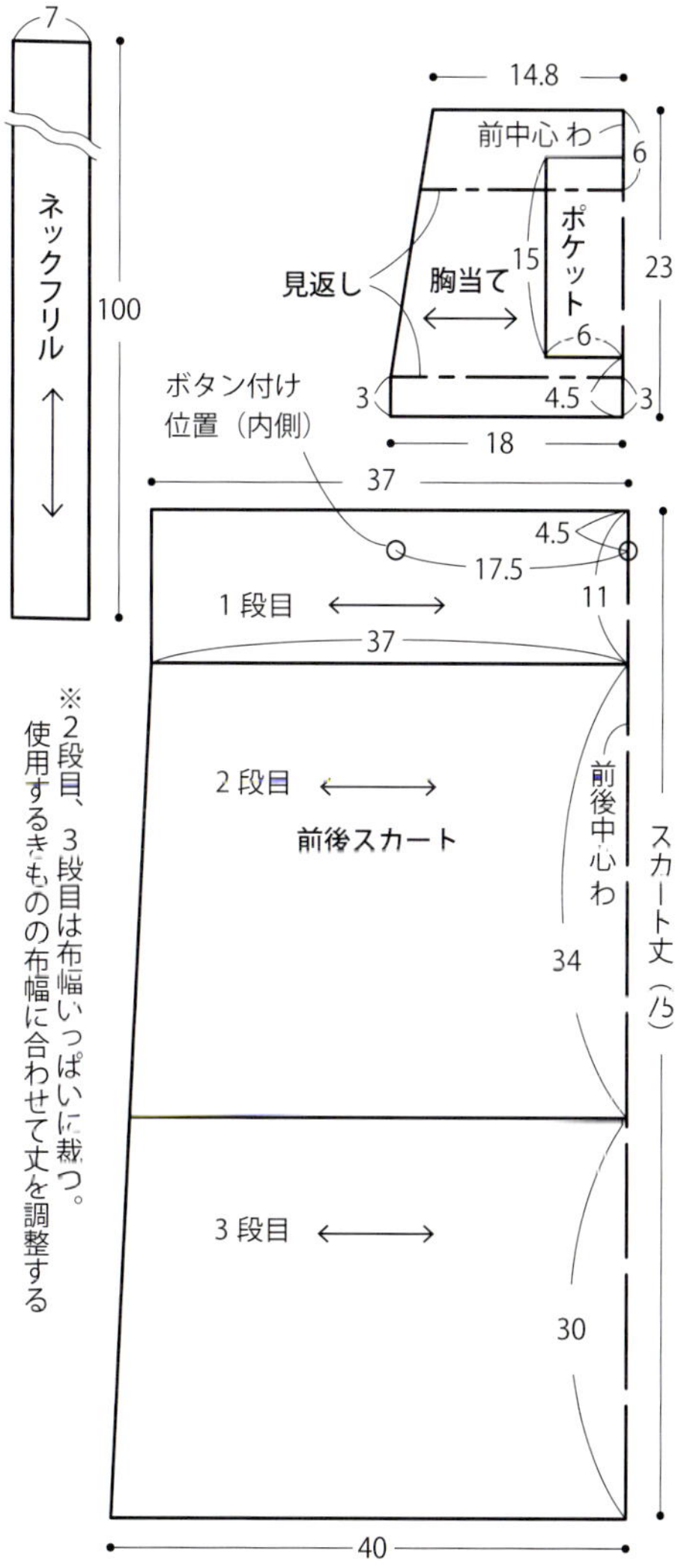

裁ち方

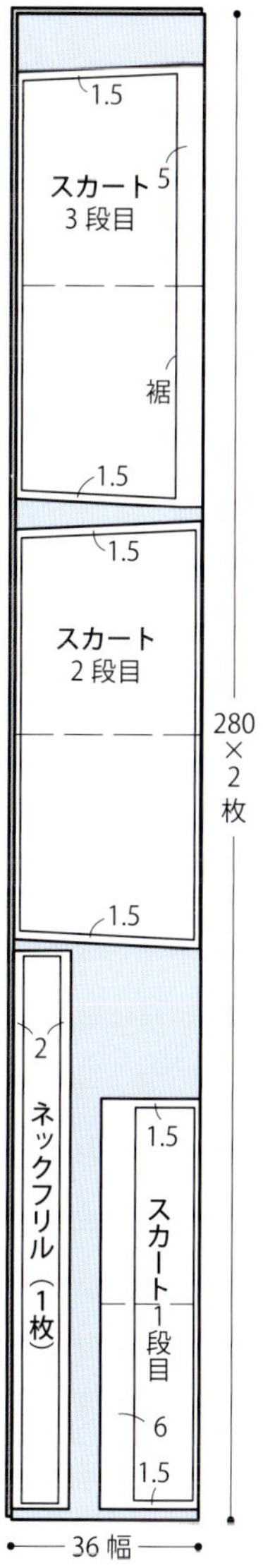

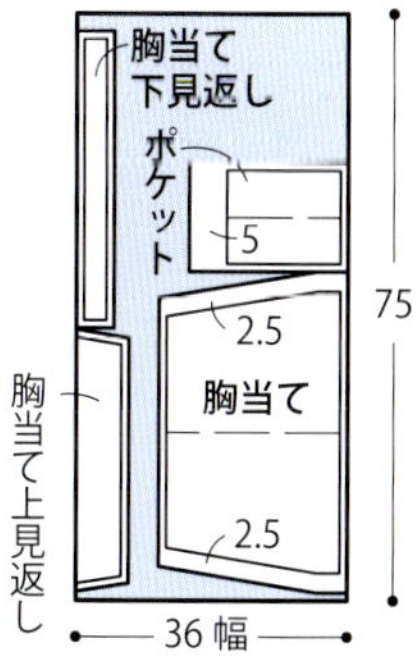

＊指定以外の縫い代は1cm

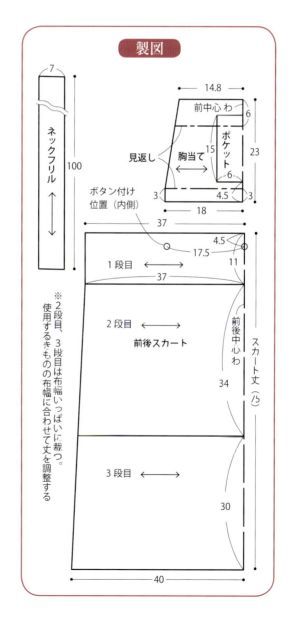

縫い方順序

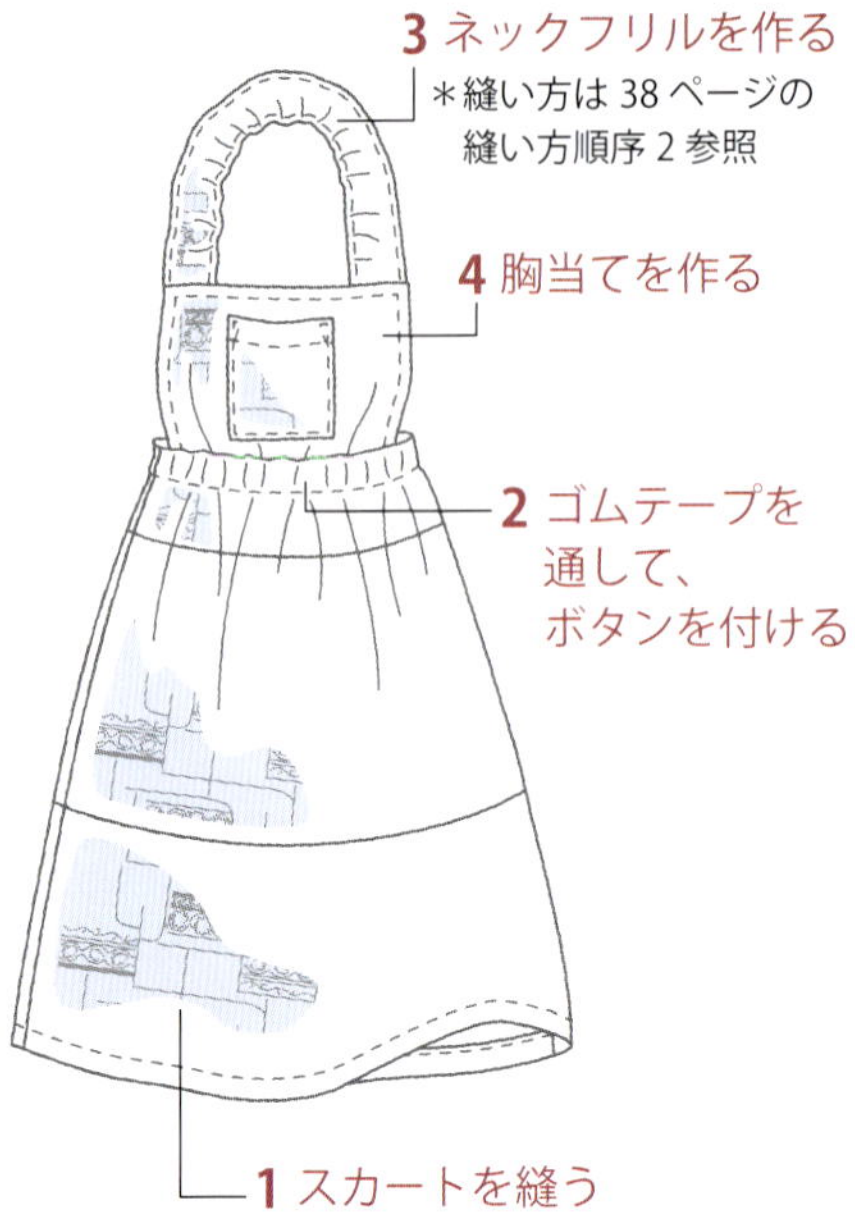

1 スカートを縫う

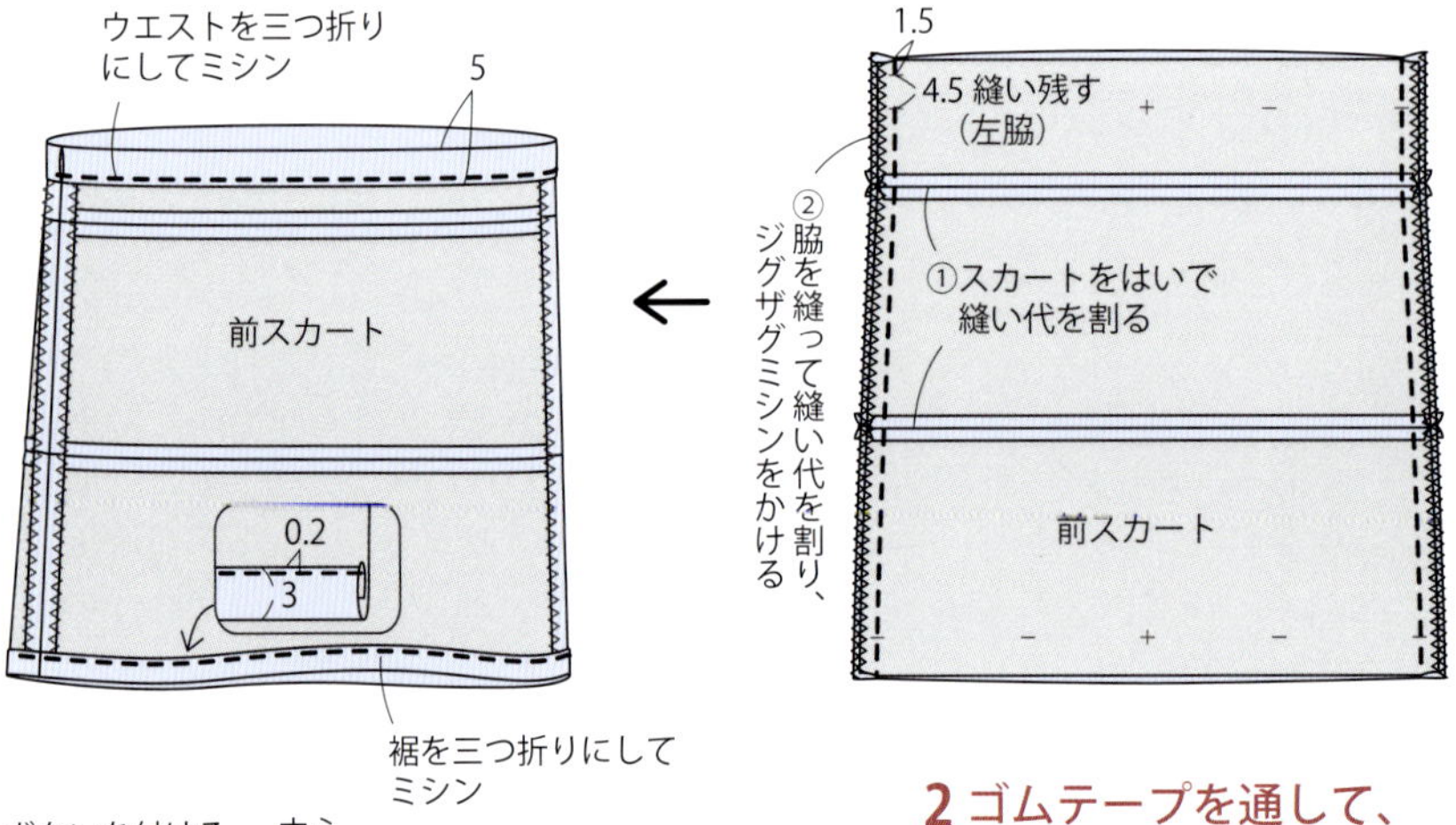

2 ゴムテープを通して、ボタンを付ける

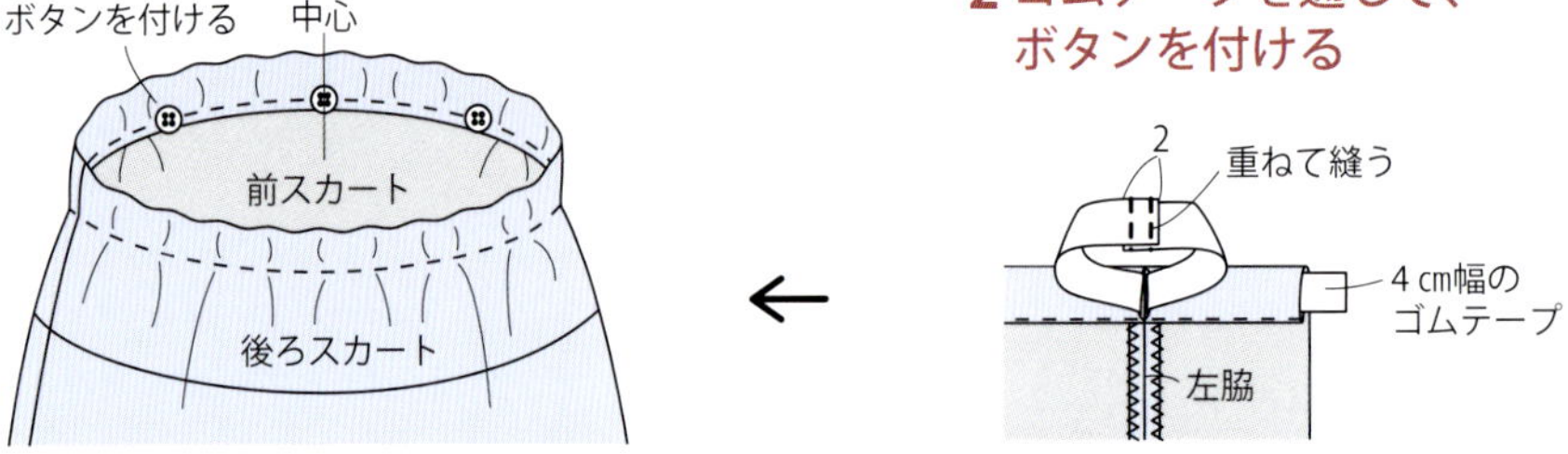

胸当てをはずせば、スカートとしても楽しめます。

4 胸当てを作る

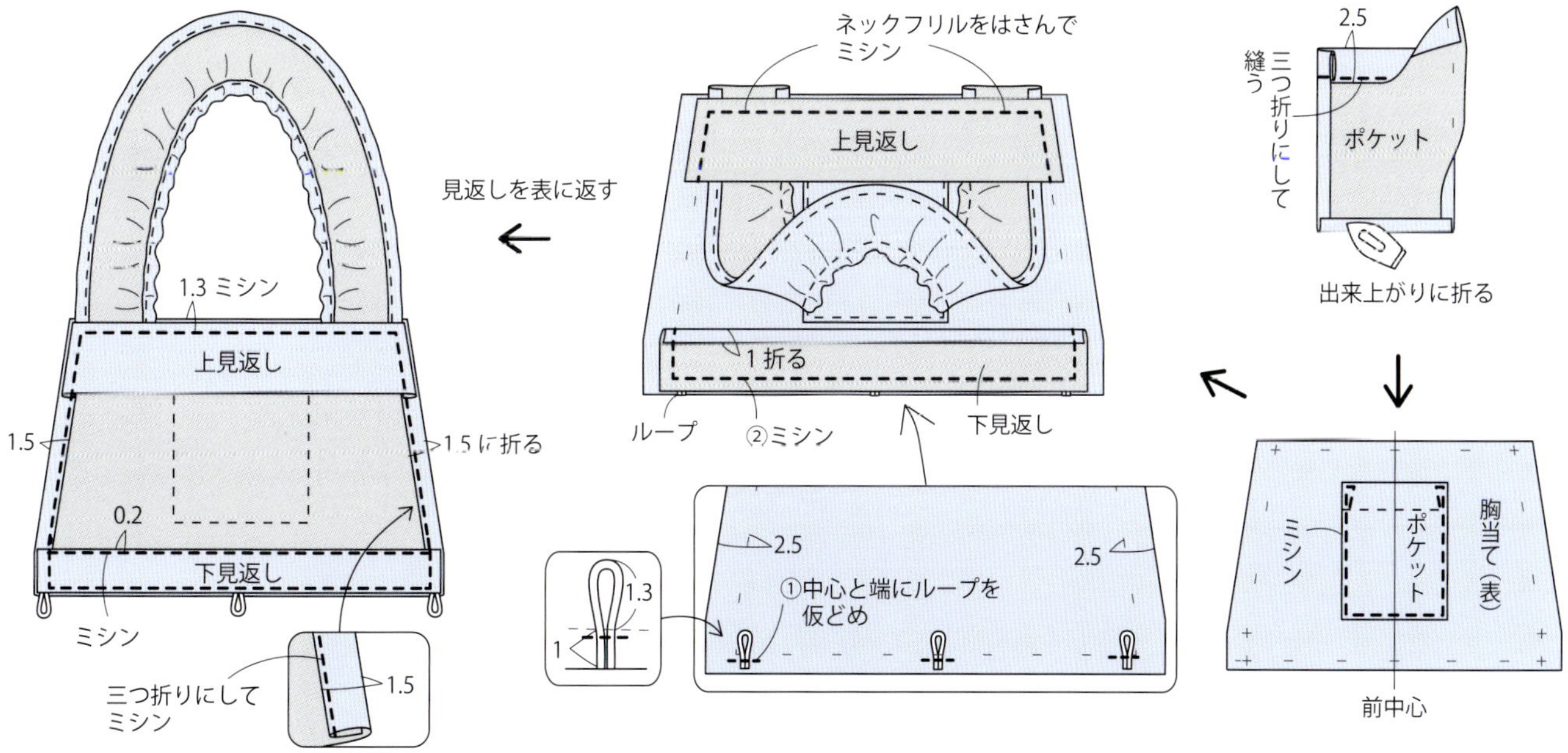

身頃はまっすぐ ギャザースリーブのワンピース

さっとかぶって着られる便利なワンピース。肩から少し下がった位置に付いたギャザスリーブは、ボリュームがあって華やかです。身頃は前後中心も脇もまっすぐなライン。写真のようにベルトを結んで着るほか、ベルトをせずに身頃はゆったりと着て、アクセントとしてベルトを首にスカーフのように巻いても粋です。

無地に近い大島紬で作ったワンピースは清楚な印象ですが、張りのあるきもの地や大きな柄のもので作れば、よりいっそう華やかな印象になります。

使ったきもの地　大島紬

用意するもの

きもの地……36cm幅6m60cm、18cm幅1m80cm
接着テープ…1cm幅30cm
ボタン………直径1.8cm × 1個

作り方アドバイス

後ろ中心のあきの縫い代に接着テープを貼り、裁ち方図の指定の位置にジグザグミシンをかけておきます。

製図

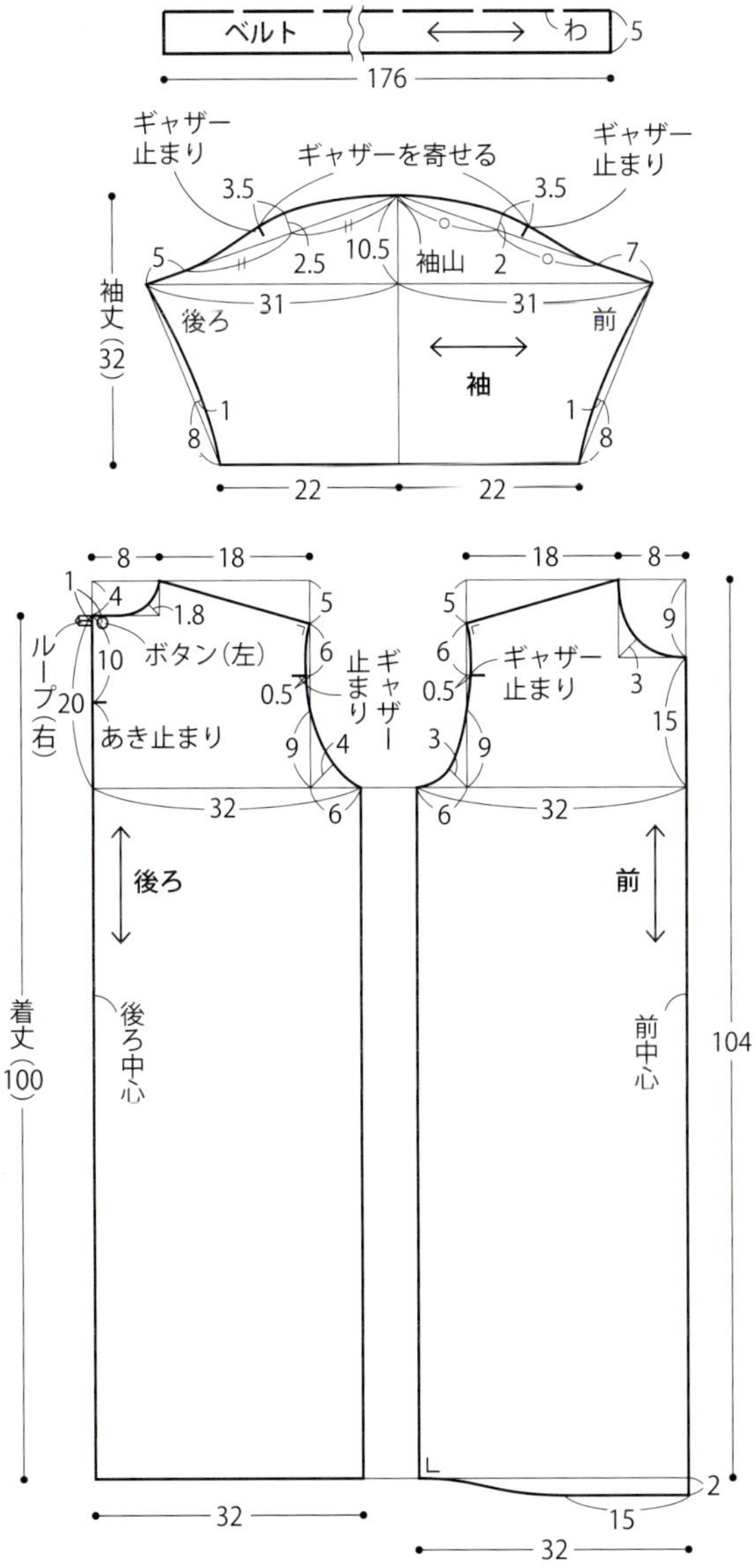

裁ち方

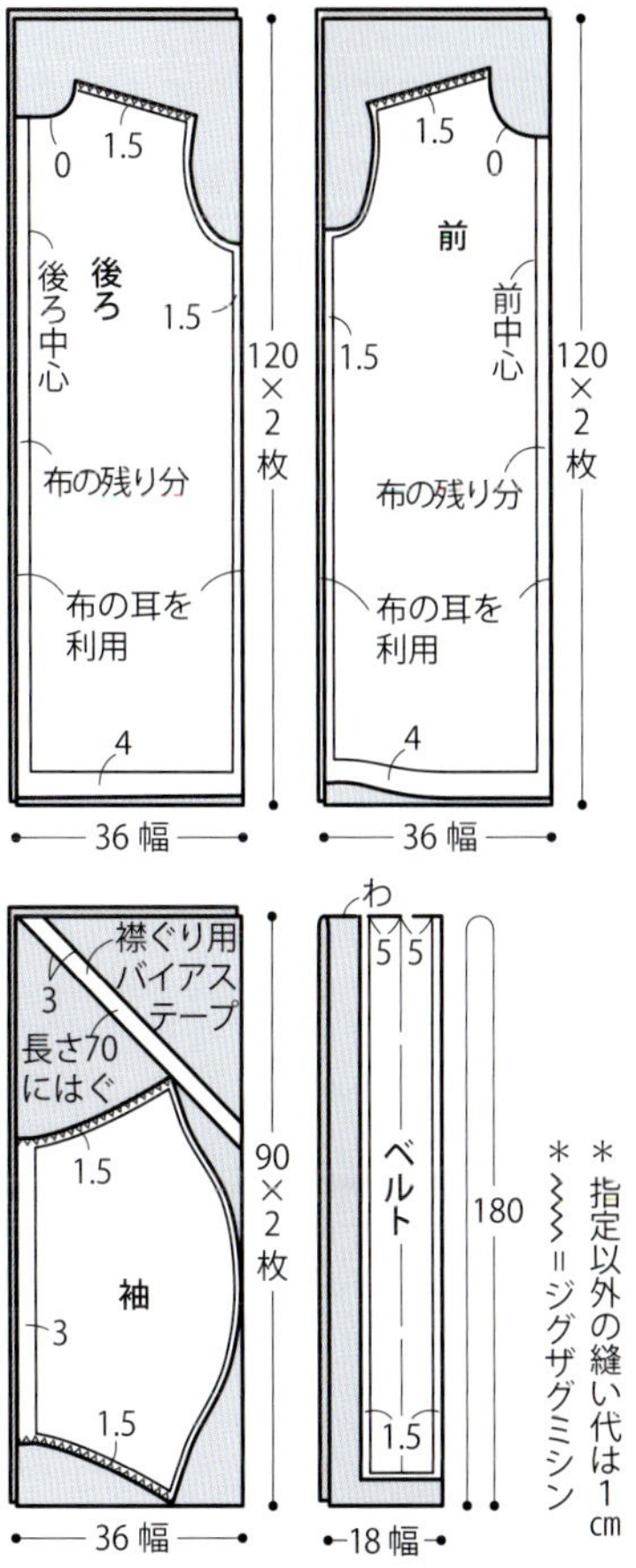

出来上がり寸法	
バスト	128cm
着　丈	100cm
ゆき丈	58cm

大きな花柄のきもの地で作ったワンピース。ベルトを首に巻いて、スカーフのように。

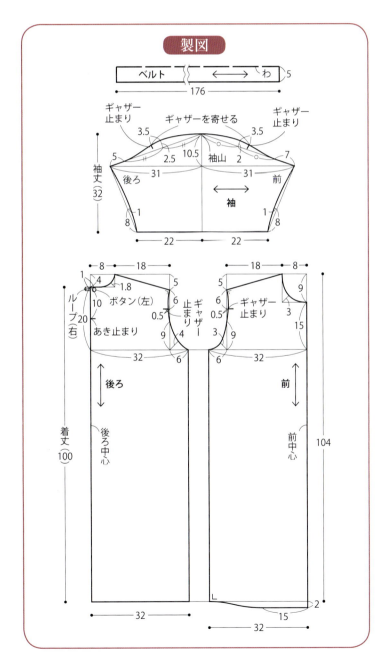

1 前後中心と肩を縫う

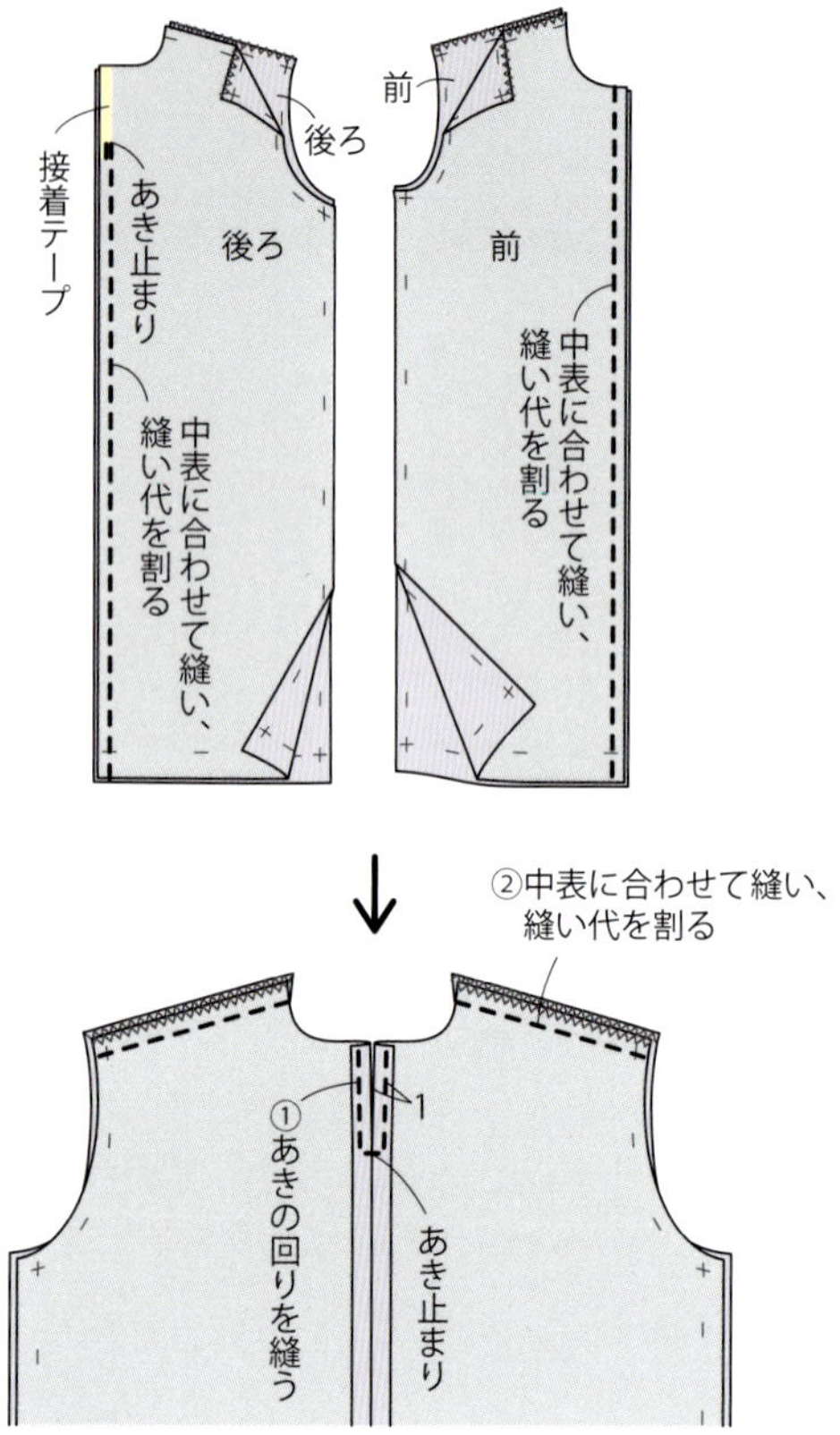

縫い方順序

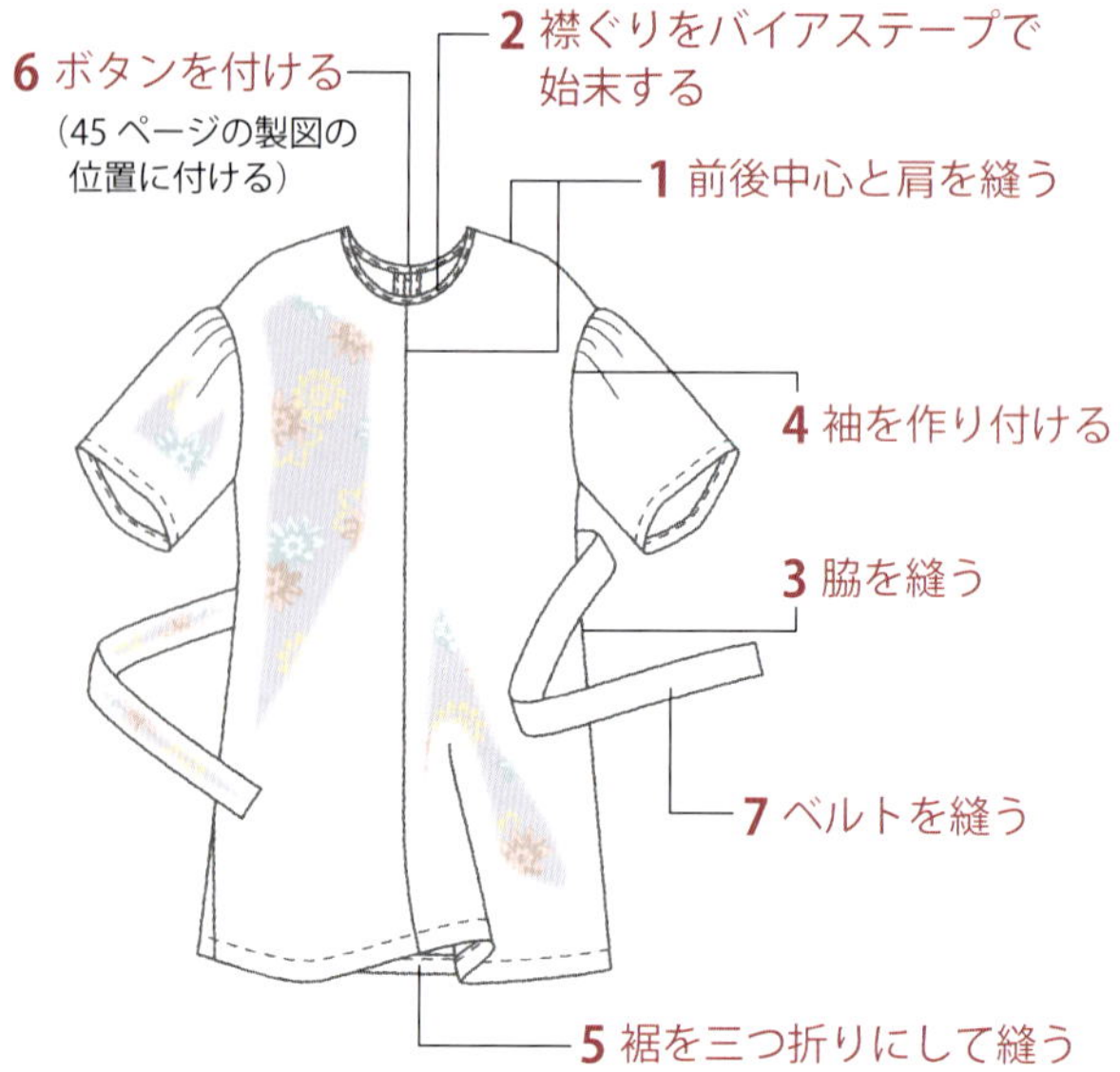

2 襟ぐりをバイアステープで始末する

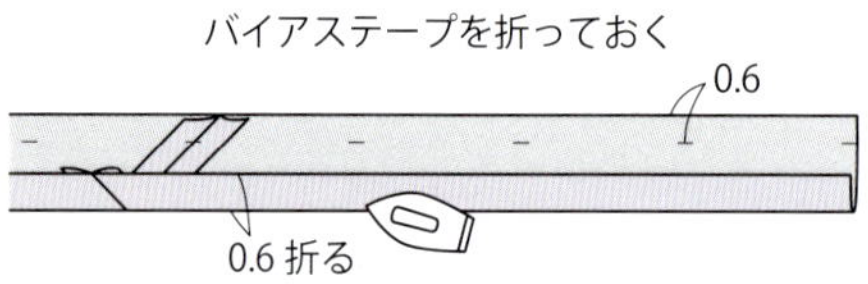

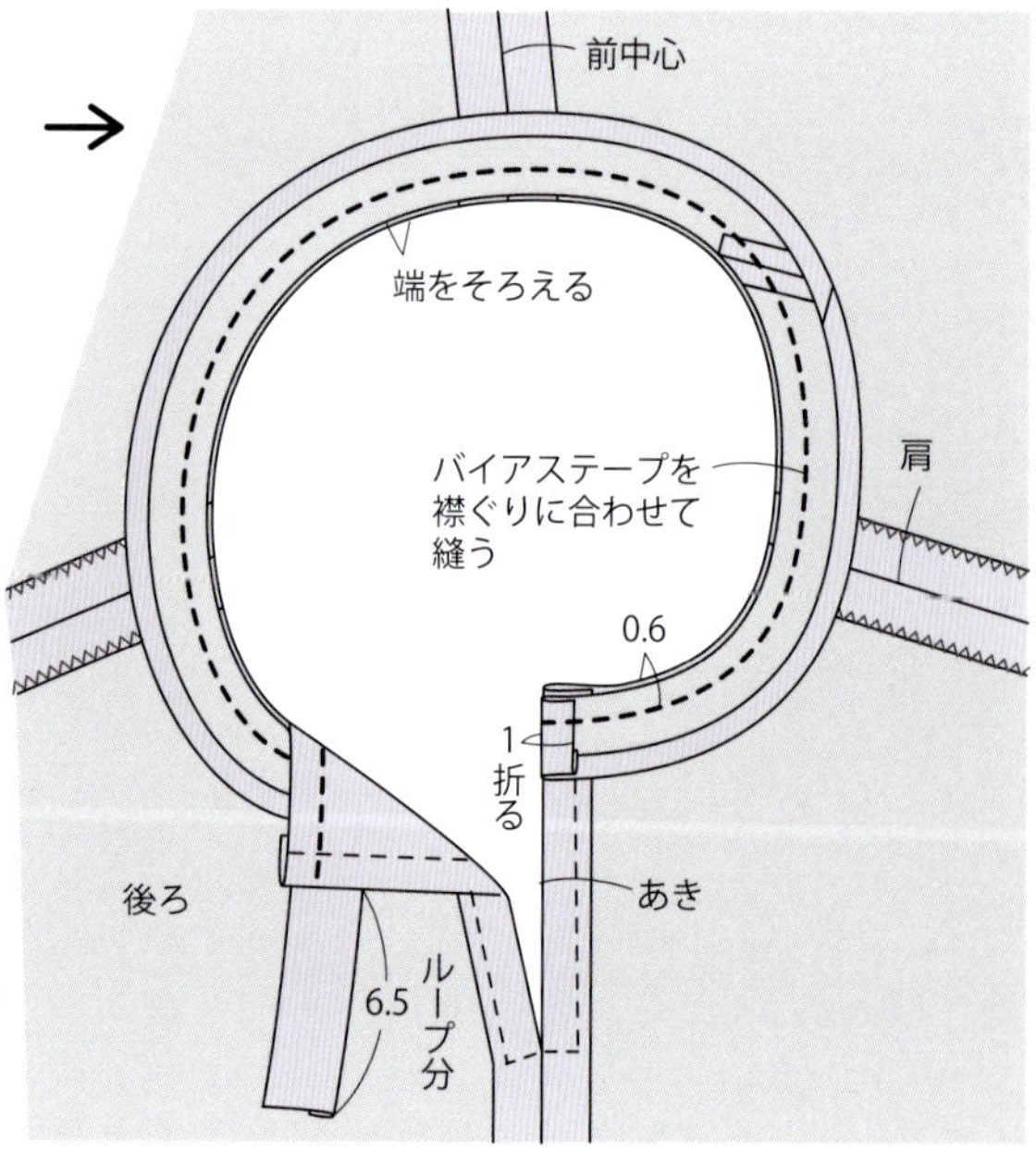

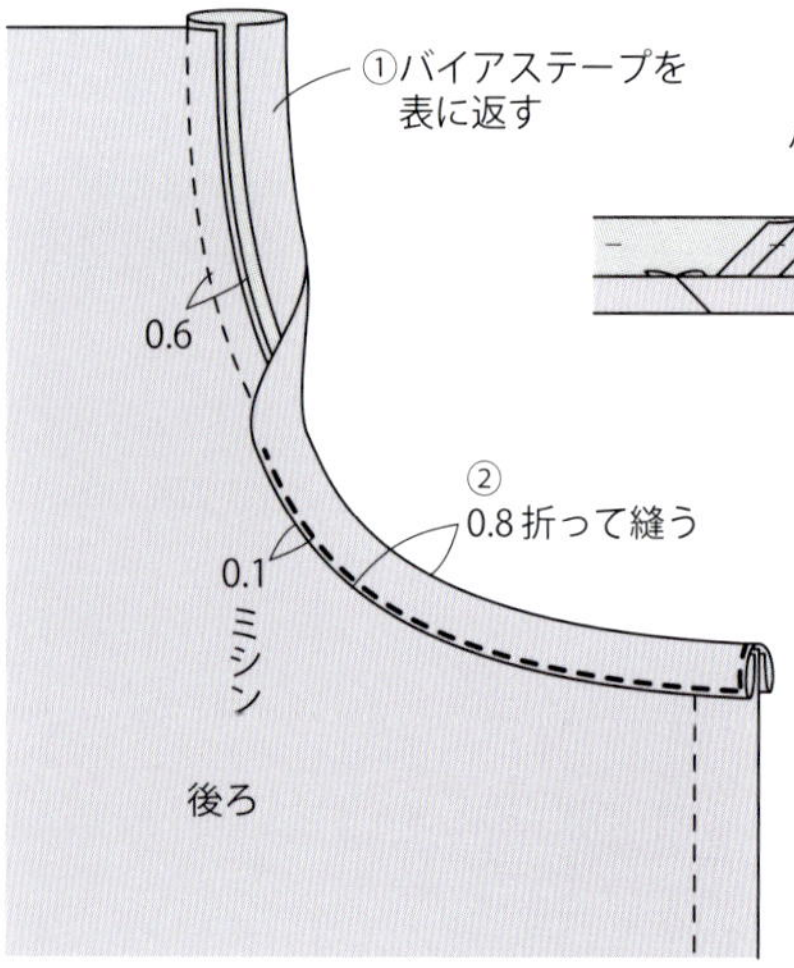

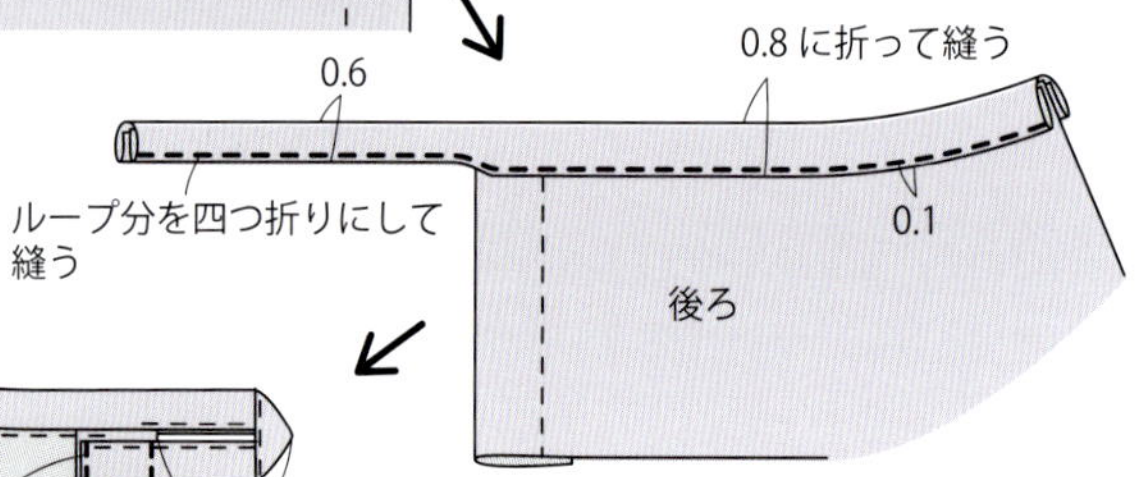

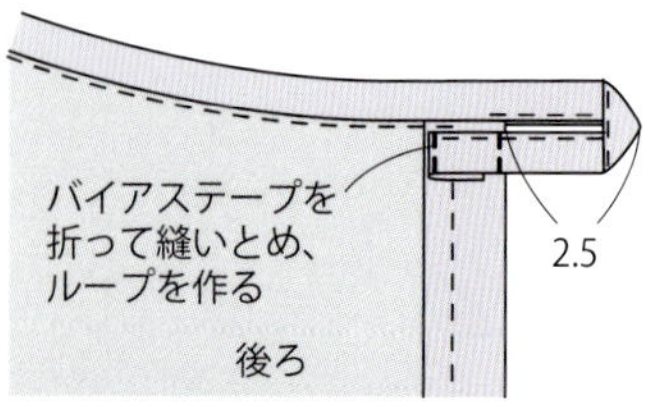

4 袖を作り付ける

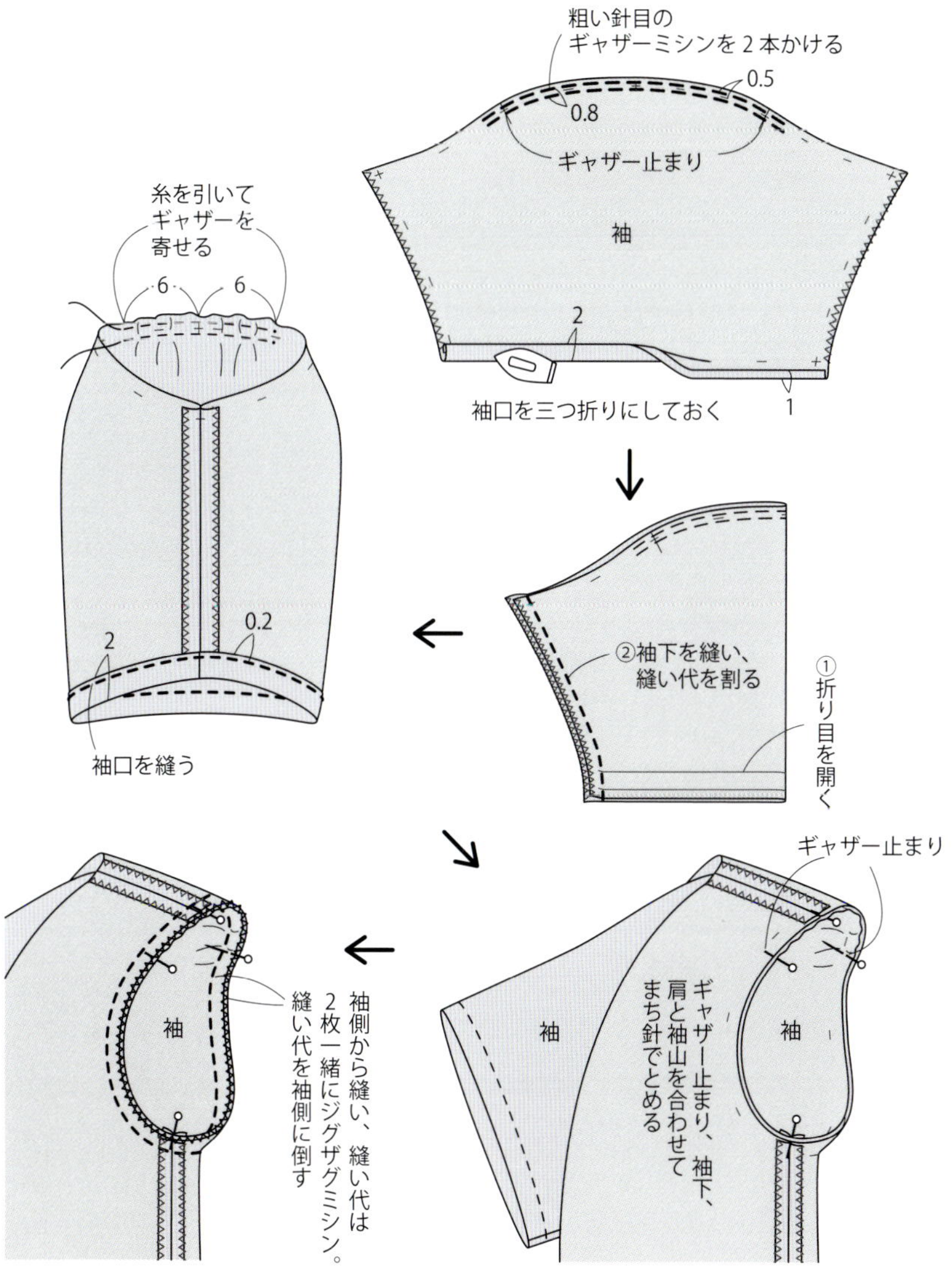
粗い針目の
ギャザーミシンを２本かける
0.5
0.8
ギャザー止まり
袖
2
1
袖口を三つ折りにしておく
①折り目を開く
②袖下を縫い、
縫い代を割る
糸を引いて
ギャザーを
寄せる
6
6
0.2
2
袖口を縫う
ギャザー止まり
ギャザー止まり、袖下、
肩と袖山を合わせて
まち針でとめる
袖
袖
袖側から縫い、縫い代は
２枚一緒にジグザグミシン。
縫い代を袖側に倒す
袖

3 脇を縫う

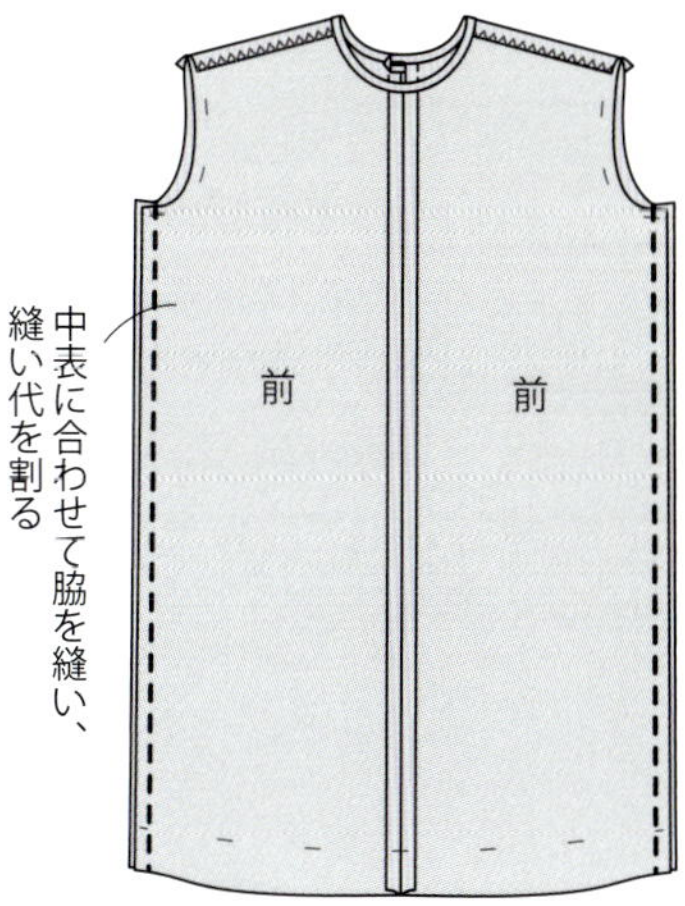
中表に合わせて脇を縫い、
縫い代を割る
前
前

5 裾を三つ折りにして縫う

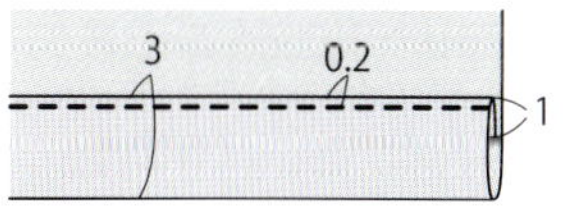
3
0.2
1

7 ベルトを縫う

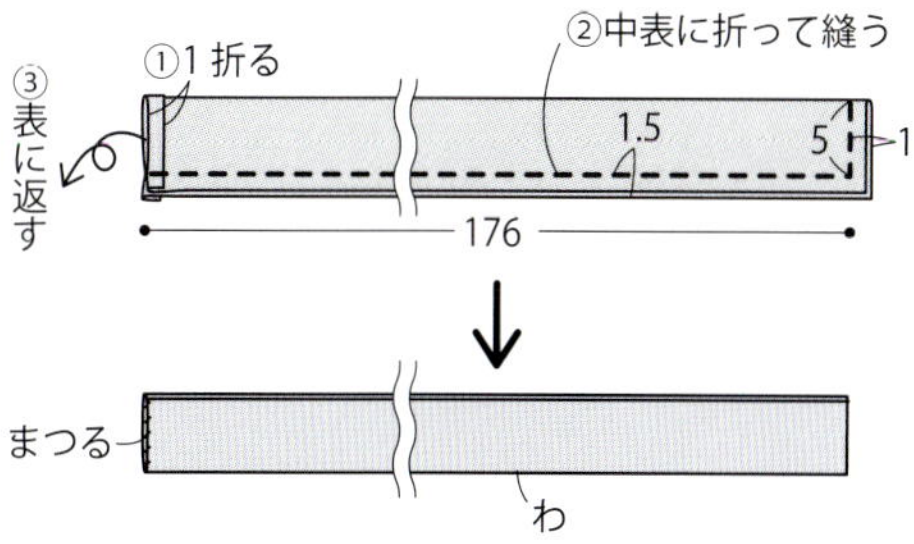
①1 折る
②中表に折って縫う
③表に返す
1.5
5
1
176
まつる
わ

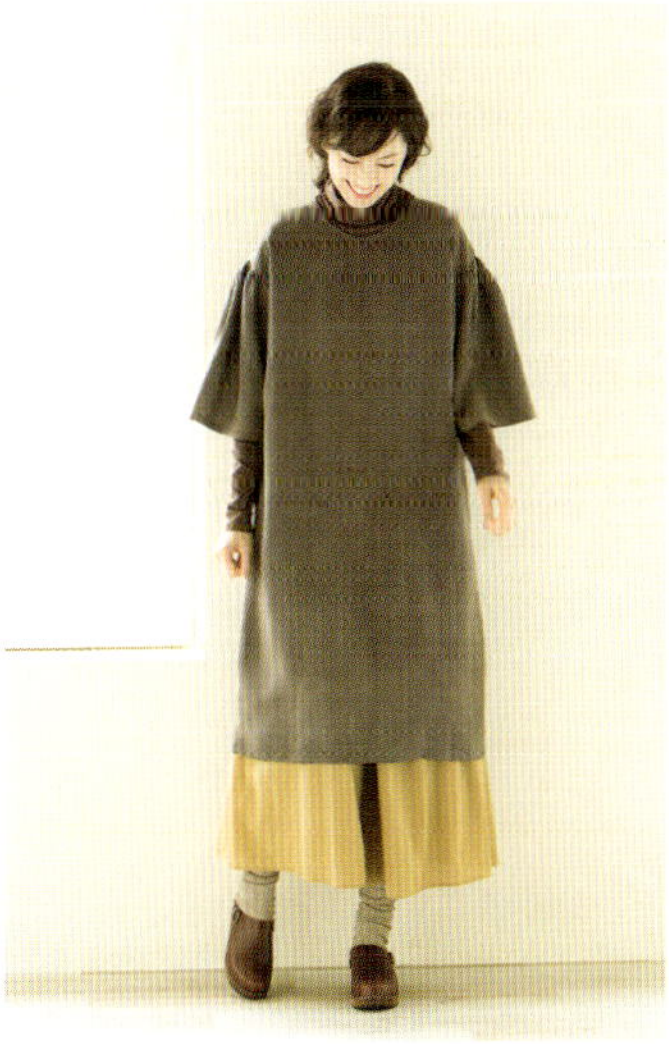

ベルトをしないと、こんなふうにまっすぐ。重ね着をして楽しんでも。

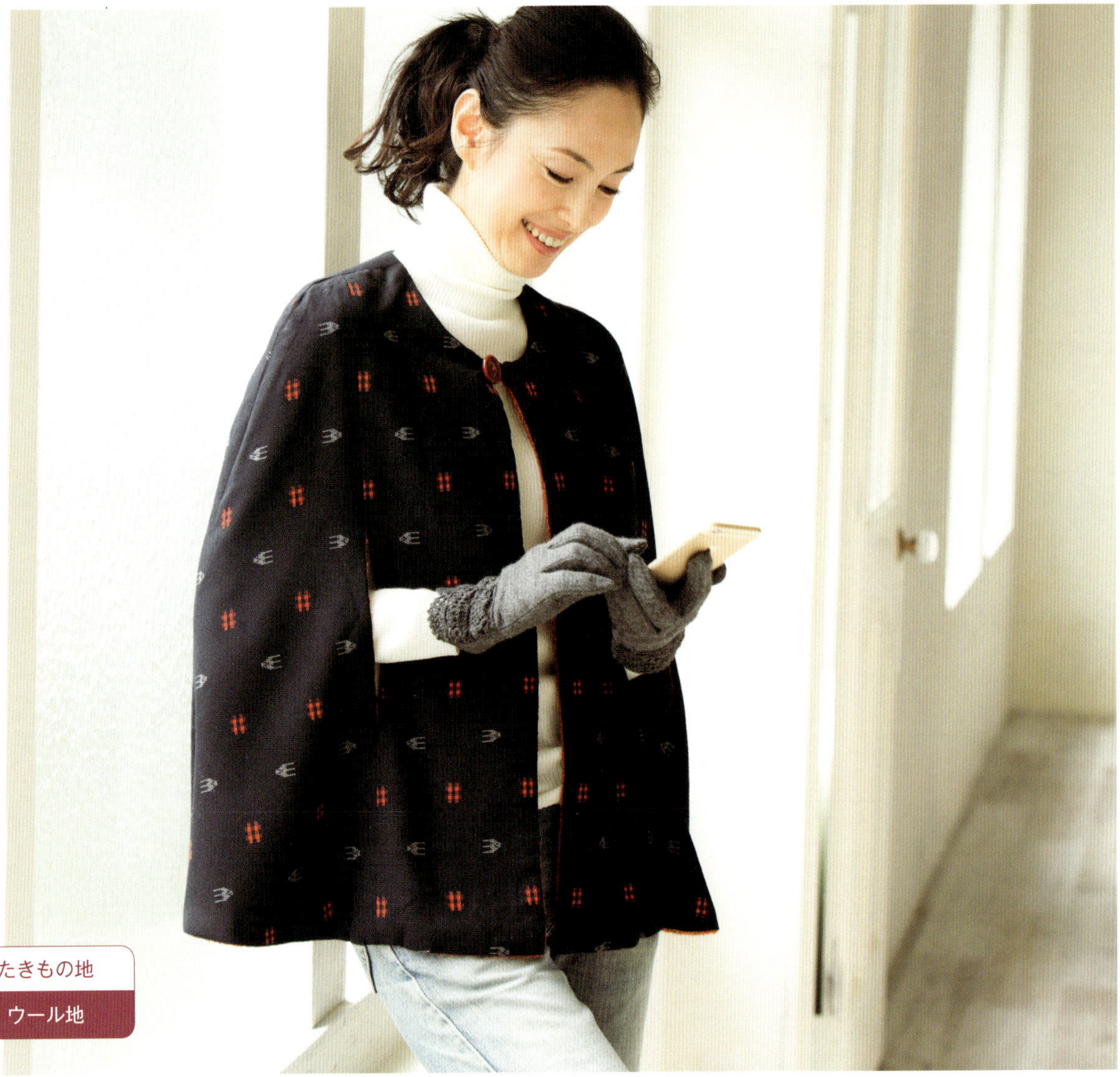

使ったきもの地

紬、ウール地

おしゃれなリバーシブル

ポンチョ

　洋服用のウール地ときもの地を合わせてリバーシブルにしたポンチョです。どちらの面も使えますし、2枚合わせだから暖かさも抜群。前のページで紹介したワンピースのように袖のふくらみがあると、コートに袖を通しづらいですが、このポンチョならさっと羽織るだけでOK。それに、和装にも合います。

　作るときは、まずきもの地を決めて、柄の1色から洋服地を選ぶといいでしょう。

洋服地のほうを表にして。ギャザースリーブの袖のふくらみをつぶさずに着られます。

用意するもの

ウール地（表布）……140cm幅1m50cm
きもの地（裏布）……36cm幅5m60cm
接着テープ…………1cm幅2m
ボタン………………直径2.8cm×2個

作り方アドバイス

表布、裏布ともあきの縫い代に接着テープを貼っておきます。

出来上がり寸法

バスト　約128㎝
着　丈　　67㎝

裁ち方

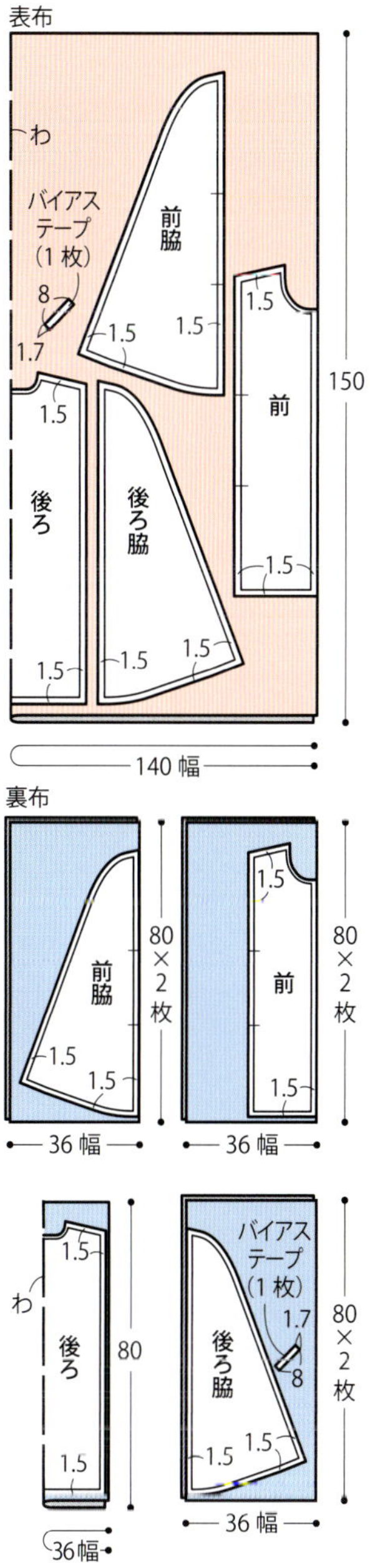

＊指定以外の縫い代は1㎝

製図

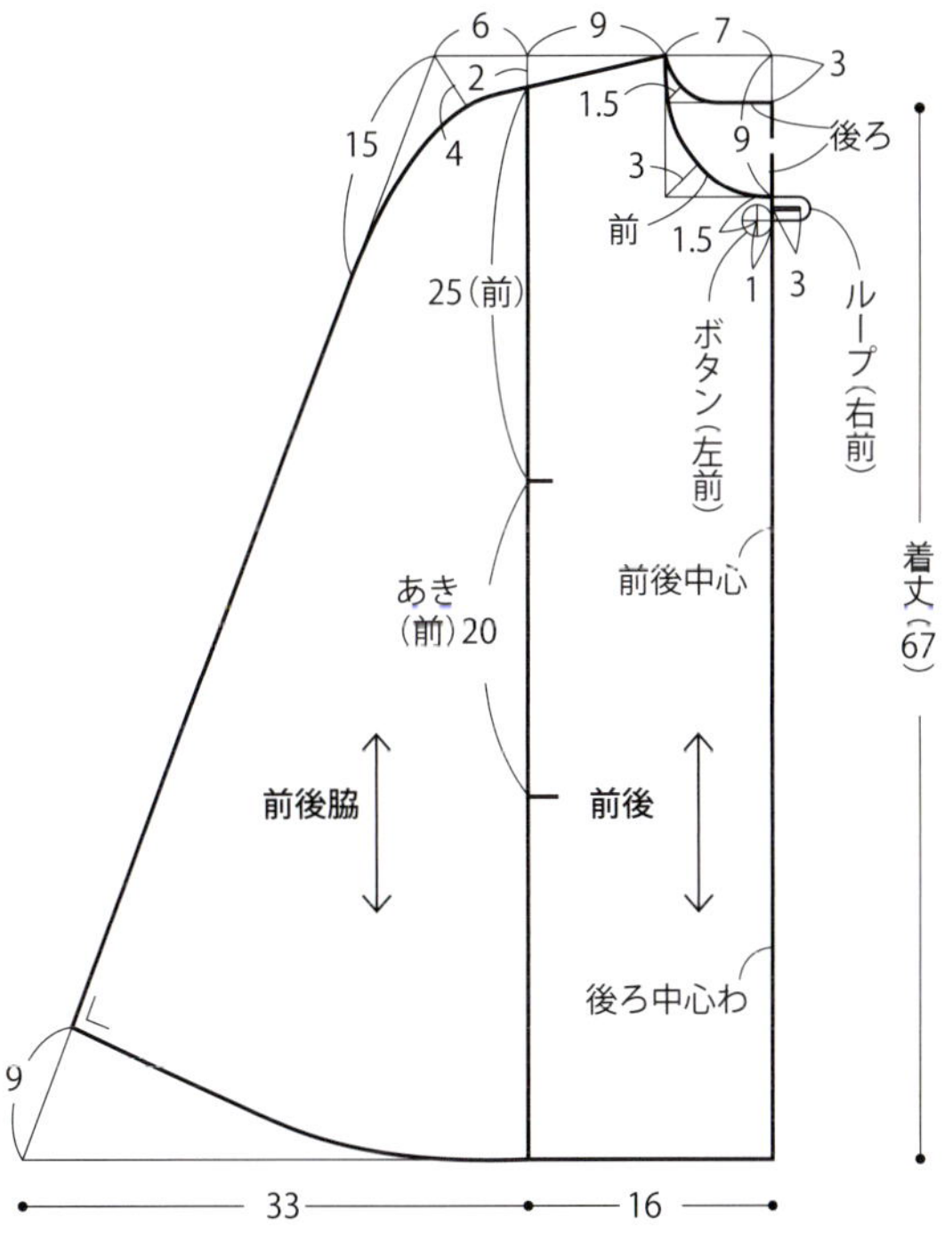

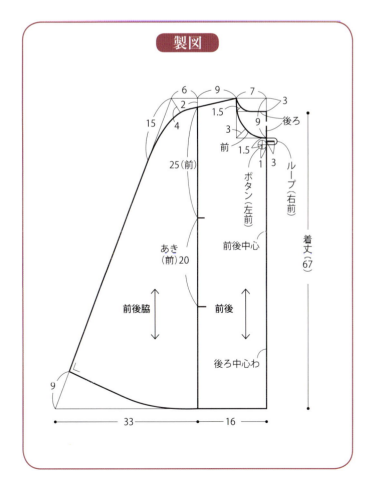

1 前後と前後脇を縫い合わせる

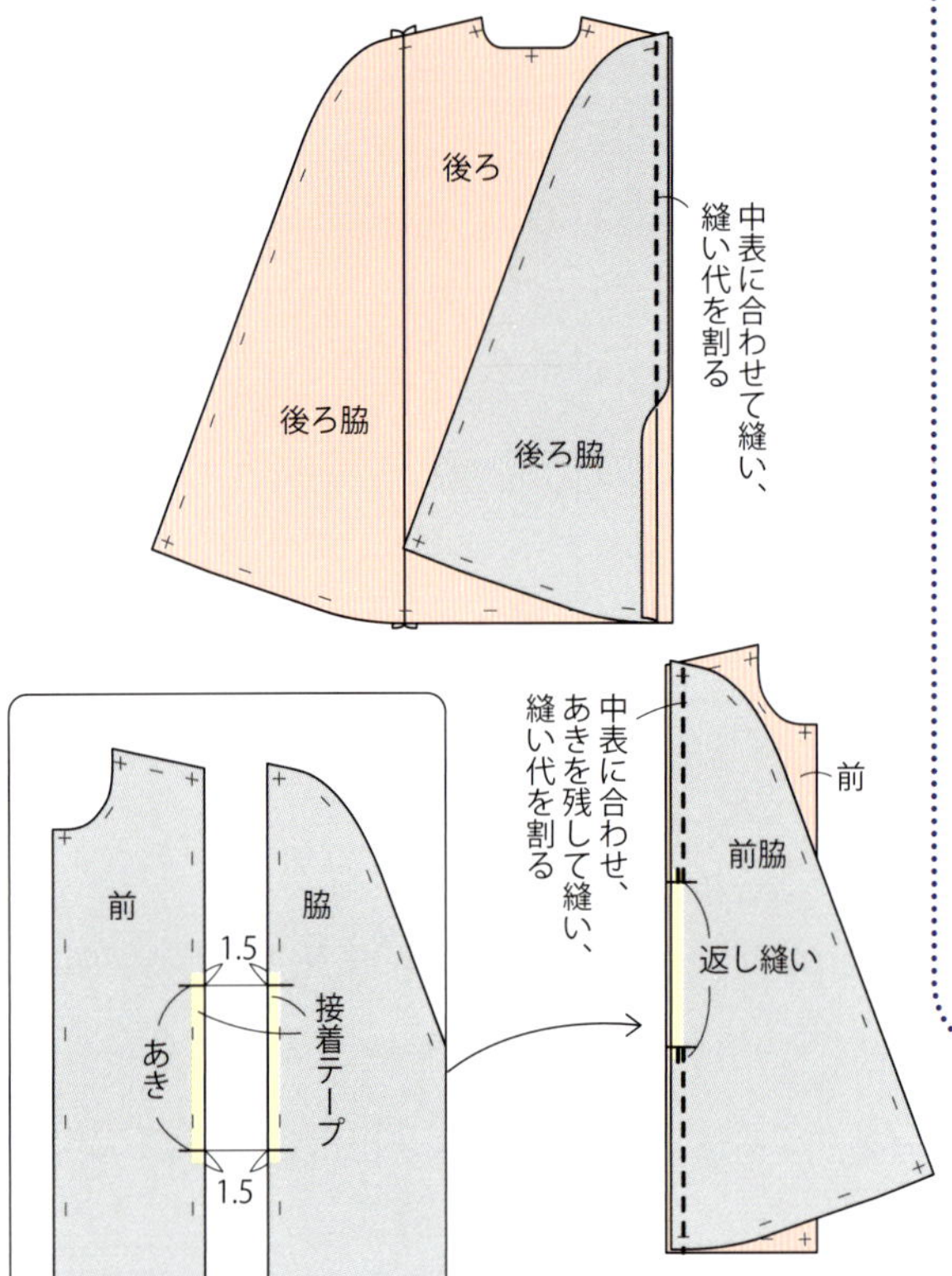
後ろ
後ろ脇
後ろ脇
中表に合わせて縫い、縫い代を割る
前
脇
1.5
あき
接着テープ
1.5
中表に合わせ、あきを残して縫い、縫い代を割る
前
前脇
返し縫い

★左前と裏布も同様に縫う

縫い方順序
2 表の前端にループを仮どめし、表身頃と裏身頃を縫う
1 前後と前後脇を縫い合わせる（表布、裏布とも）
6 ボタンを付ける
4 表布と裏布の縫い代を中とじする
3 表身頃と裏身頃を中表に合わせて、裾、前端、襟ぐりを続けて縫う
5 前のあきと返し口をまつる

2 表の前端にループを仮どめし、表身頃と裏身頃を縫う

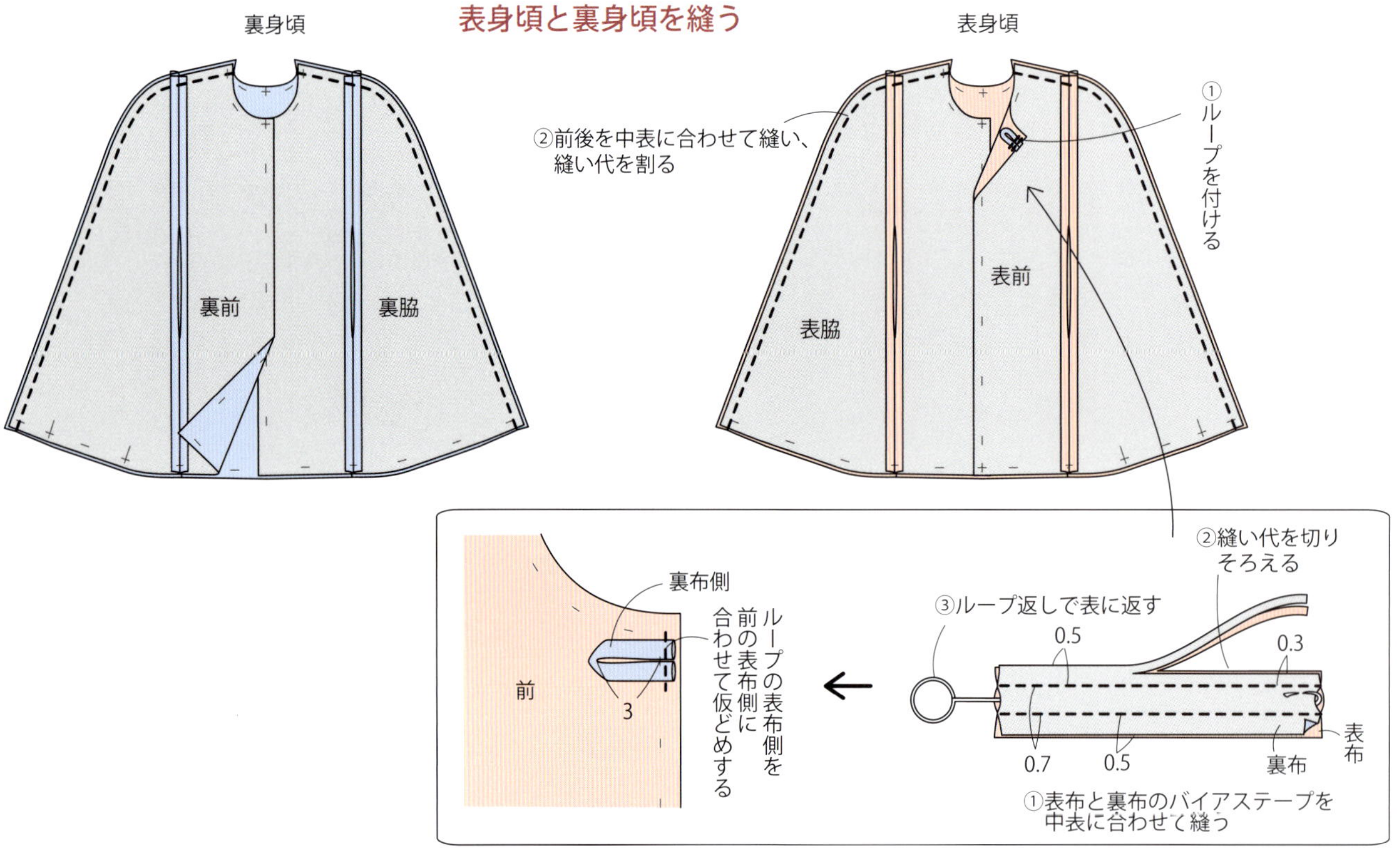
裏身頃
裏前
裏脇
表身頃
②前後を中表に合わせて縫い、縫い代を割る
①ループを付ける
表前
表脇
裏布側
ループの表布側を前の表布側に合わせて仮どめする
前
3
②縫い代を切りそろえる
③ループ返しで表に返す
0.5
0.3
0.7
0.5
裏布
表布
①表布と裏布のバイアステープを中表に合わせて縫う

3 表身頃と裏身頃を中表に合わせて、裾、前端、襟ぐりを続けて縫う

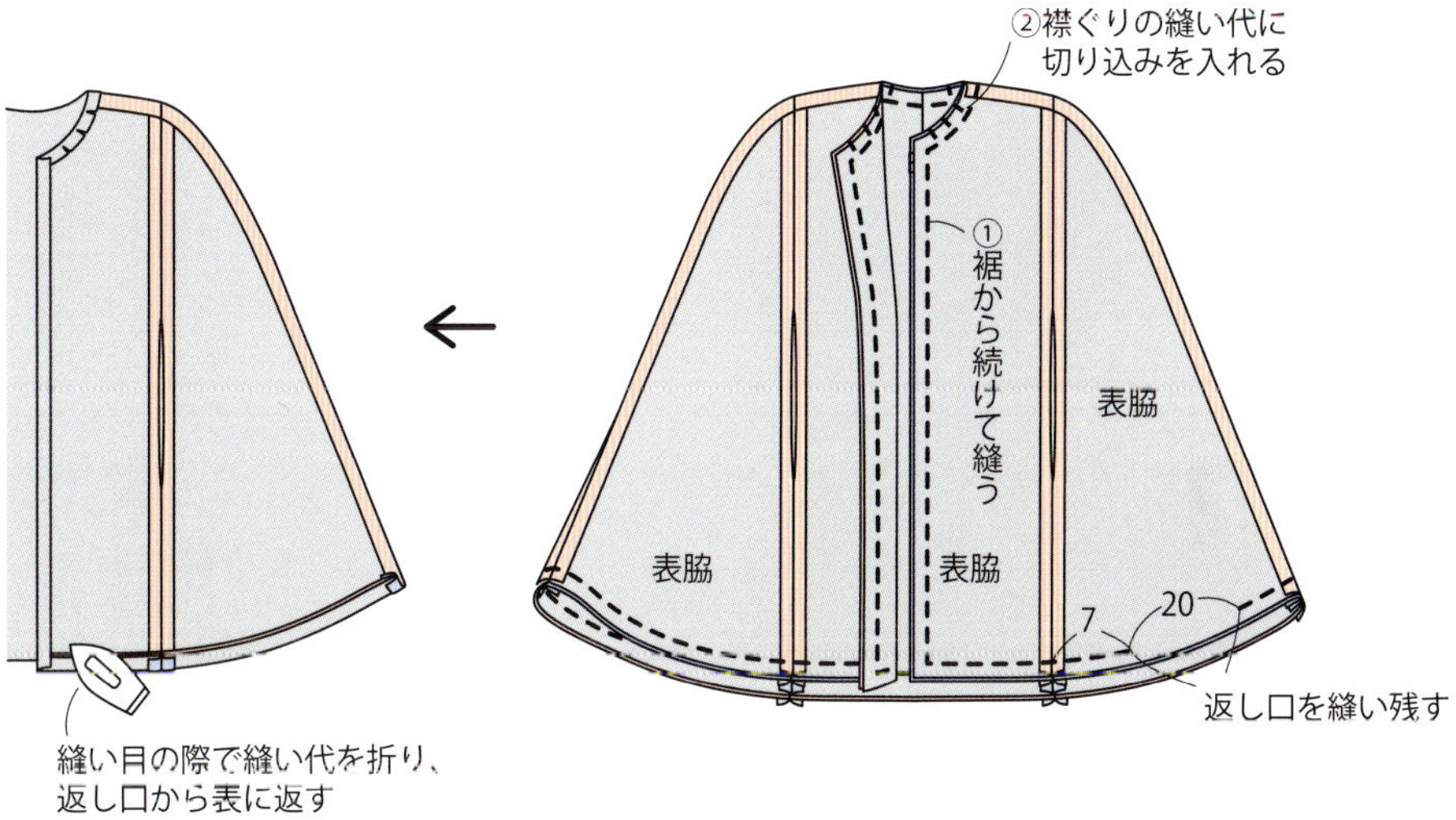
②襟ぐりの縫い代に
切り込みを入れる
①裾から続けて縫う
表脇
表脇
表脇
7
20
返し口を縫い残す
縫い目の際で縫い代を折り、
返し口から表に返す

5 前のあきと返し口をまつる

6 ボタンを付ける

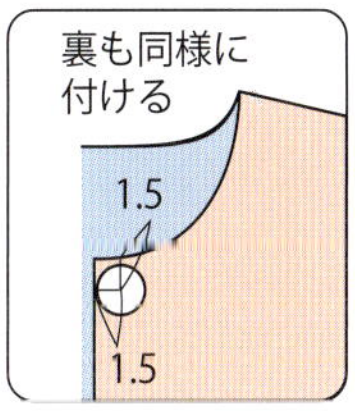
裏も同様に
付ける
1.5
1.5

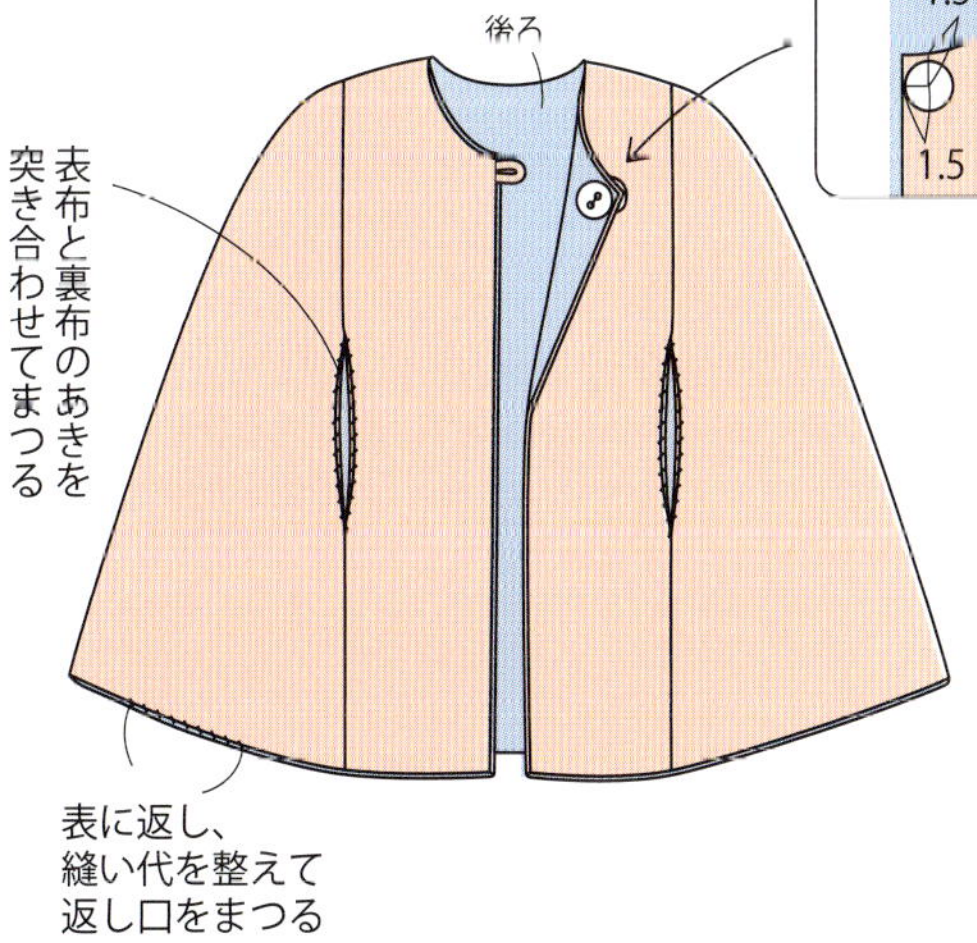
後ろ
表布と裏布のあきを
突き合わせてまつる
表に返し、
縫い代を整えて
返し口をまつる

4 表布と裏布の縫い代を中とじする

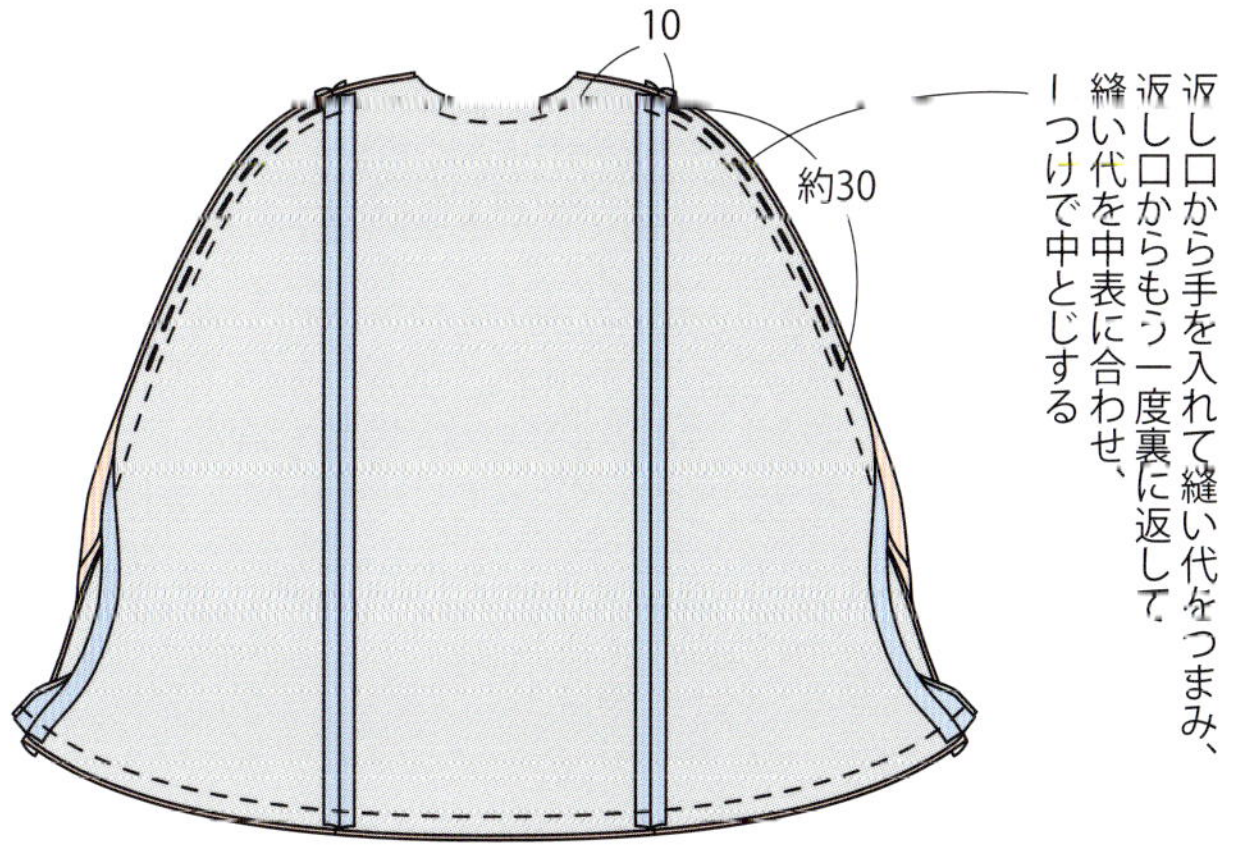
10
約30
返し口から手を入れて縫い代をつまみ、
返し口からもう一度裏に返して、
縫い代を中表に合わせ、
つけで中とじする

おしゃれな上に体形カバー

セミロングジレ ロングジレ

縦長ラインが強調されて、着る人をスラリと見せてくれるセミロングジレ。気になるヒップ回りや太ももが隠れ、着ていて安心感があります。体形カバーだけでなく、これ1枚着ることで背中や胴回り、首も暖かいのもうれしいところ。袖がないので動きやすさも申し分なし。一緒に、着丈が約30センチほど長いロングジレもご紹介します。こちらも体形カバーとスタイルよく見せる点は同じです。お好みで選んで作ってみてください。

セミロングジレ

使ったきもの地

小紋

後ろ襟ぐりは前身頃続きの凝ったデザイン。顔をほっそり見せます。

襟ぐりを折り返して、へちまカラーのようにしても。

ロングジレ

使ったきもの地

小紋

ボタンを通す布ループは、ボタンホールより作るのが簡単。

裾はメンズシャツのようなラウンドテイルでスタイリッシュ。

セミロングジレ
裁ち方

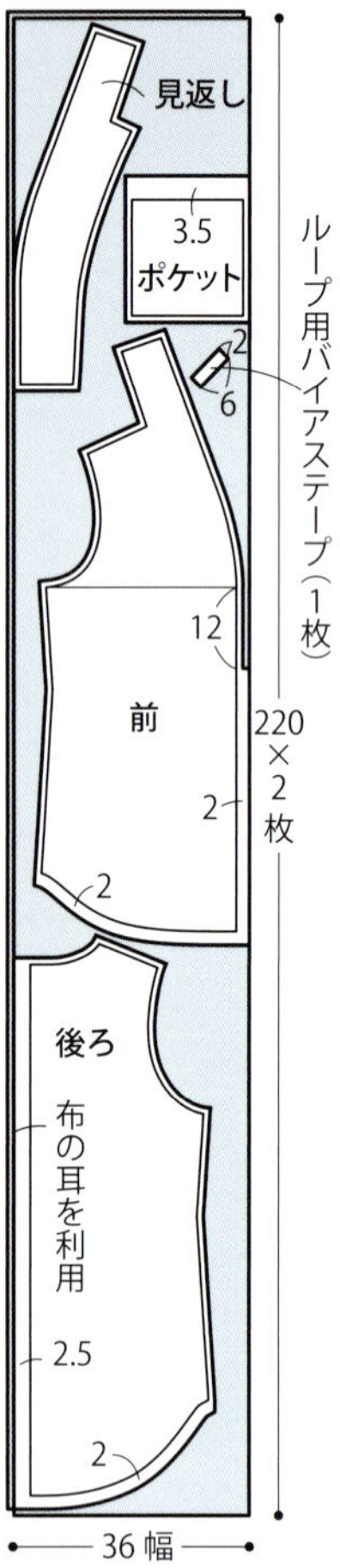

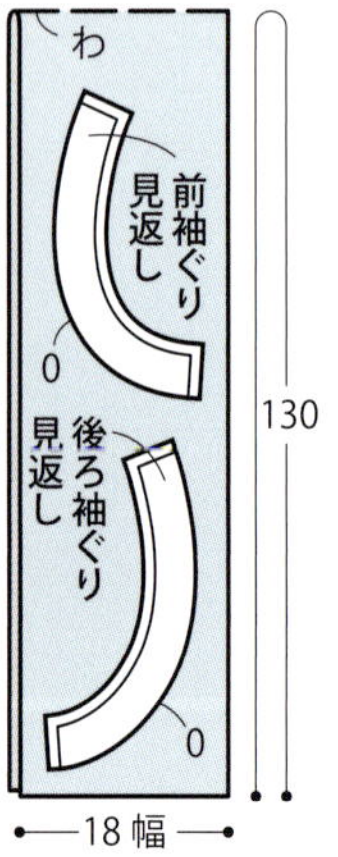

＊指定以外の縫い代は1cm

セミロングジレ
出来上がり寸法

バスト　111cm
着　丈　78cm

ロングジレ
出来上がり寸法

バスト　111cm
着　丈　105cm

用意するもの

セミロングジレ

きもの地……36cm幅4m40cm、18cm幅1m30cm
接着芯………100cm×60cm
ボタン………直径2cm×1個

ロングジレ

きもの地……36cm幅6m90cm
接着芯………100cm×60cm
ボタン………直径2cm×1個

作り方アドバイス

セミロングジレ、ロングジレどちらも、見返し、前後袖ぐり見返しの裏面に接着芯を貼っておきます。

製図

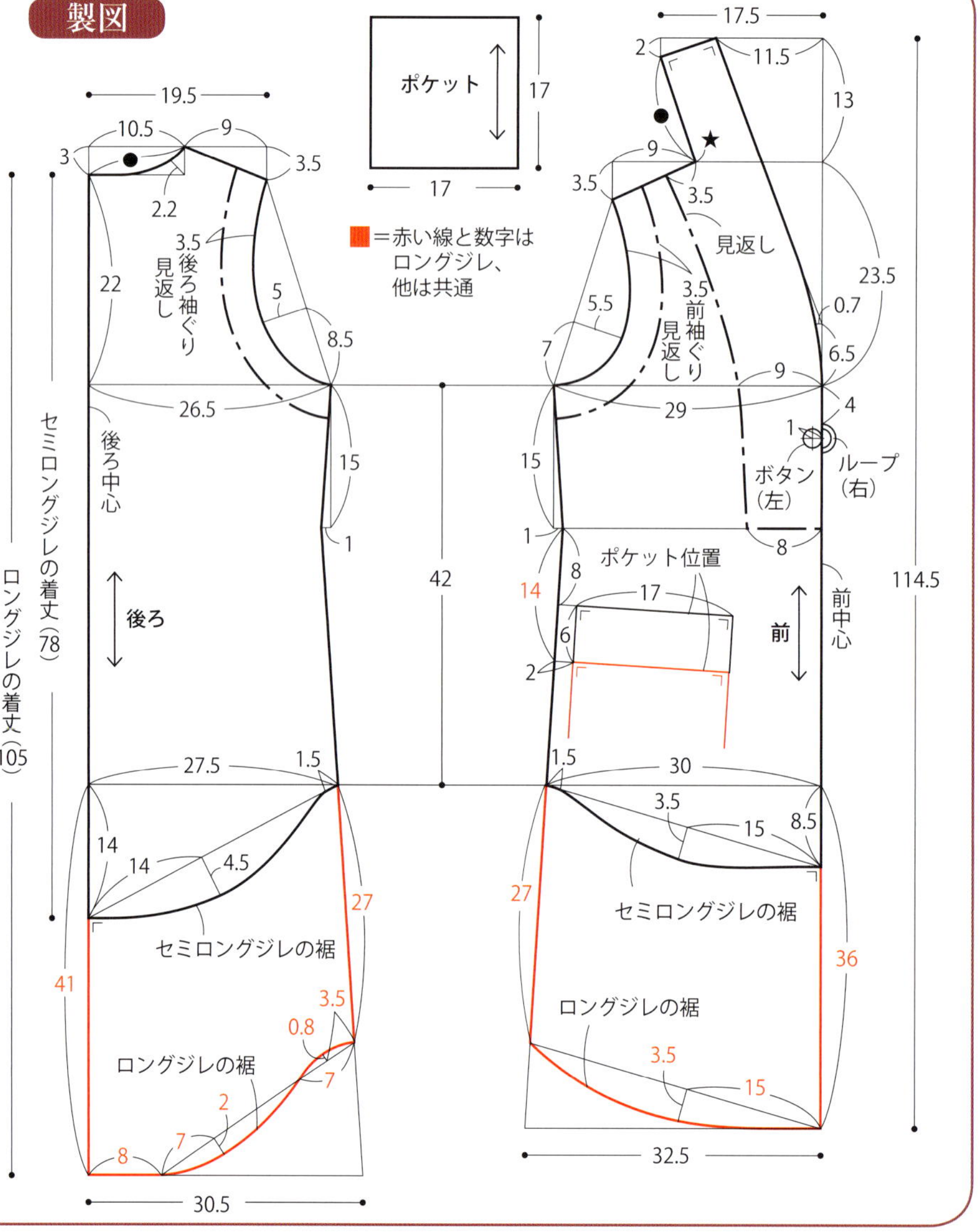

縫い方順序

セミロングジレ・ロングジレ共通
（イラストはセミロングジレ）

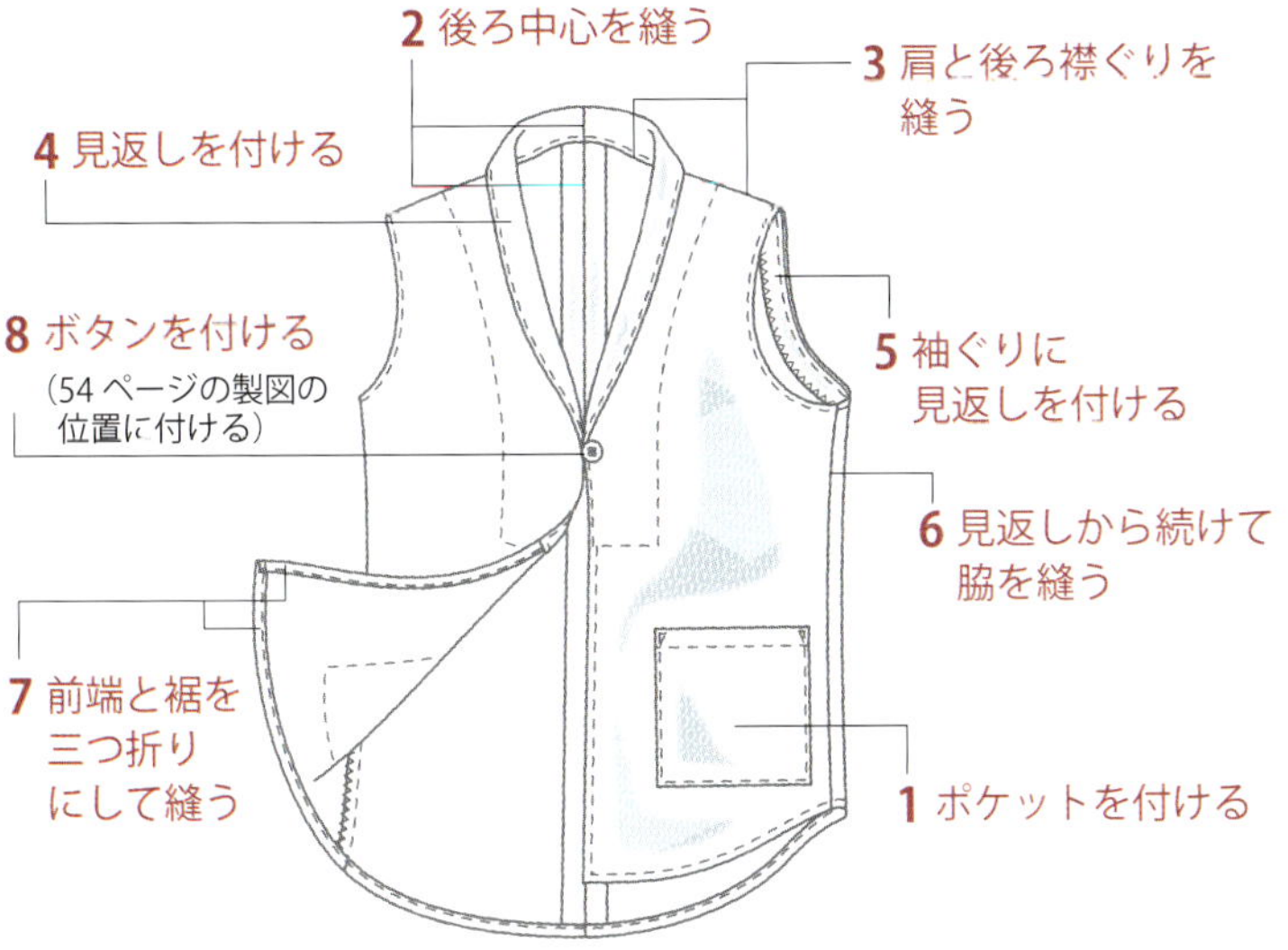

ロングジレ

裁ち方

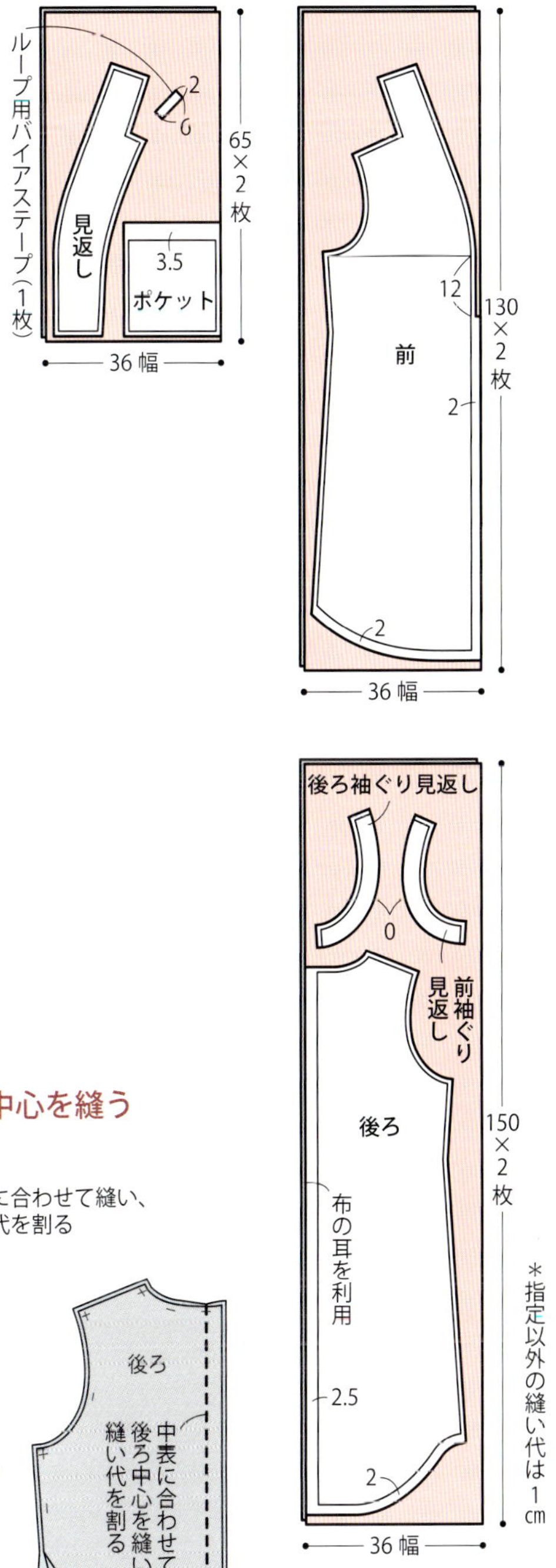

1 ポケットを付ける

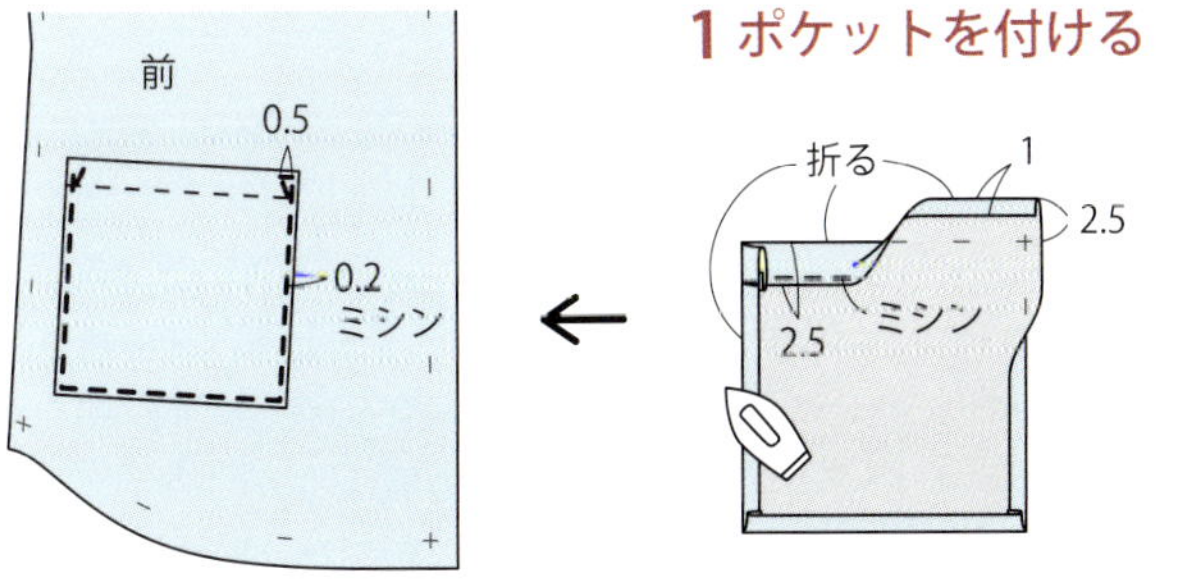

3 肩と後ろ襟ぐりを縫う

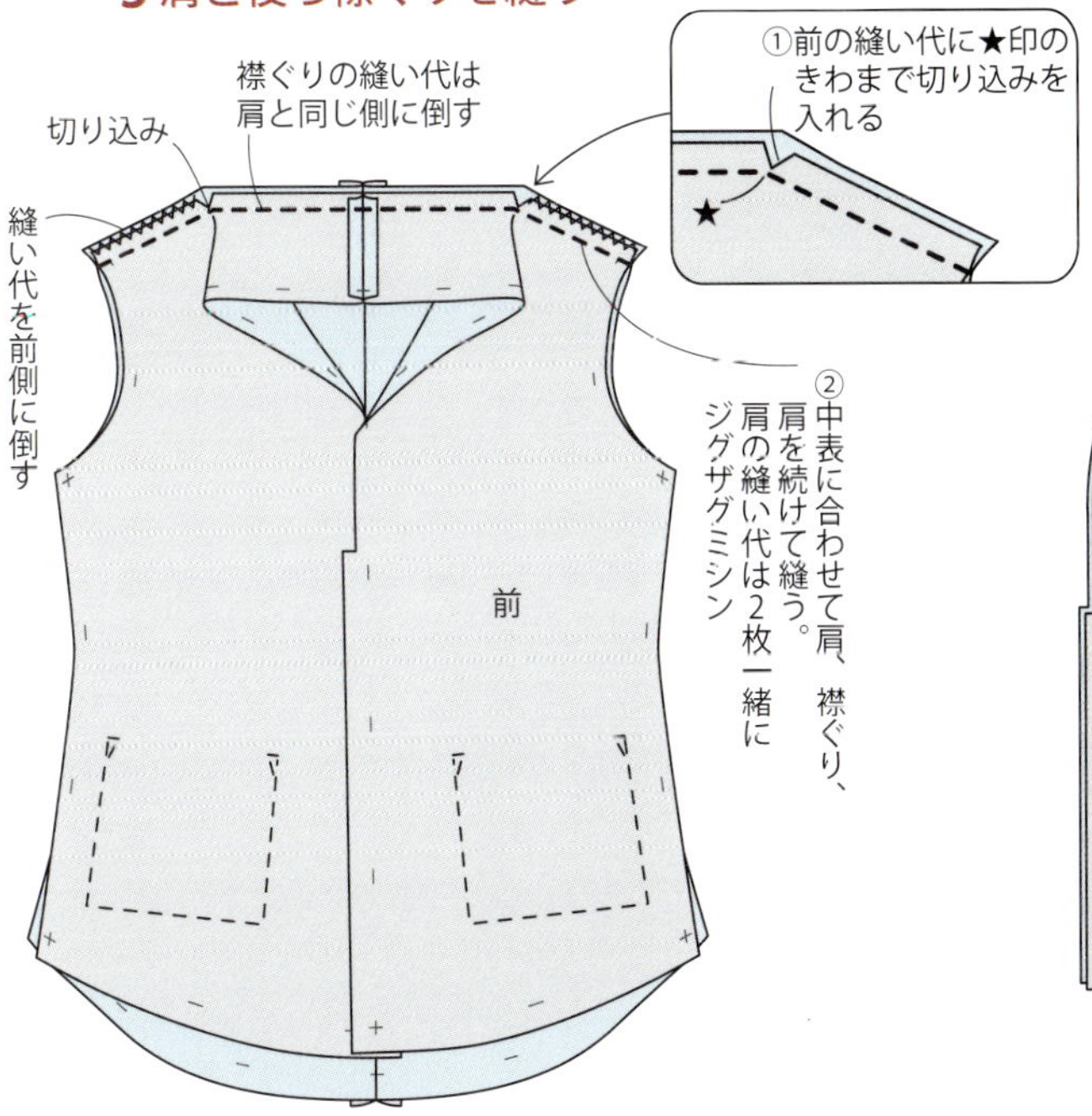

2 後ろ中心を縫う

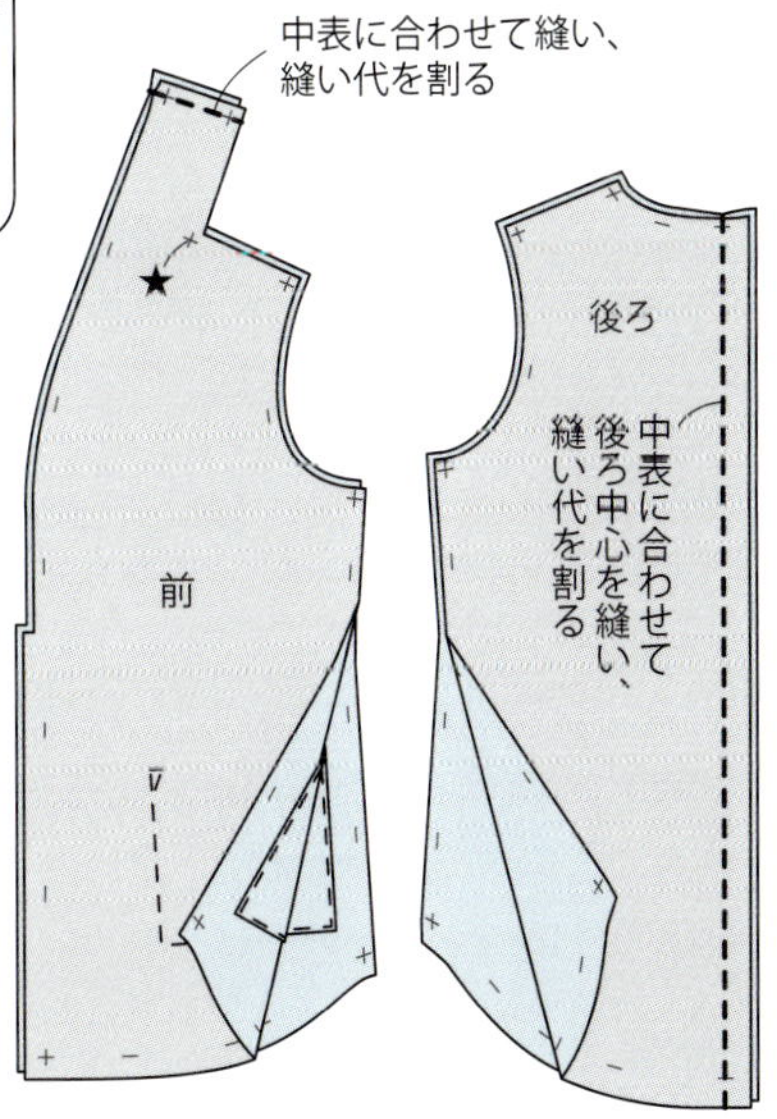

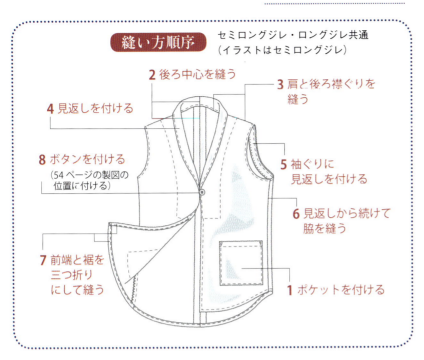

4 見返しを付ける

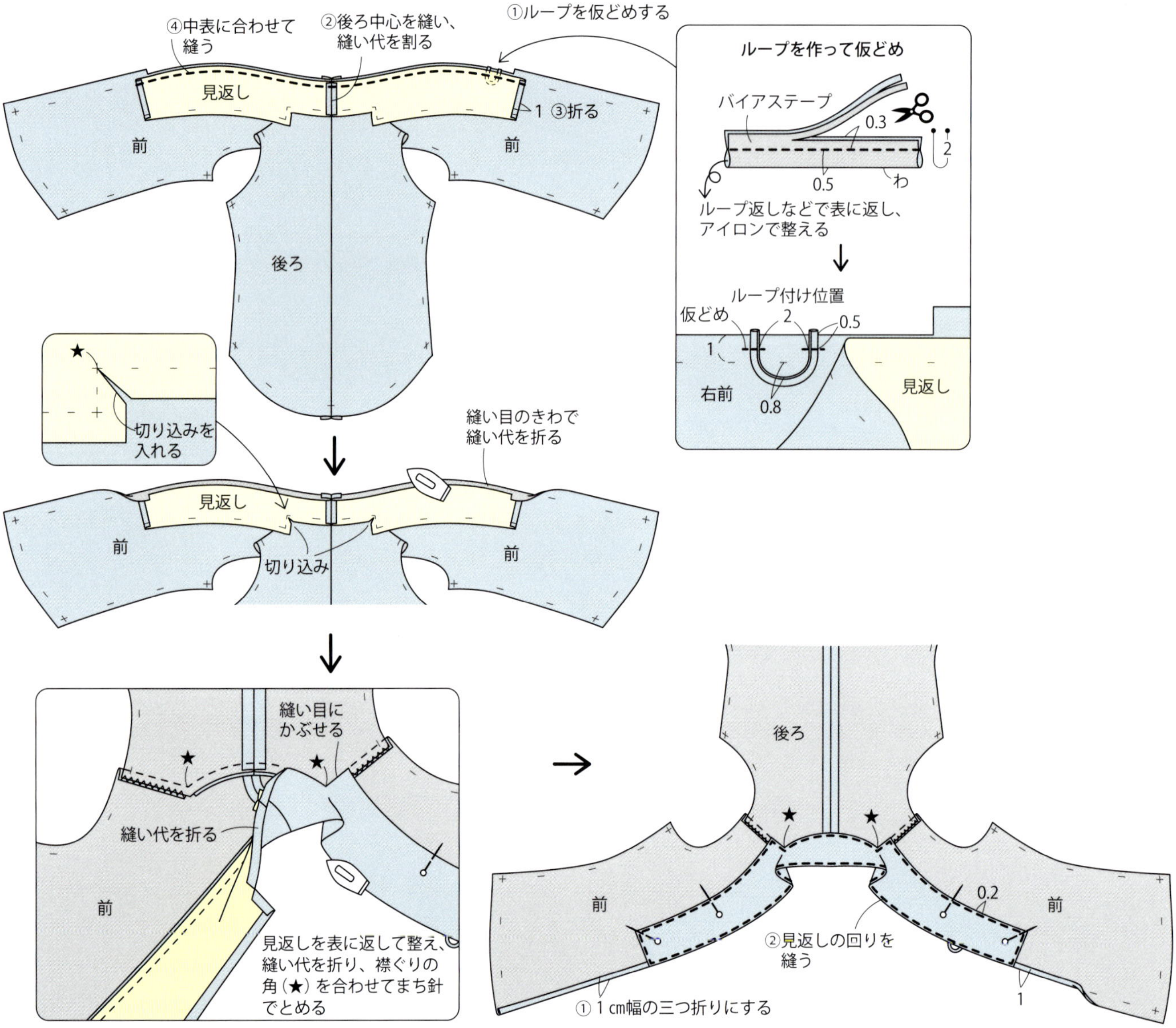

④中表に合わせて
縫う
②後ろ中心を縫い、
縫い代を割る
①ループを仮どめする
見返し
1 ③折る
前
前
後ろ
ループを作って仮どめ
バイアステープ
0.3
2
0.5
わ
ループ返しなどで表に返し、
アイロンで整える
ループ付け位置
仮どめ
2
0.5
1
右前
0.8
見返し
切り込みを
入れる
縫い目のきわで
縫い代を折る
見返し
前
前
切り込み
縫い目に
かぶせる
縫い代を折る
前
見返しを表に返して整え、
縫い代を折り、襟ぐりの
角（★）を合わせてまち針
でとめる
後ろ
前
前
0.2
②見返しの回りを
縫う
①1㎝幅の三つ折りにする
1

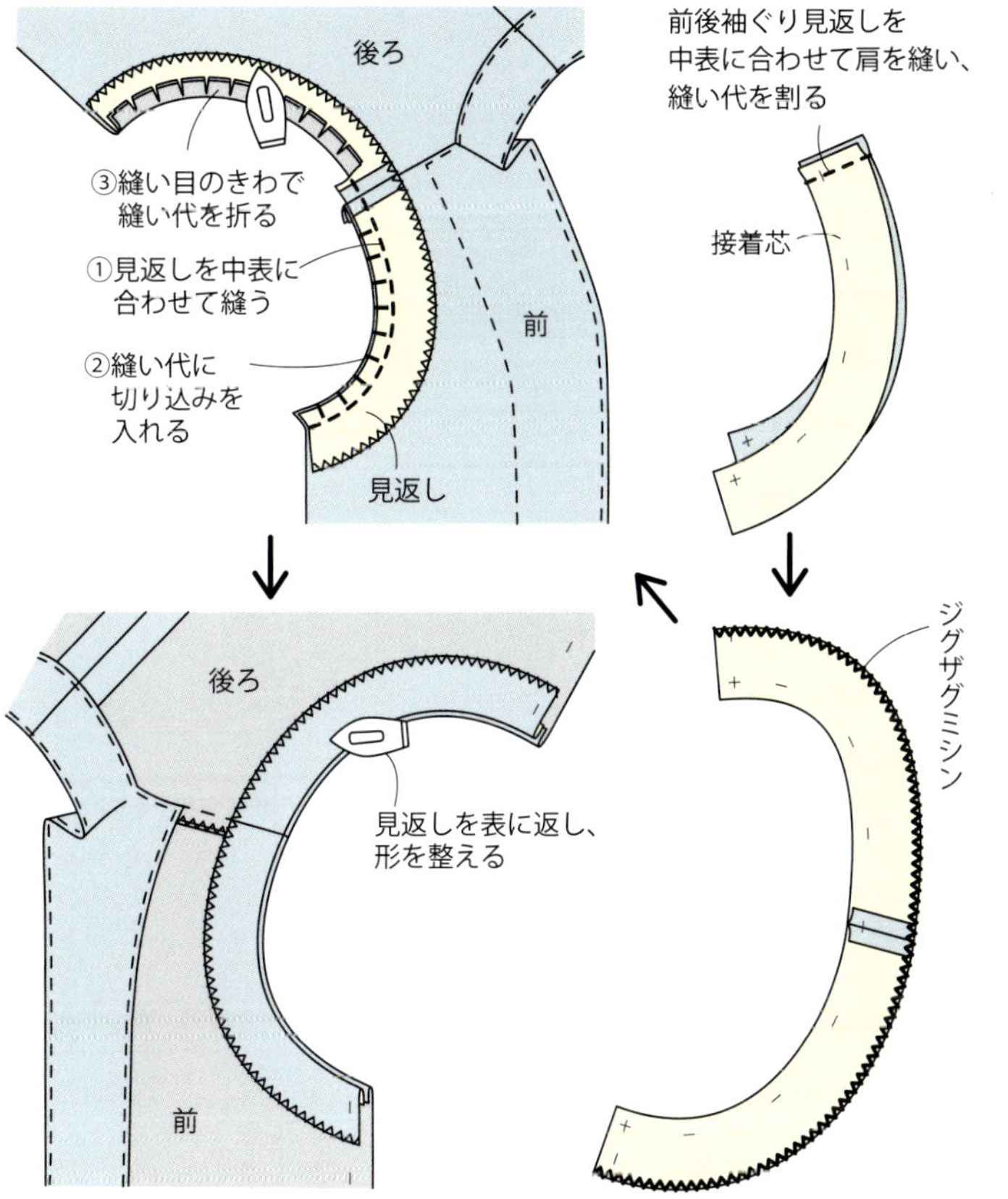

後ろ
前後袖ぐり見返しを
中表に合わせて肩を縫い、
縫い代を割る
③縫い目のきわで
縫い代を折る
接着芯
①見返しを中表に
合わせて縫う
前
②縫い代に
切り込みを
入れる
見返し
ジグザグミシン
後ろ
見返しを表に返し、
形を整える
前

5 袖ぐりに見返しを付ける

6 見返しから続けて脇を縫う

7 前端と裾を三つ折りにして縫う

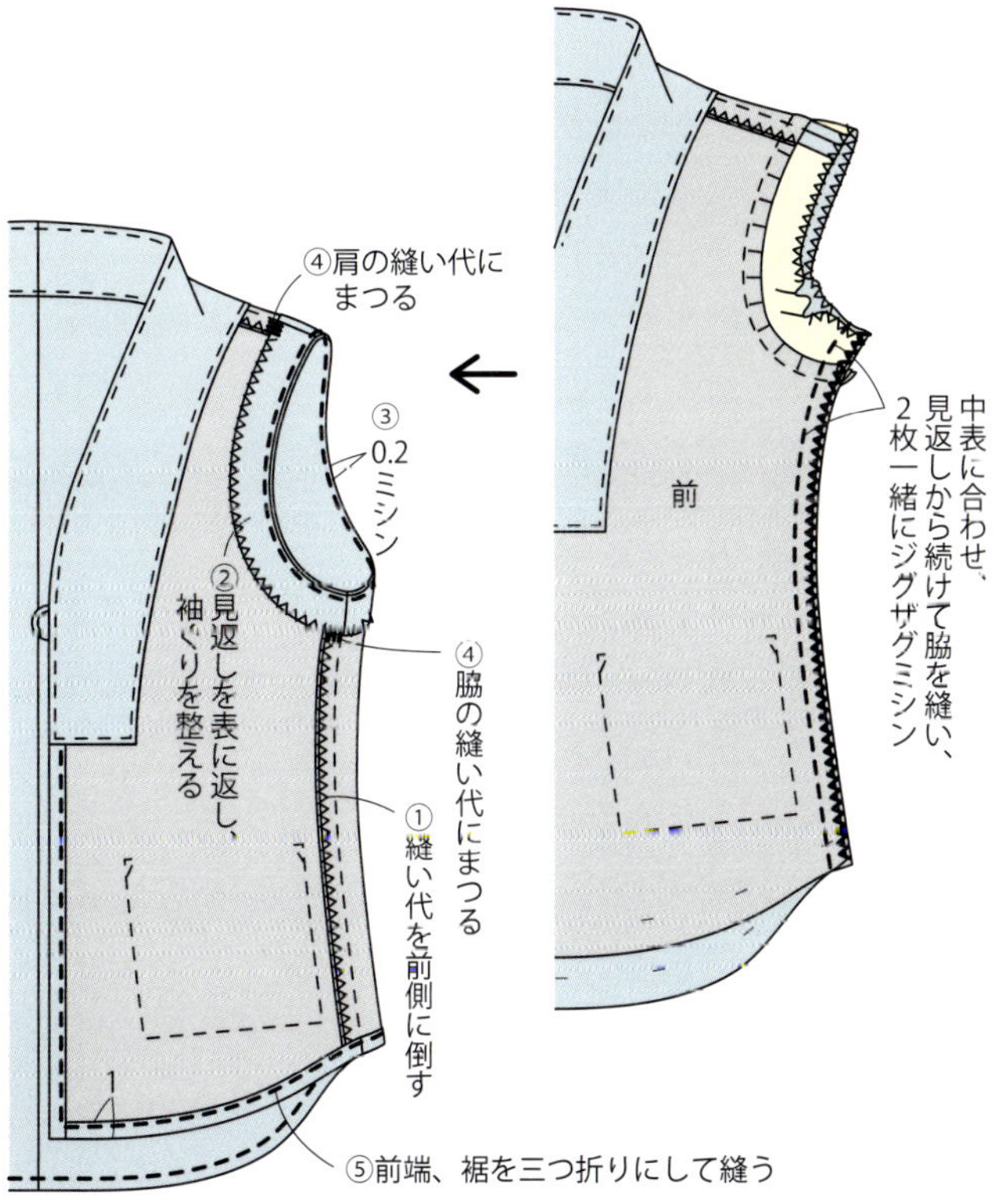

④肩の縫い代に
まつる
③
0.2
ミシン
②見返しを表に返し、
袖ぐりを整える
④脇の縫い代にまつる
①縫い代を前側に倒す
1
⑤前端、裾を三つ折りにして縫う
前
中表に合わせ、
見返しから続けて脇を縫い、
2枚一緒にジグザグミシン

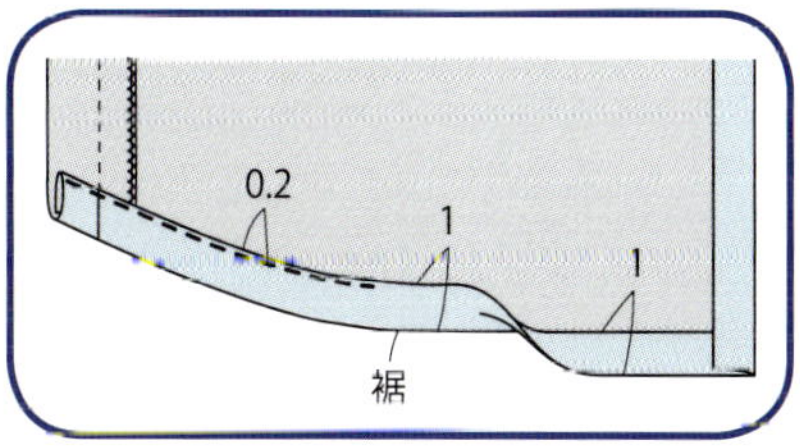

0.2
1
1
裾

なにかと着回しに便利

キュロット

きもの幅の前後布に脇布を足してゆるみ分をプラスした、ゆったりキュロットです。しかもウエストはゴム仕様なので、着心地も楽です。ポケットは脇布の縫い目を利用して作った、シルエットが美しいデザインです。さらに、後ろウエストのくりを少し下げ、ヒップにフィットさせてきれいに見せる工夫も。こんなアイデアいっぱいのキュロットだから何にでも合って出番が多くなります。

使ったきもの地 | 縞

用意するもの

きもの地…………36cm幅4m60cm
八掛（袋布用）……18cm幅50cm
接着芯……………20cm × 10cm
ゴムテープ………2.5cm幅ウエスト寸法（縫い代分含む）

出来上がり寸法

ヒップ（約）	S	109cm
	M	112cm
	L	118cm
	LL	123cm
パンツ丈		63cm

作り方アドバイス

ポケット口の縫い代に接着芯を貼っておきます（縫い方図参照）。

製図

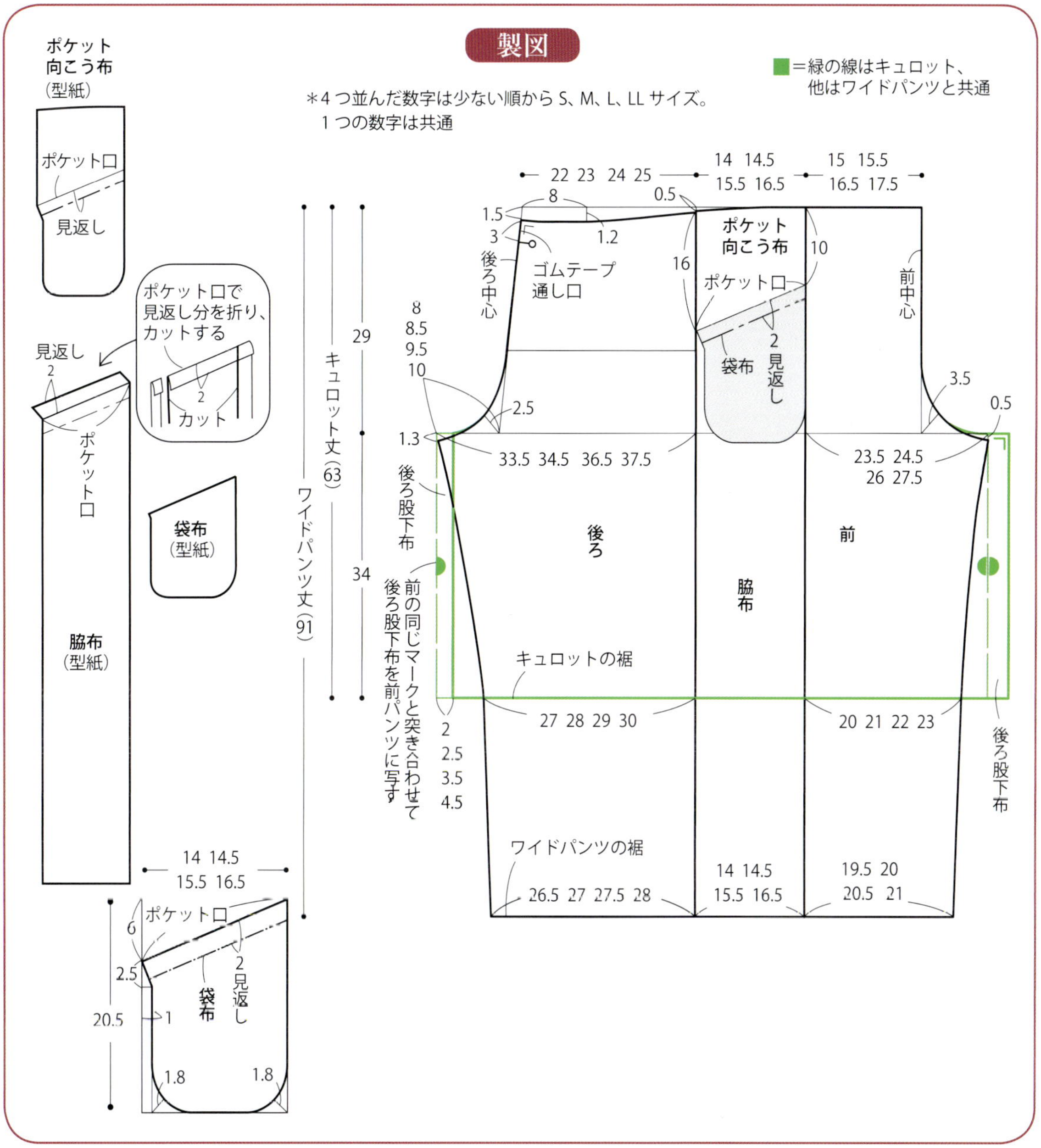

裁ち方

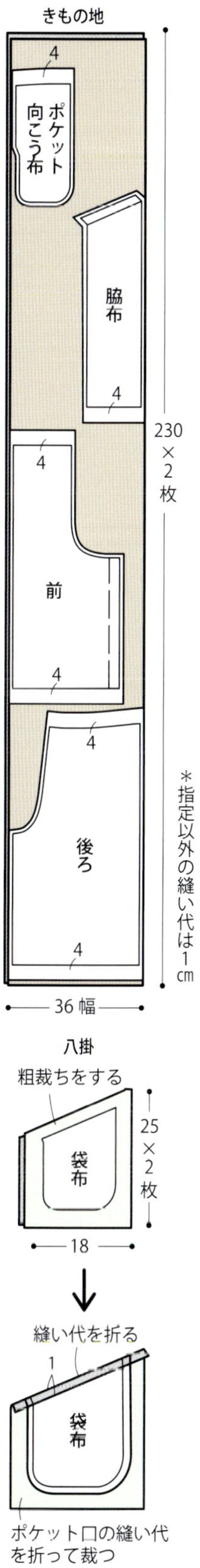

縫い方順序

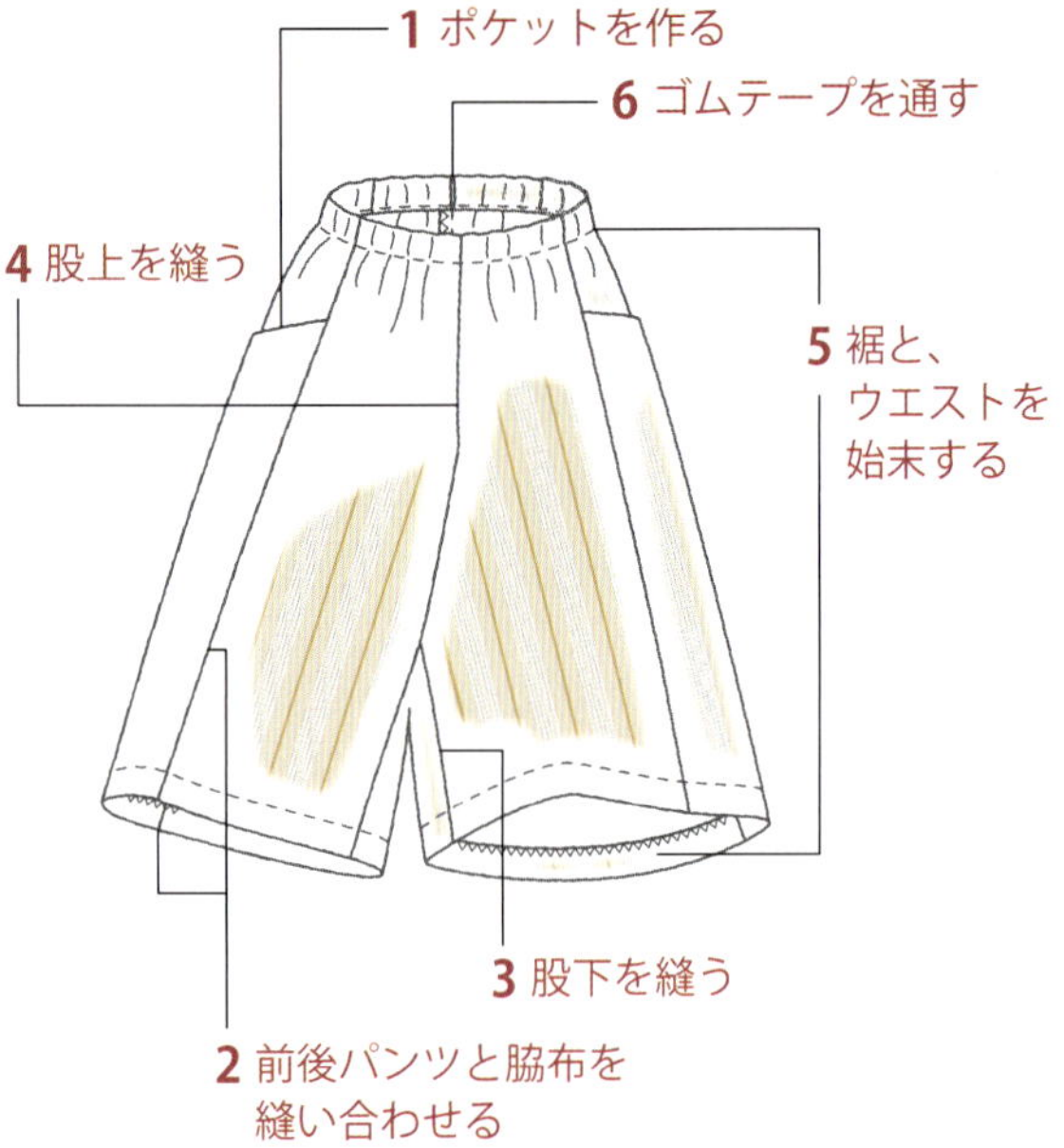

1 ポケットを作る

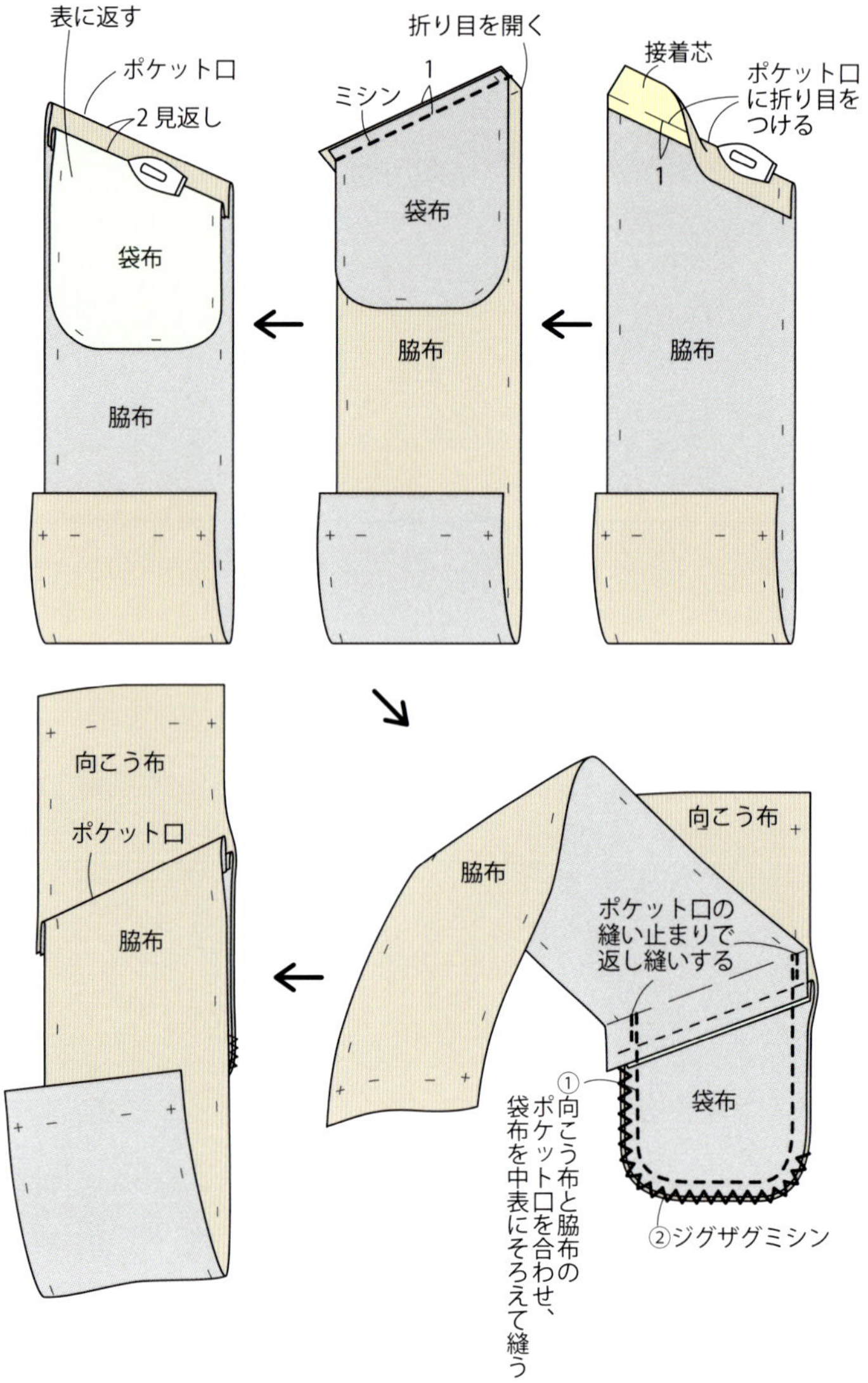

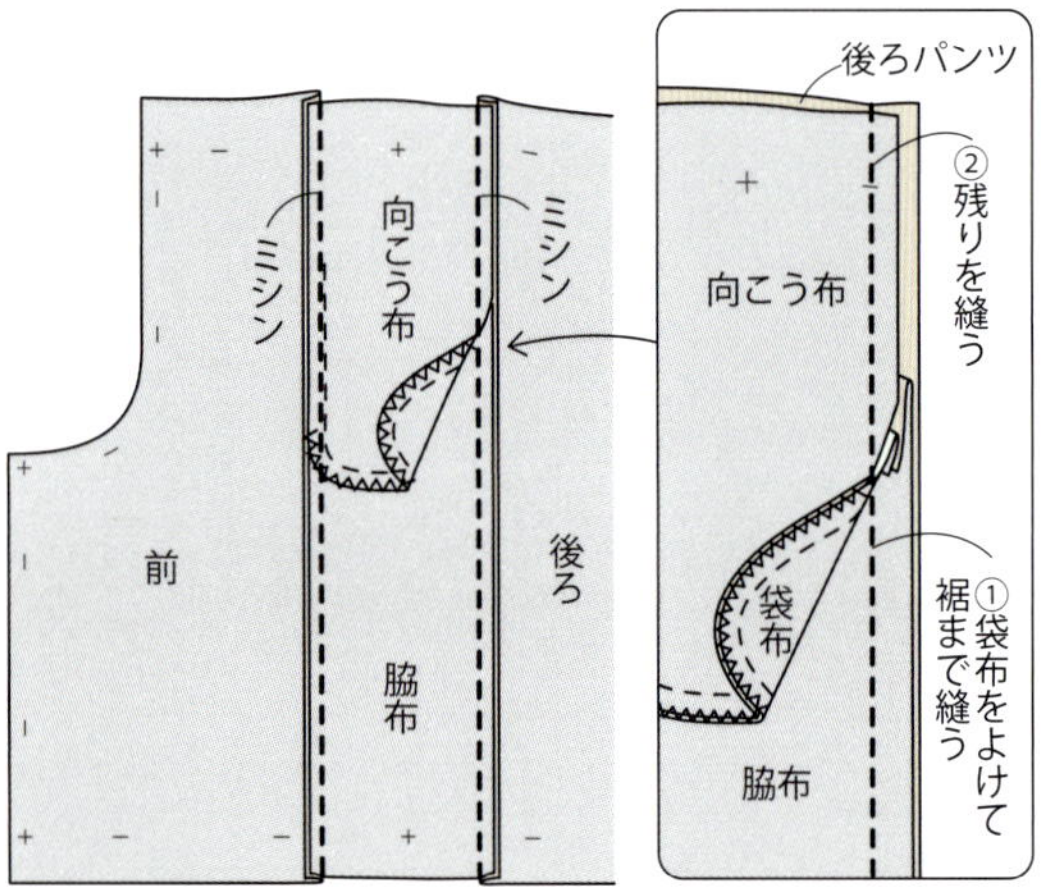

2 前後パンツと脇布を縫い合わせる

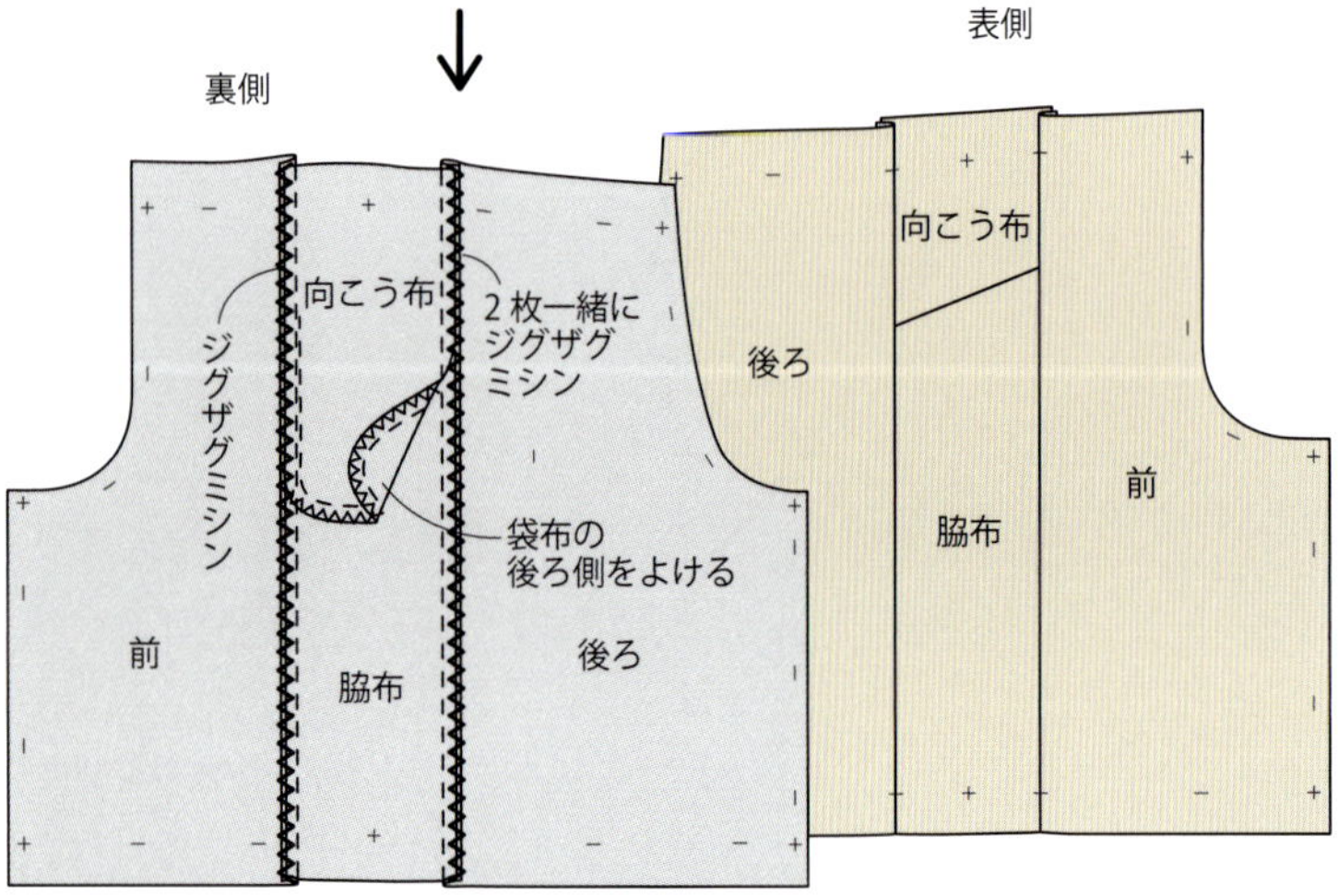

3 股下を縫う

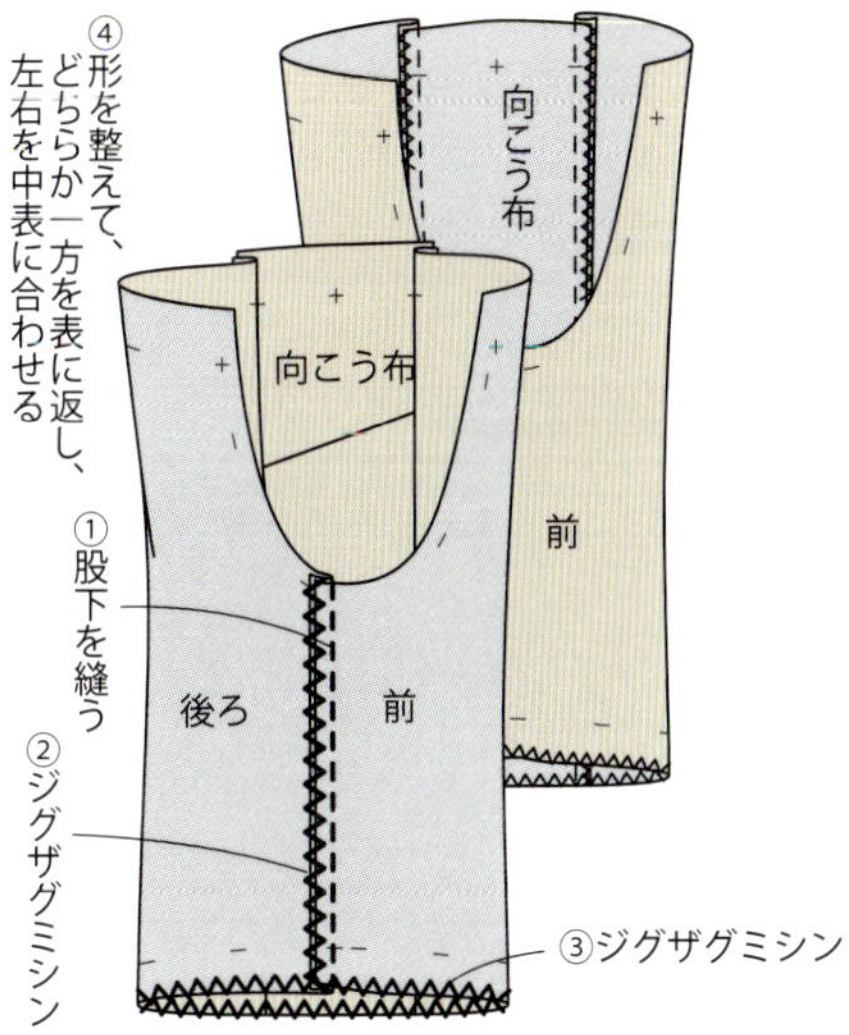
④形を整えて、どちらか一方を表に返し、左右を中表に合わせる
向こう布
向こう布
前
①股下を縫う
②ジグザグミシン
後ろ
前
③ジグザグミシン

4 股上を縫う

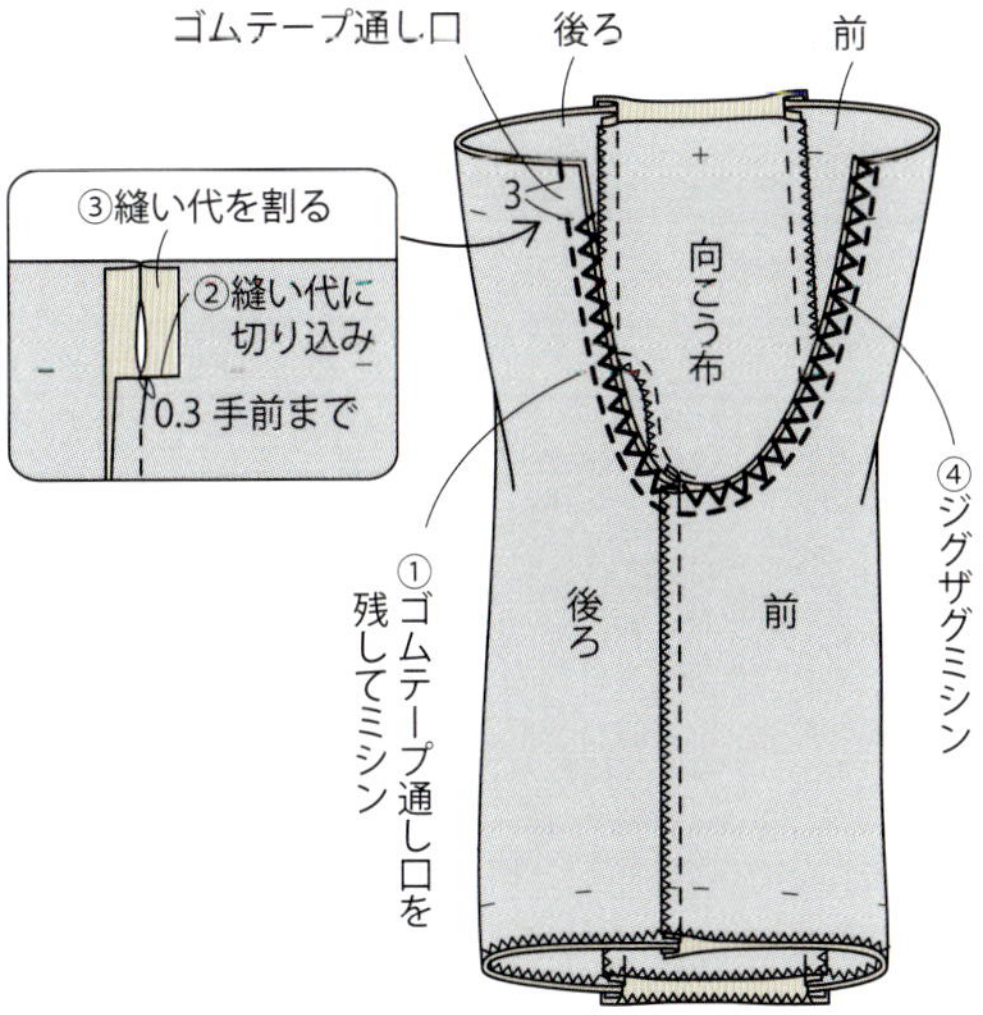
ゴムテープ通し口
後ろ
前
③縫い代を割る
②縫い代に切り込み
0.3 手前まで
3
向こう布
①ゴムテープ通し口を残してミシン
後ろ
前
④ジグザグミシン

5 裾とウエストを始末する

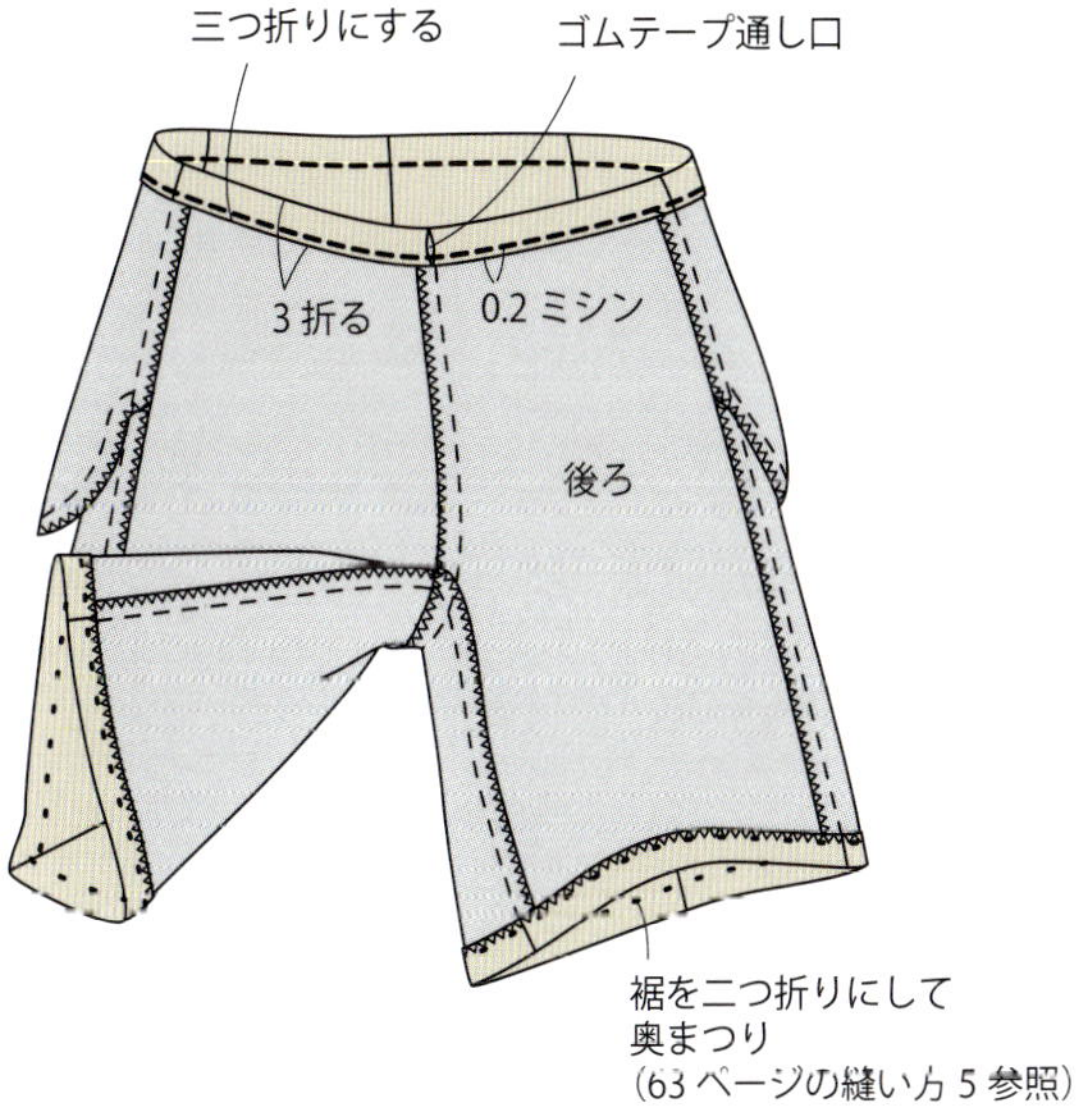
三つ折りにする
ゴムテープ通し口
3 折る
0.2 ミシン
後ろ
裾を二つ折りにして奥まつり
（63 ページの縫い方 5 参照）

6 ゴムテープを通す

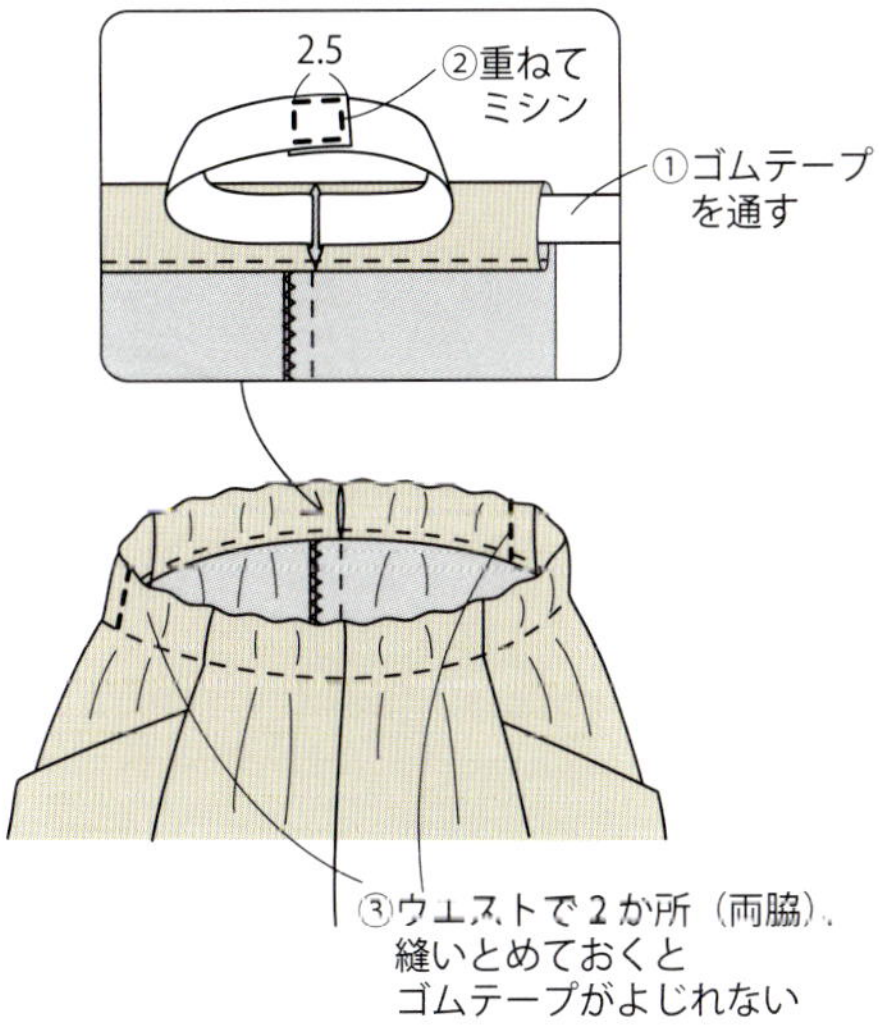
2.5
②重ねてミシン
①ゴムテープを通す
③ウエストで 2 か所（両脇）、縫いとめておくとゴムテープがよじれない

ウエストがゴムで楽々
ワイドパンツ

58ページのキュロットと同じ形で、丈をくるぶしまで長くしたワイドパンツです。とにかく着心地満点なので、薄地のきもの地で作れば春夏に、少し厚めのきもの地で作れば秋冬にと、一年中活躍すること間違いなし。旅行やリゾートにも便利です。派手でもて余しているきものがあったら、ぜひトライしてみてください。

使ったきもの地

銘仙

縫い方順序

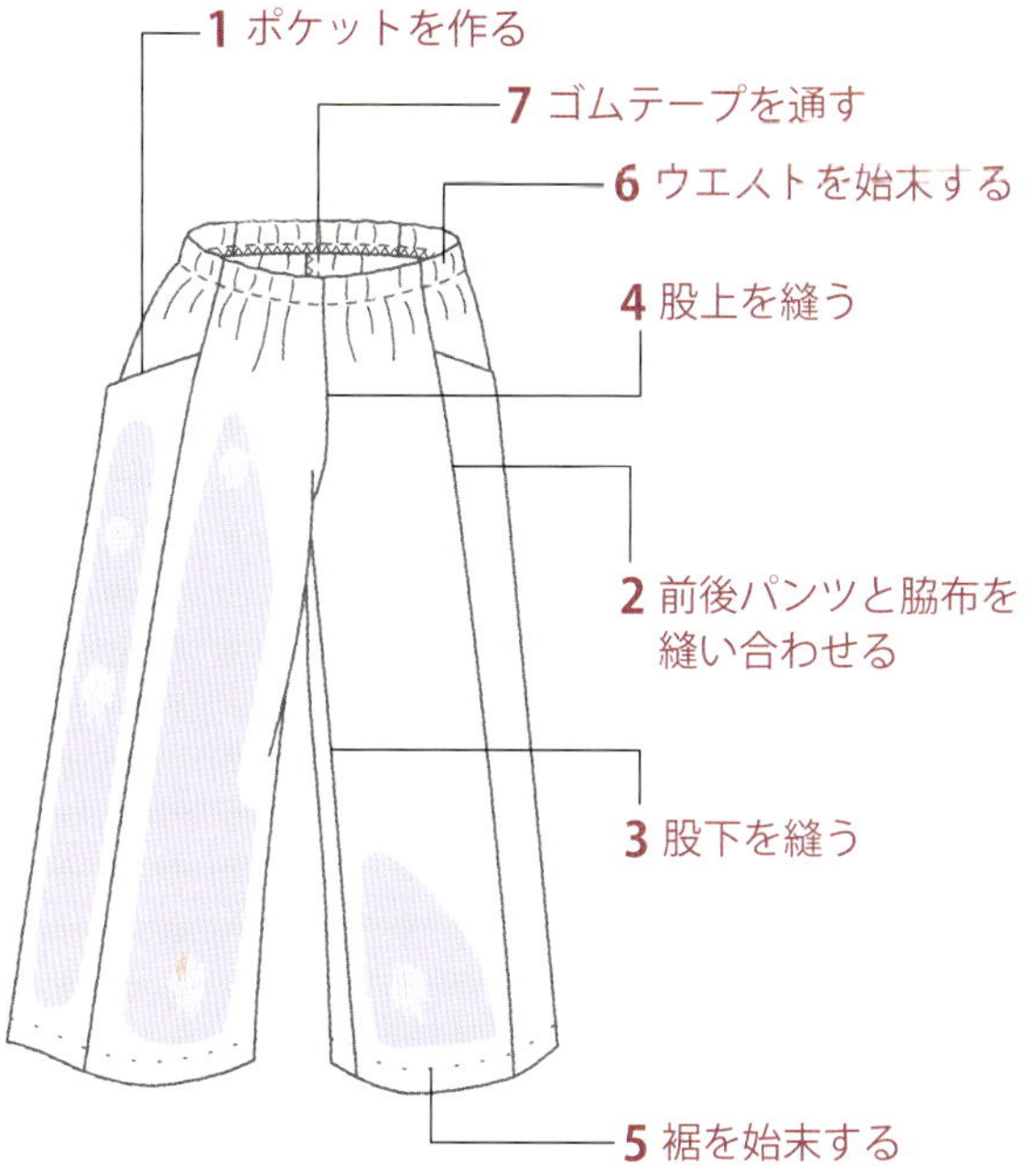

裁ち方

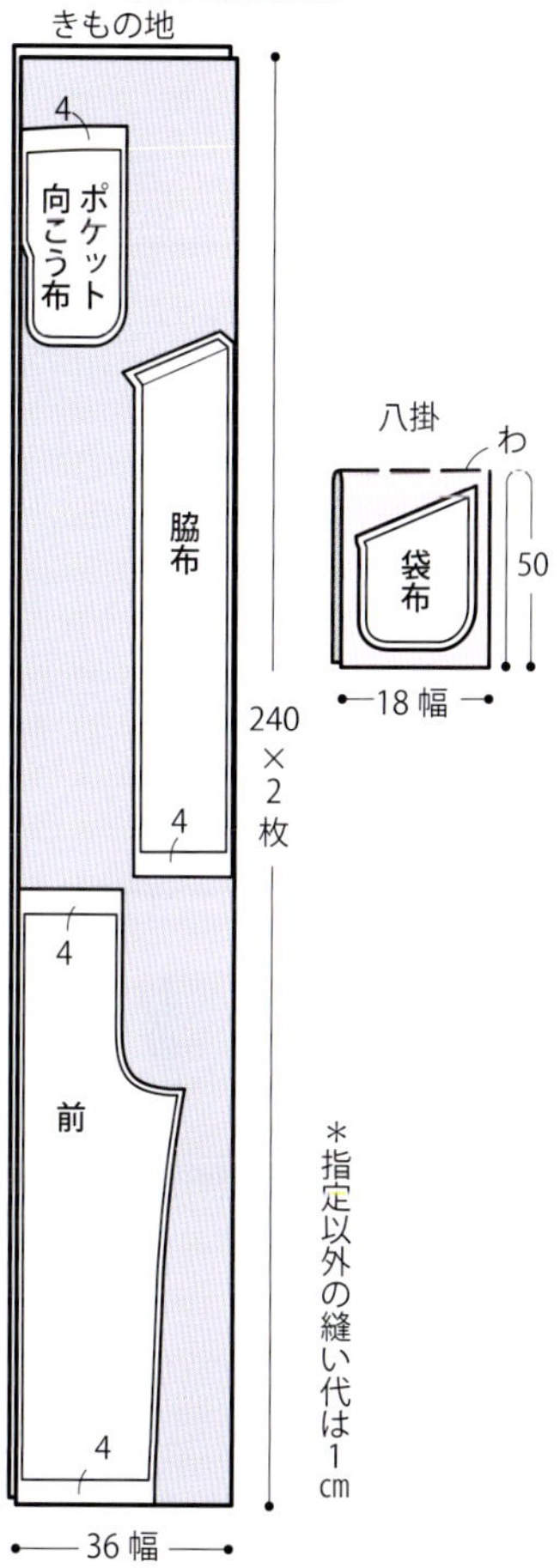

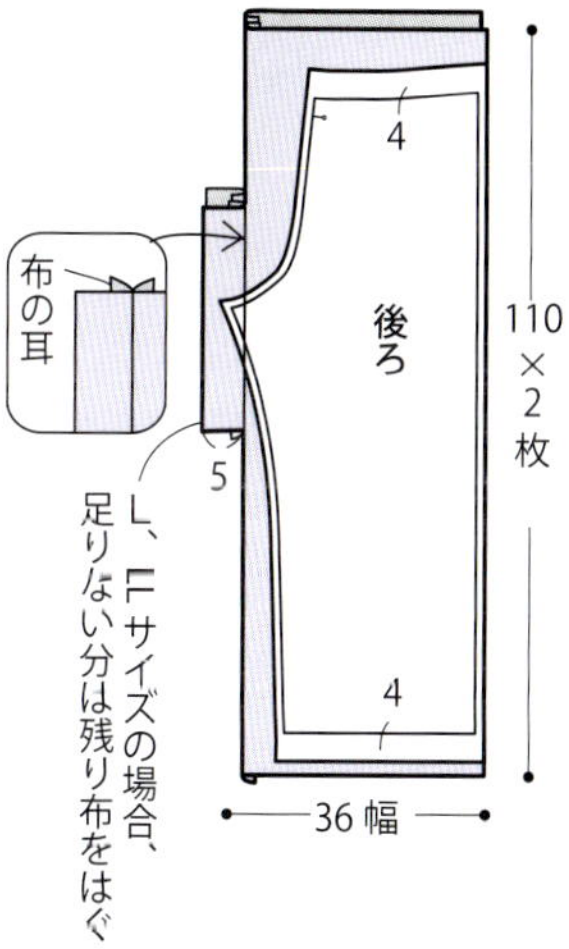

用意するもの

きもの地……………36cm幅7m
八掛（袋布用）……18cm幅50cm
接着芯……………20cm × 10cm
ゴムテープ………2.5cm幅ウエスト寸法（縫い代分含む）

作り方アドバイス

ポケット口の縫い代に接着芯を貼っておきます（60ページ参照）。製図は59ページにあります。作り方**5**、**6**以外は60ページからのキュロットと同様です。

6 ウエストを始末する

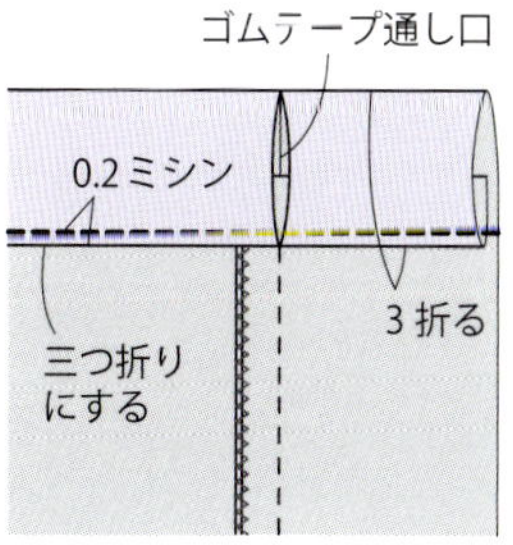

5 裾を始末する

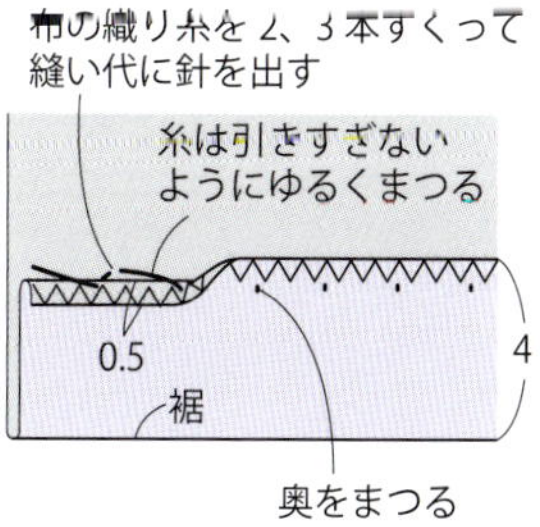

出来上がり寸法

ヒップ（約）	S	109cm
	M	112cm
	L	118cm
	LL	123cm
パンツ丈		91cm

前から見ればスカート！

ラップ式パンツ（ロング丈、ミディ丈）

ごくシンプルなパンツにラップ布を付けただけですが、前から見るとスカートのように見えます。スリムなタイトスカートみたいなのに動きやすい、秀逸パンツです。

単衣でも作れますが、ここでは袷のきものを使いました。ラップ布は、袷の前身頃を裏布付きのまま利用。袷は裏布が凝っているものが多いので、ラップ布が翻ったときにちらりと見えると粋です。それに、ひざ掛けのように暖かいのも特徴。夏以外のスリーシーズンに活躍します。

使ったきもの地

袷のきもの

用意するもの

袷のきもの………1枚
接着ベルト芯……2.5cm幅40cm
ゴムテープ………2.5cm幅ウエスト寸法(縫い代分含む)
接着テープ………1.5cm幅20cm

作り方アドバイス

裁ち方図の指定の位置にジグザグミシンをかけておきます。ラップ布は八掛を付けたままで裁ち、そのほかはきものをほどいて裁ちます。右前のポケット口に接着テープを貼ります。

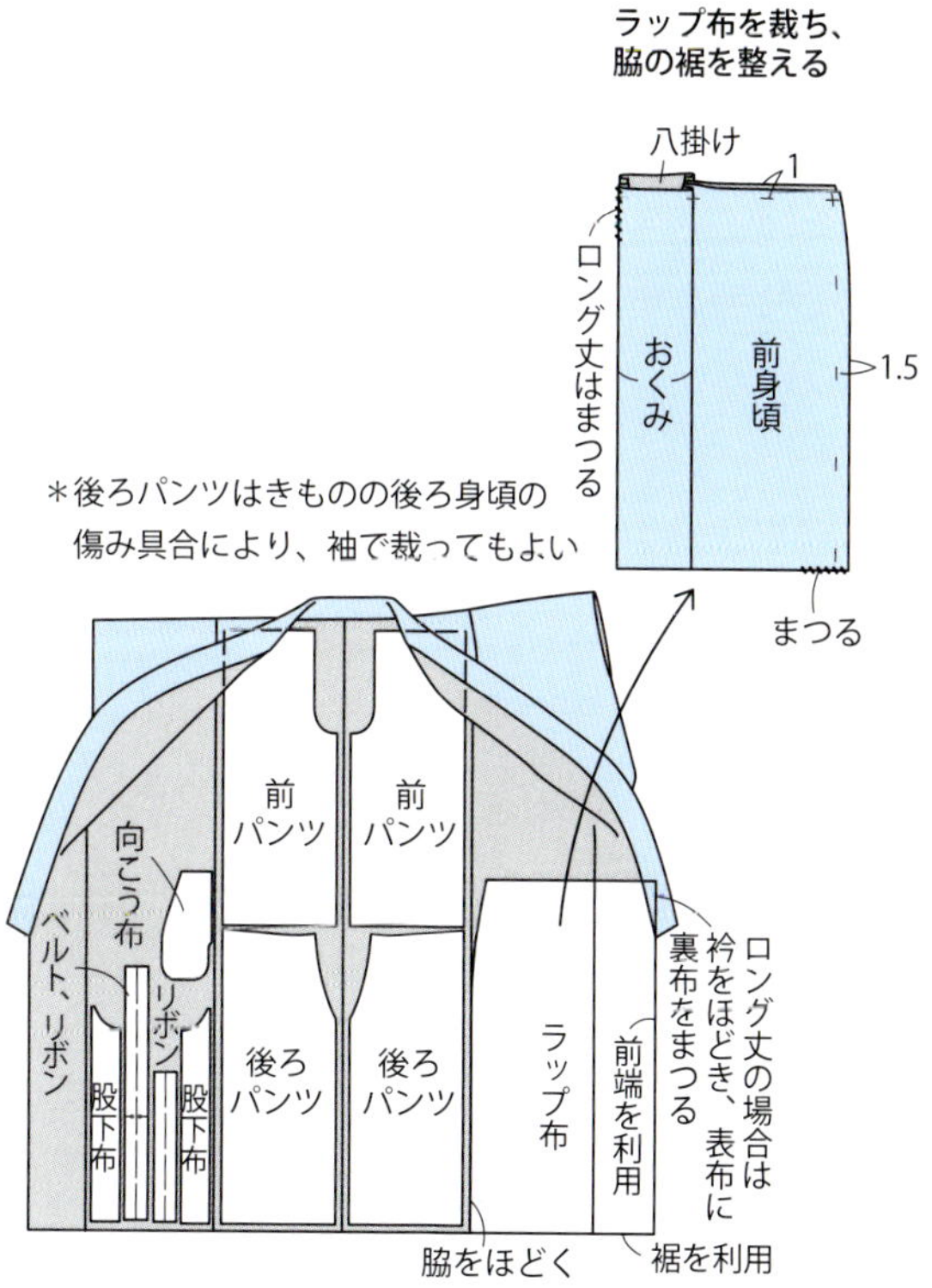

出来上がり寸法

ヒップ(約)	S	104cm
	M	108cm
	L	116cm
	LL	124cm
パンツ丈(ミディ丈)		73cm
(ロング丈)		85cm

裁ち方

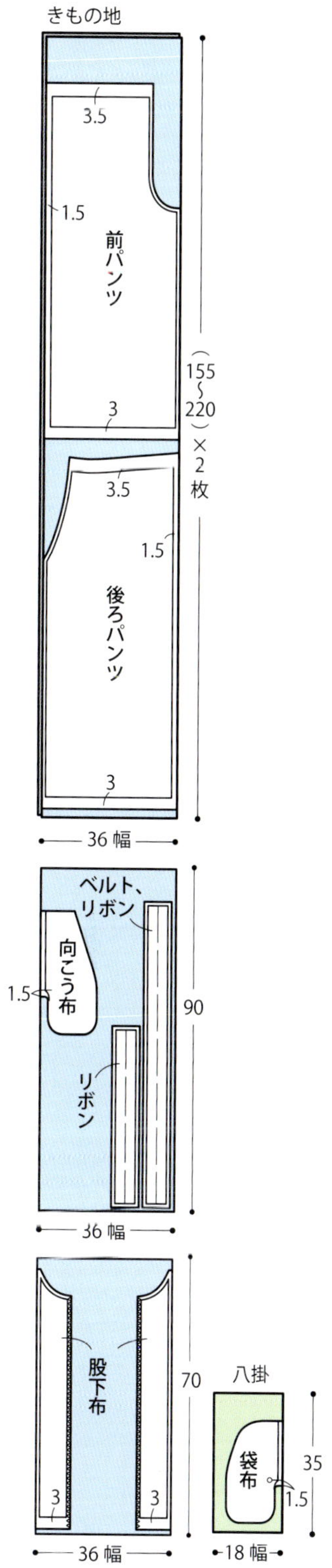

*指定以外の縫い代は1cm
*〰=ジグザグミシン

ウエストはゴム仕様。あきがないから作るのも脱ぎ着もらくちん。

縫い方順序

製図

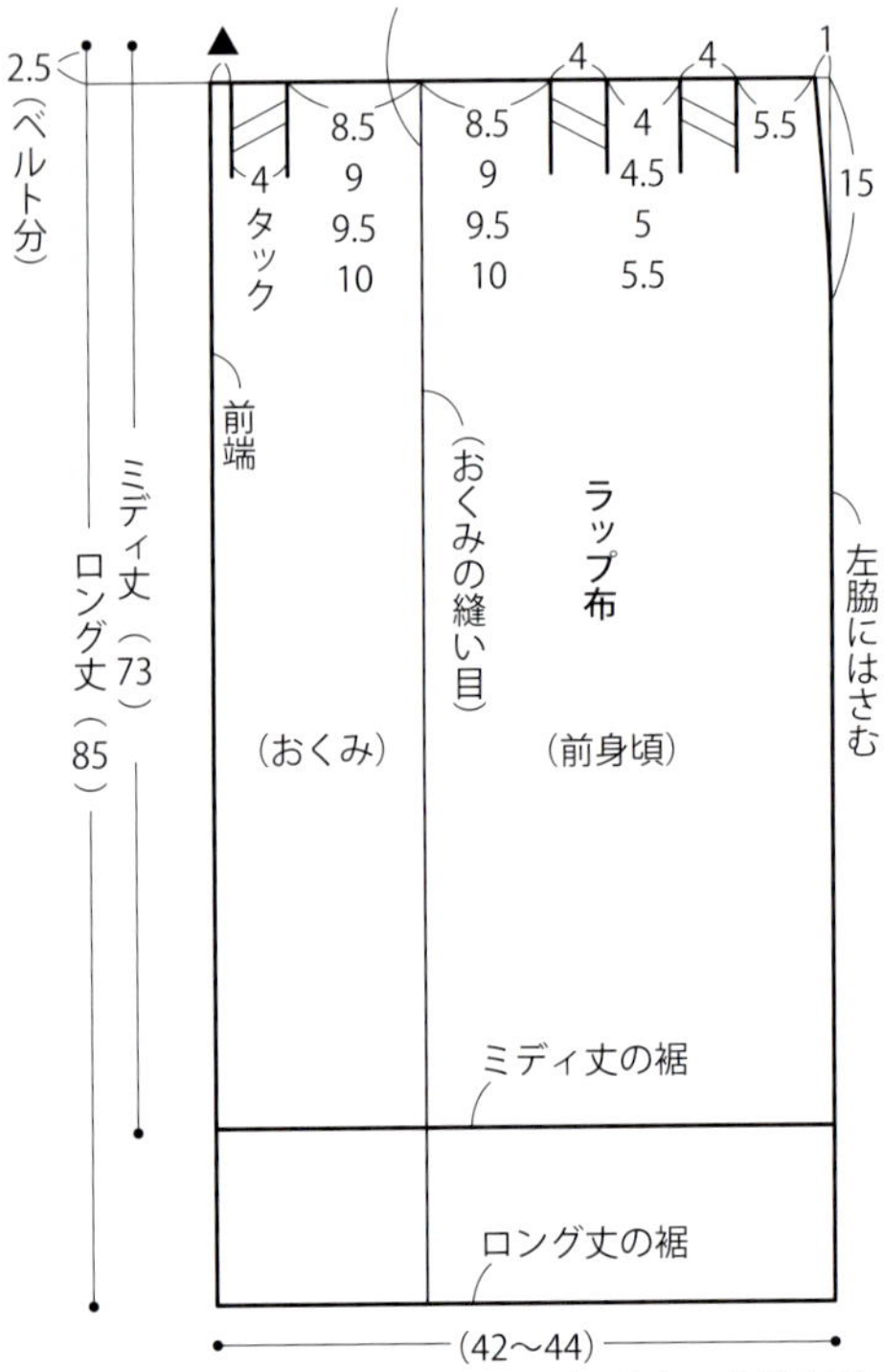

＊4つ並んだ数字は少ない順からS M L LLサイズ。1つの数字は共通

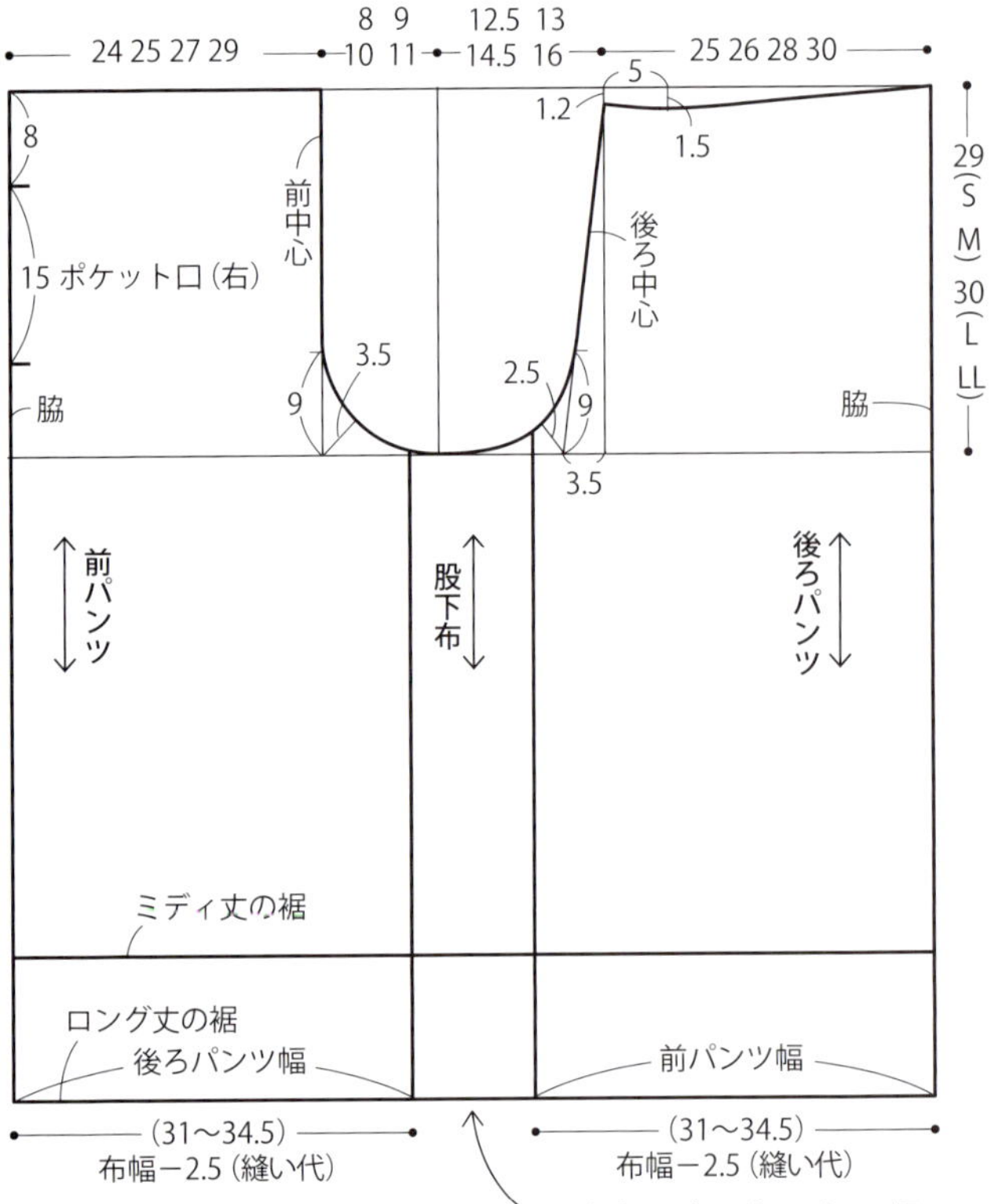

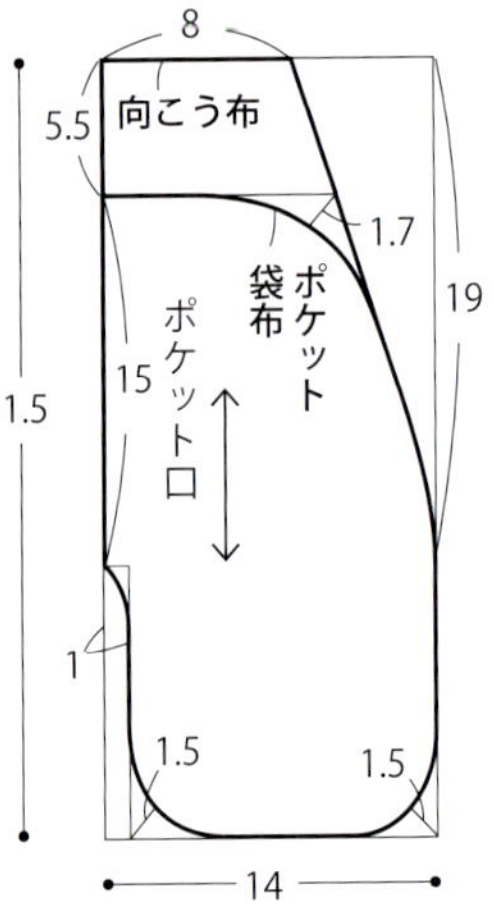

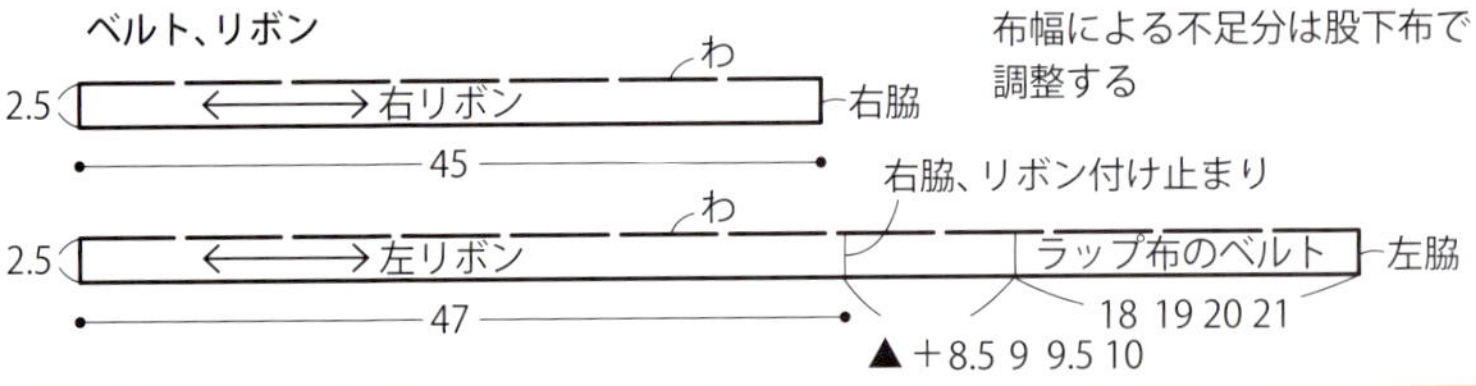

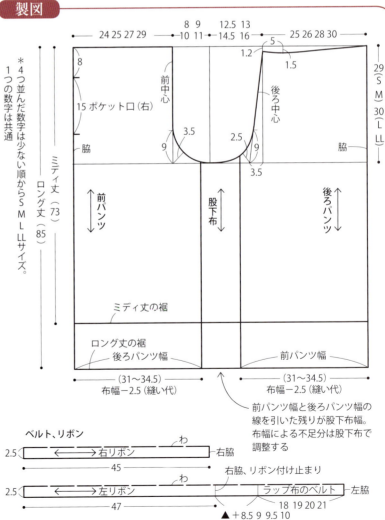

1 ラップ布を縫い、ベルトを付ける

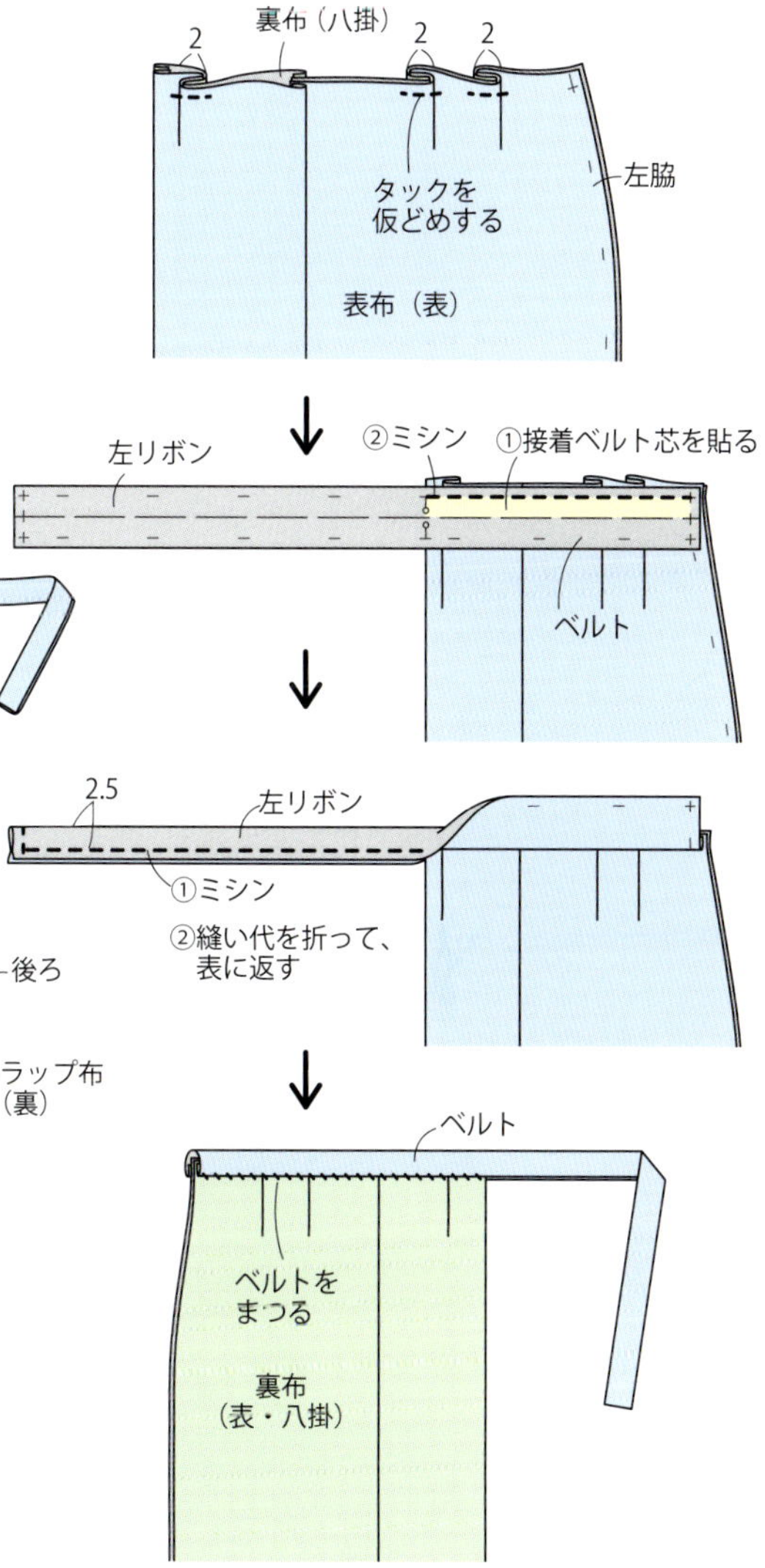

2 脇を縫って、右脇にポケットを付ける

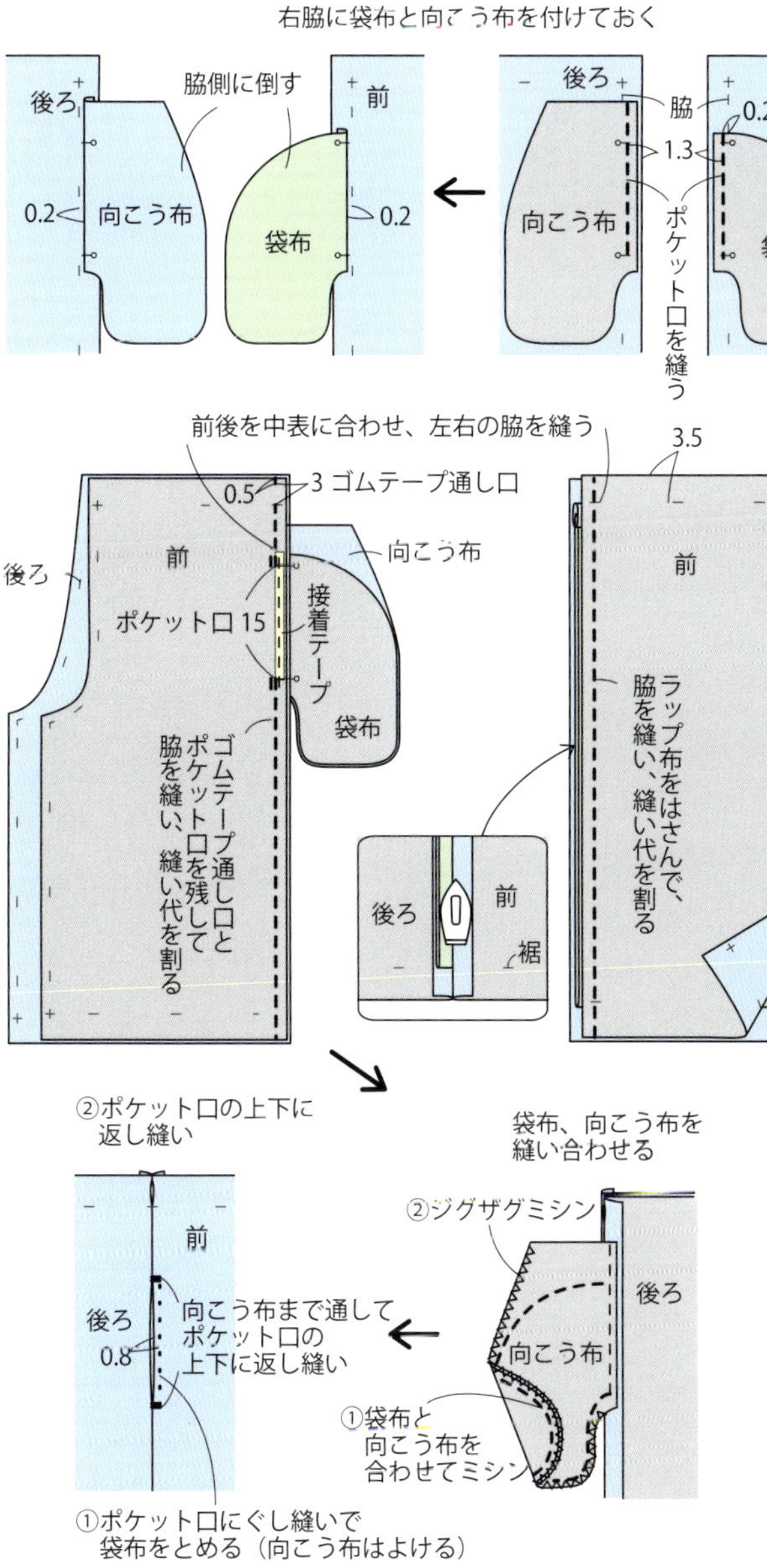

3 股下布を付ける

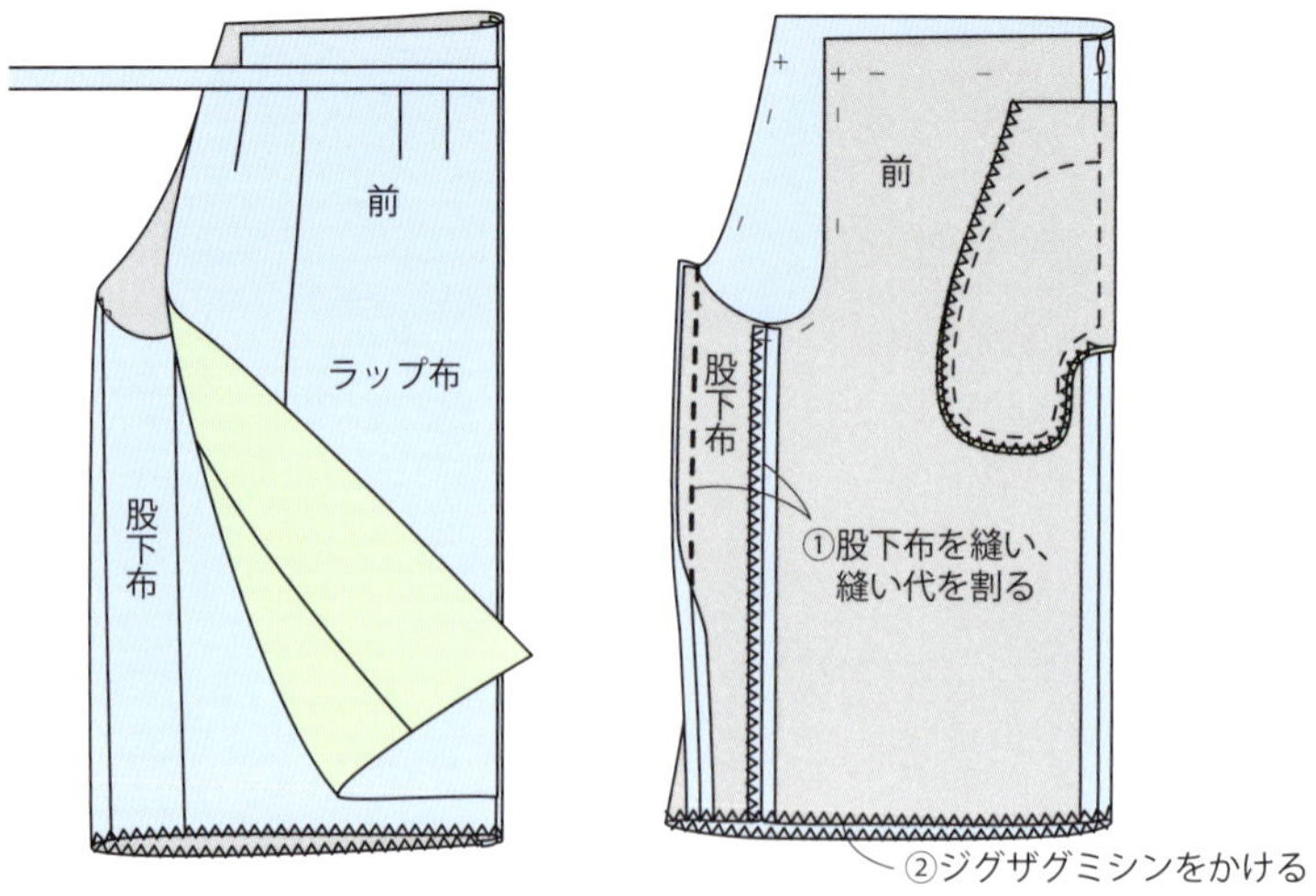
前
ラップ布
股下布
前
股下布
①股下布を縫い、縫い代を割る
②ジグザグミシンをかける

4 股上を縫う

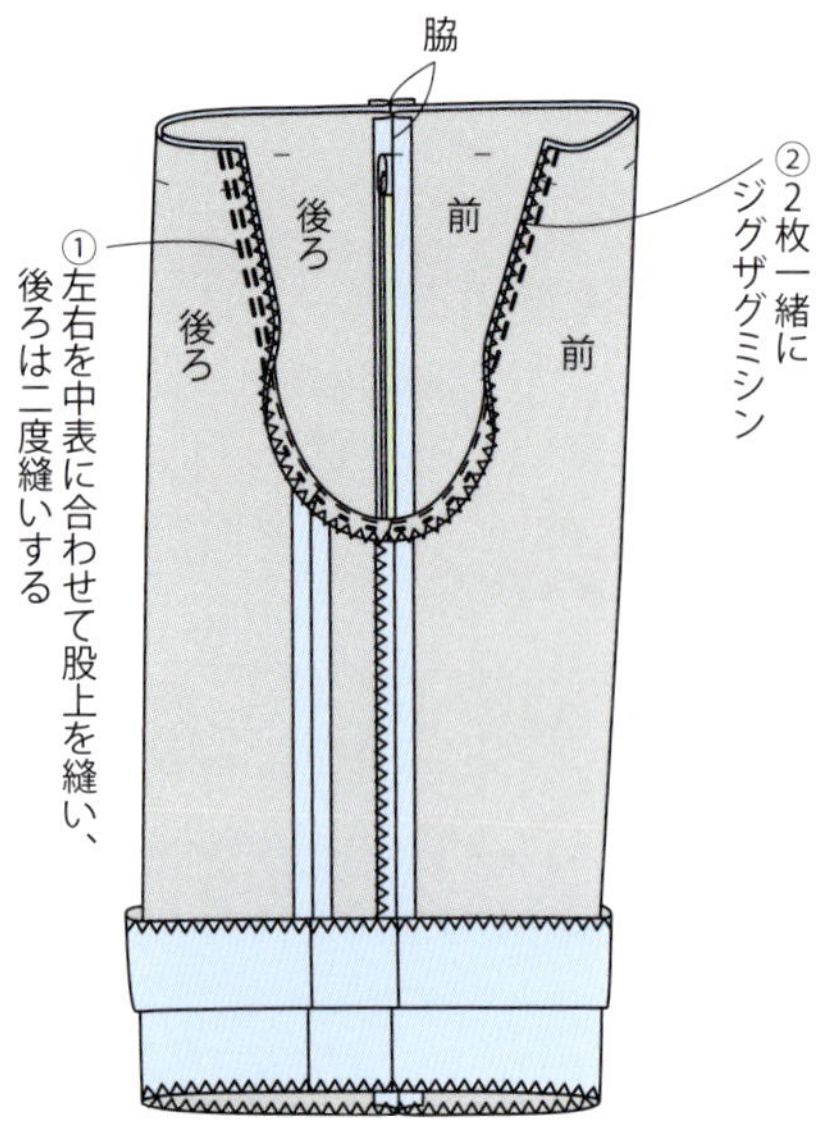
脇
後ろ
前
後ろ
前
①左右を中表に合わせて股上を縫い、後ろは二度縫いする
②2枚一緒にジグザグミシン

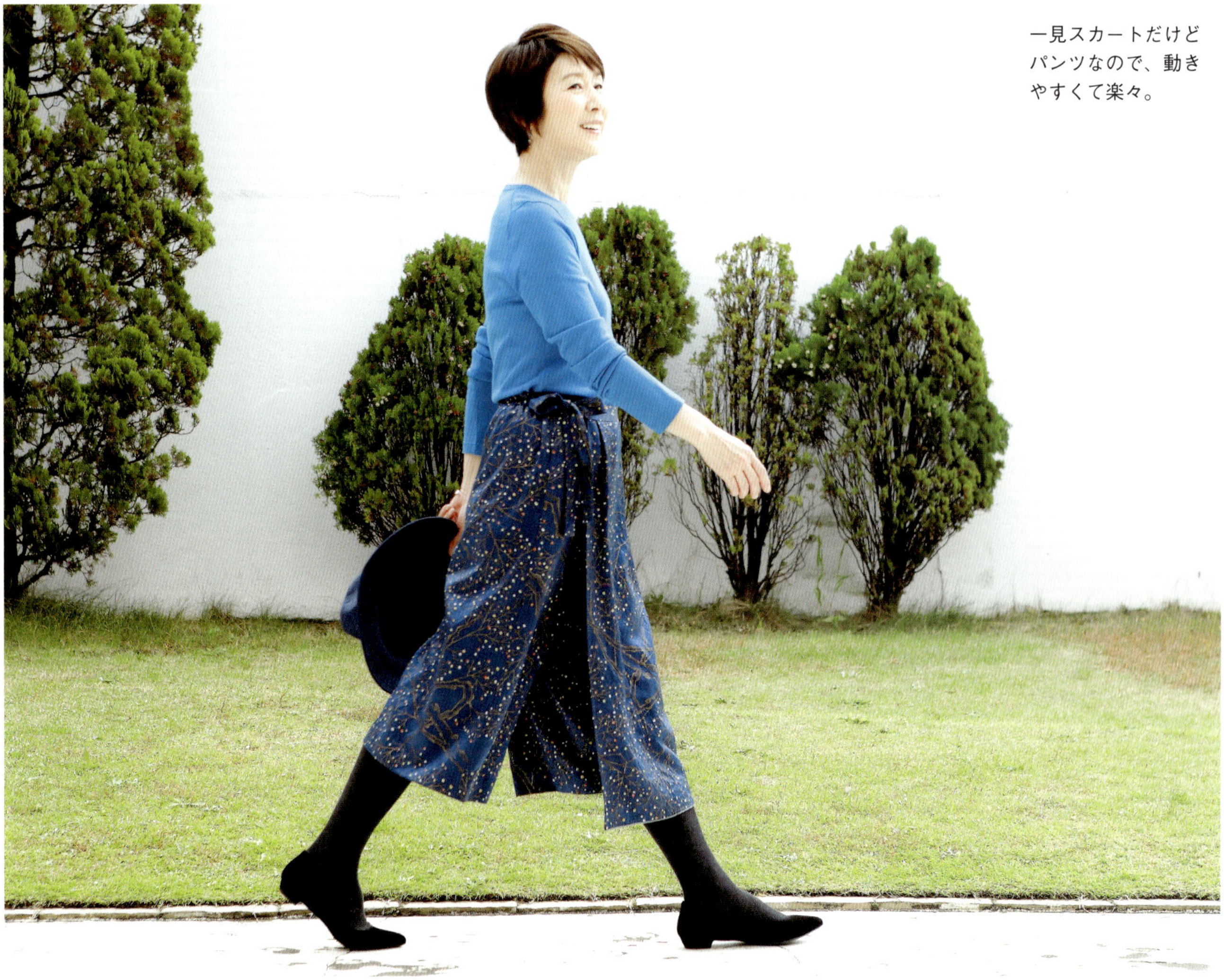

一見スカートだけど
パンツなので、動き
やすくて楽々。

5 ウエストを左脇から縫い、ゴムテープを通して右脇に右リボンを付ける

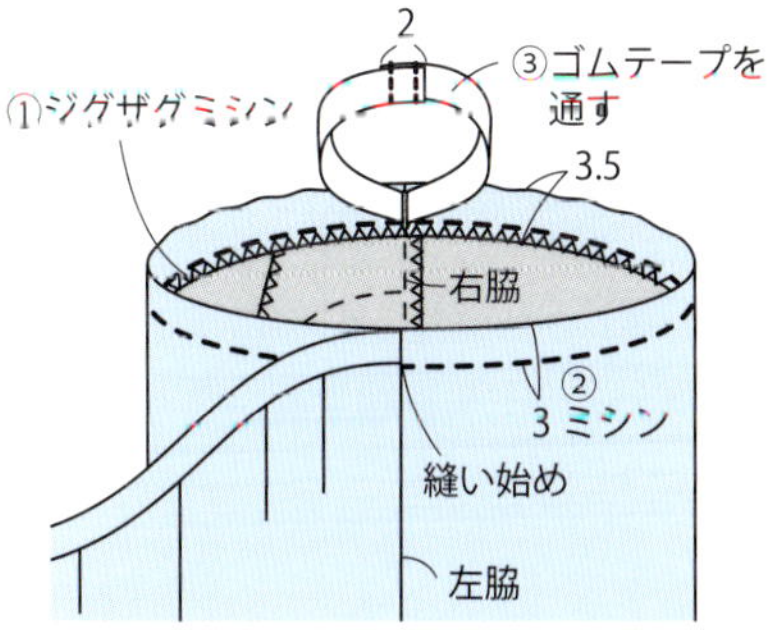

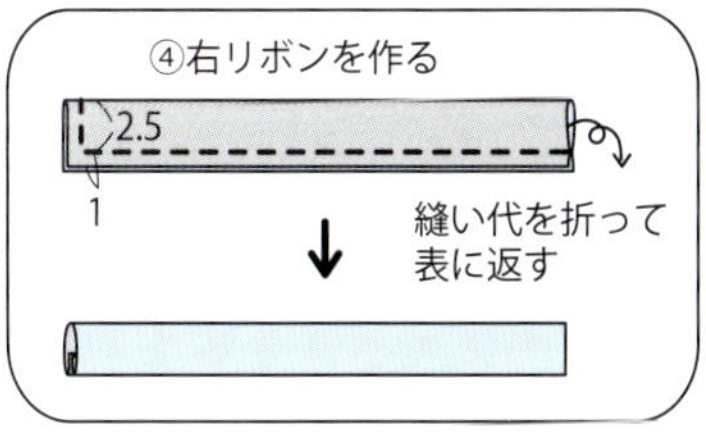

⑤右脇に右リボンを付ける

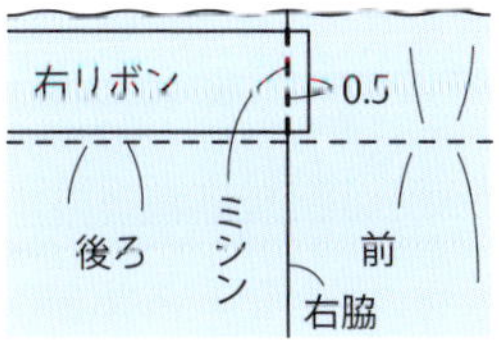

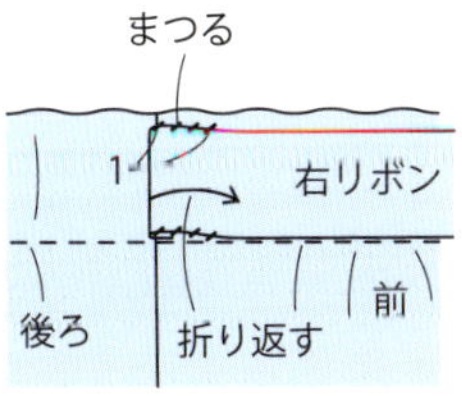

6 裾を始末する

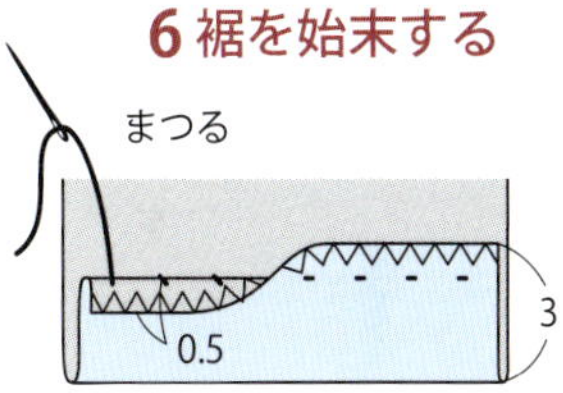

華やかな柄がよく映える

アオザイ風チュニック

ベトナムの伝統衣装アオザイをイメージしたチュニックです。アオザイはスタンドカラーと深いスリット、体にフィットした身頃が特徴ですが、ここでは身頃はゆったりとさせて、着心地を楽にしました。前あきはスナップどめなので脱ぎ着も簡単です。

訪問着で作ると、美しく大胆な柄がよく映えて、同窓会や食事会、観劇など華やかなシーンにぴったりです。パンツと合わせて、さっそうと着こなしてください。

使ったきもの地　訪問着

ウエストまでの深いスリットが
アオザイの特徴です。

用意するもの

きもの地……………………………36cm幅6m
きものの裏地(チャイナボタン用)…36cm幅70cm
接着芯……………………………50cm × 15cm
スナップ…………………………直径0.8cm × 5組
極太毛糸…………………………3m30cm

作り方アドバイス

持ち出しと表襟の裏面に接着芯を貼り、裁ち方図の指定の位置にジグザグミシンをかけておきます。

出来上がり寸法	
バスト	108cm
着　丈	99cm
ゆき丈	58.5cm

製図

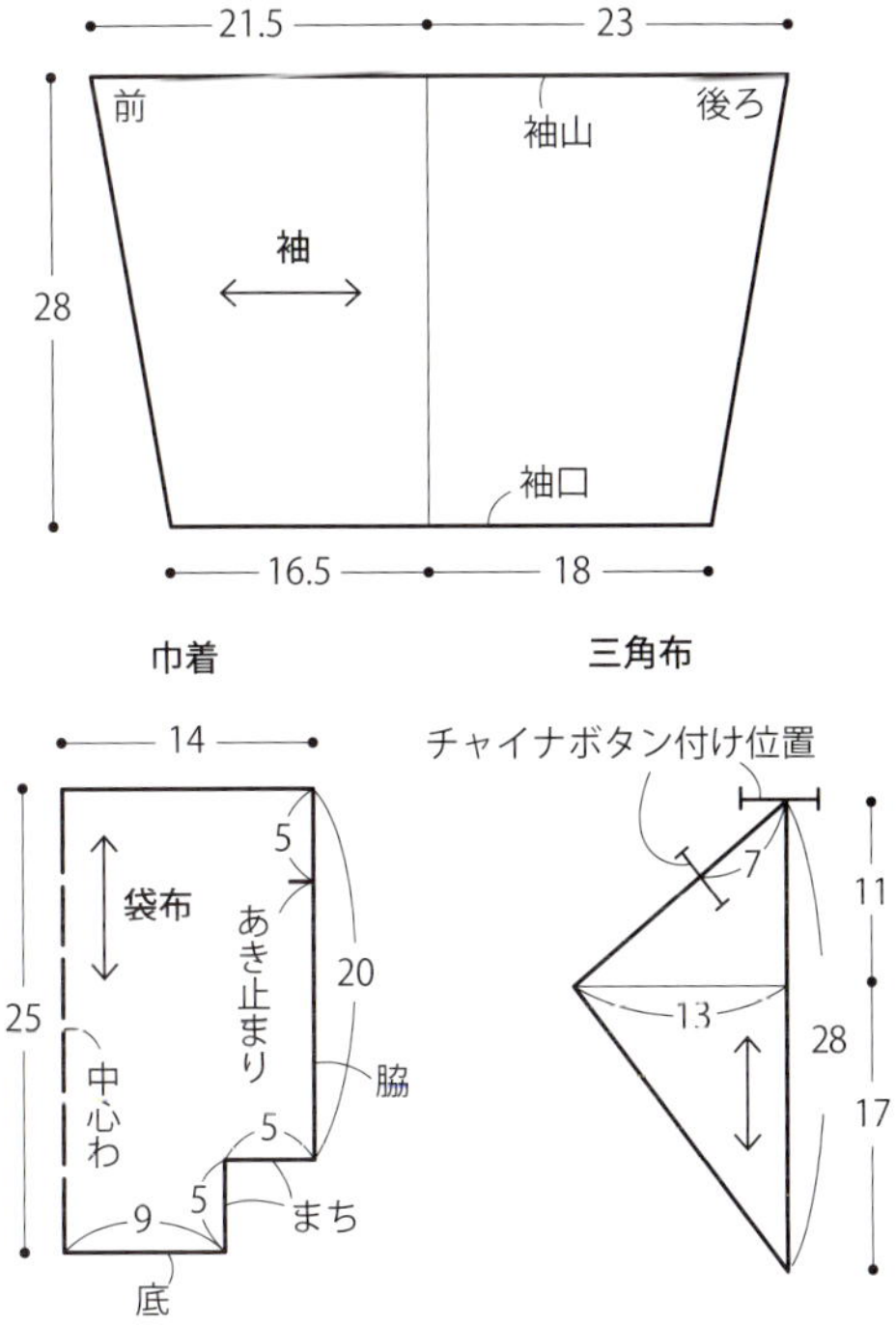

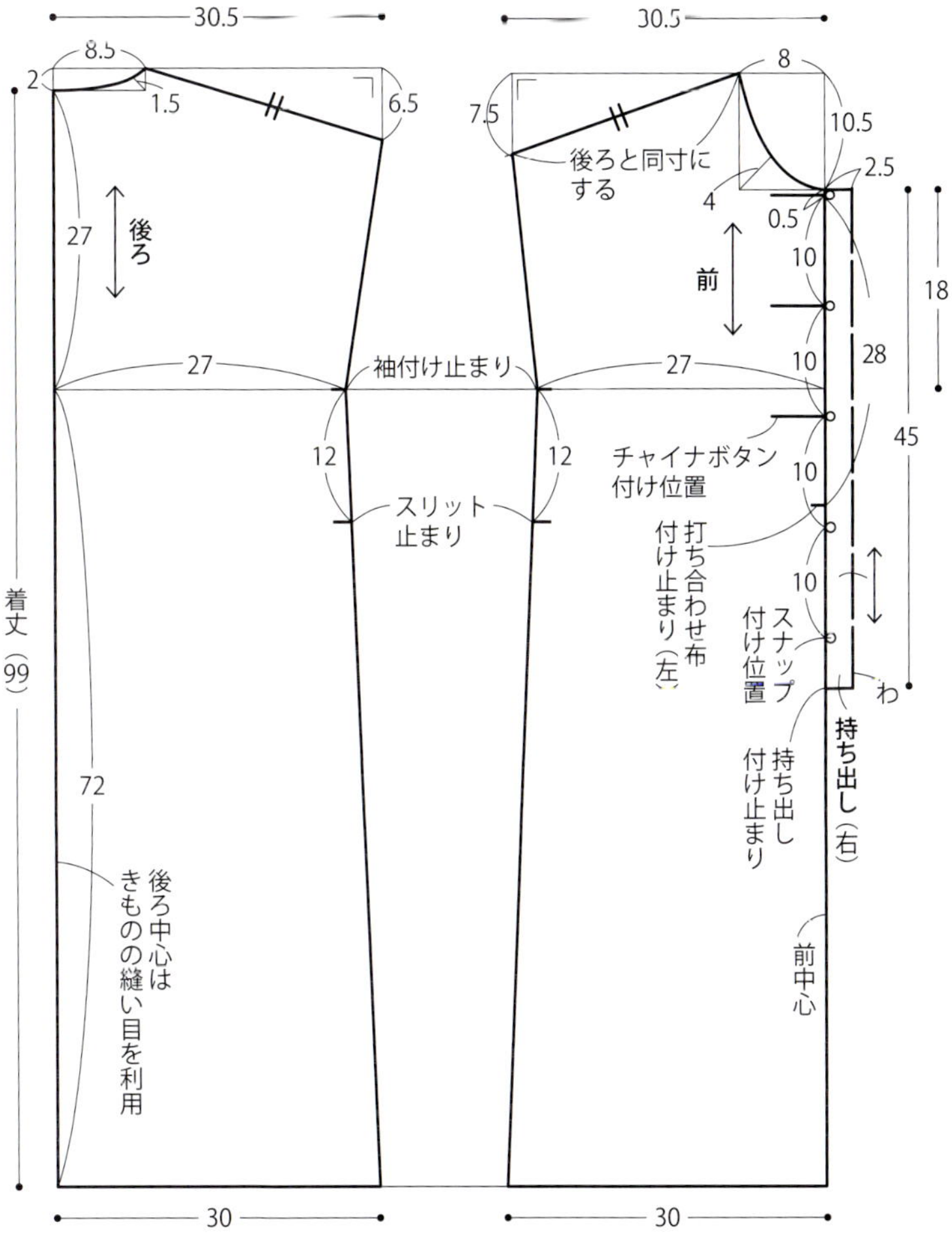

※襟は73ページに実物大の型紙があります。

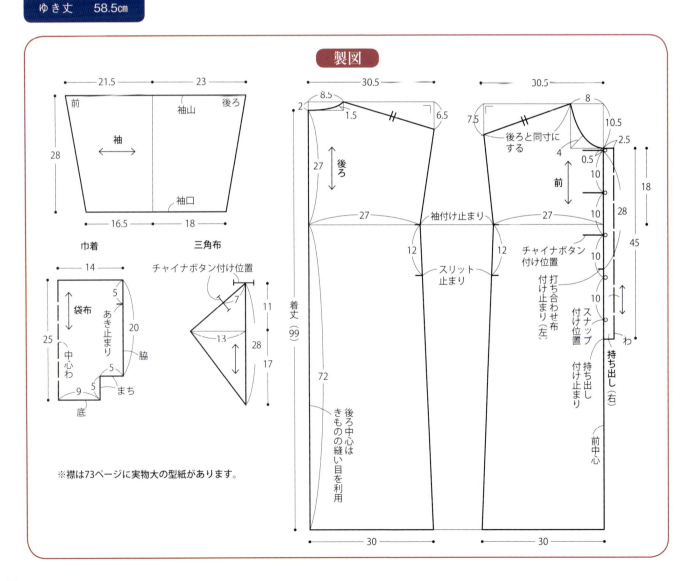

1 持ち出しを付けて裾と前中心を始末する

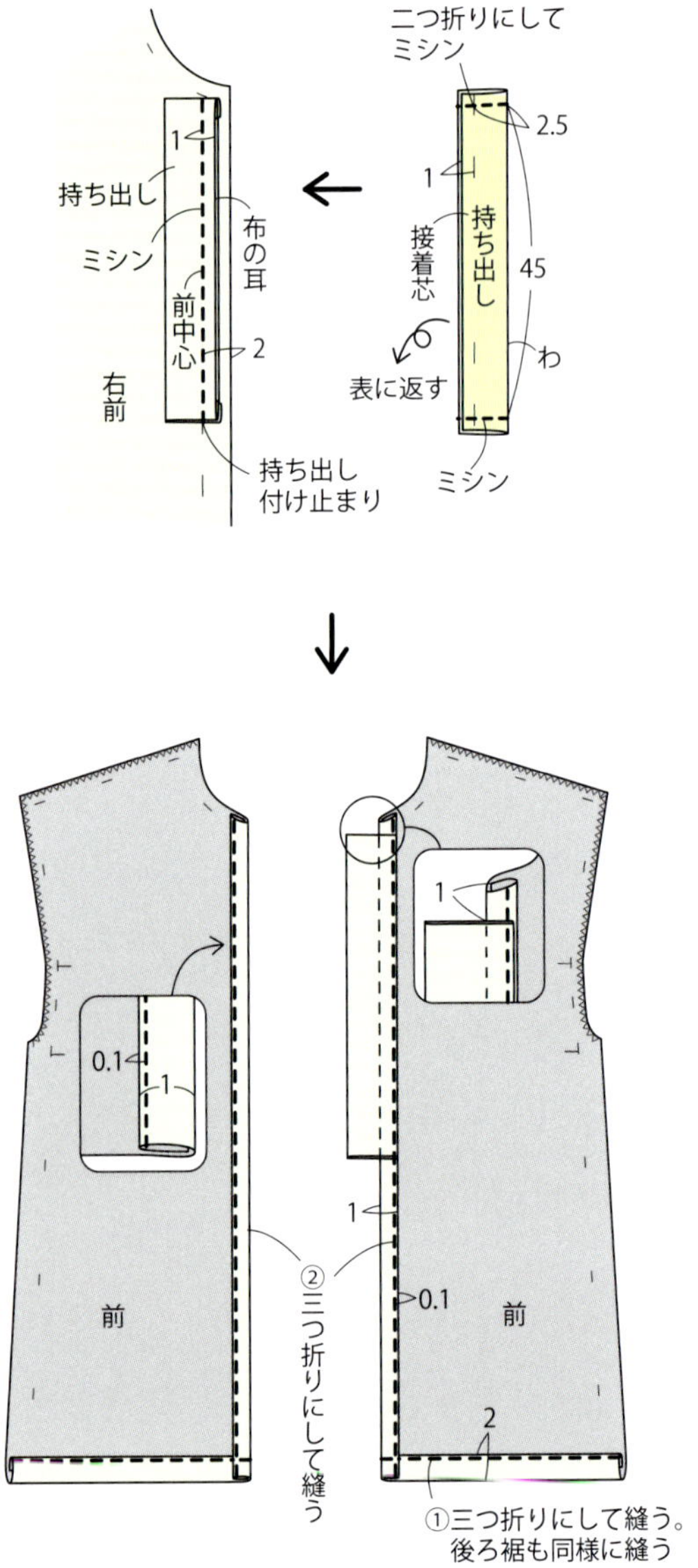

裁ち方

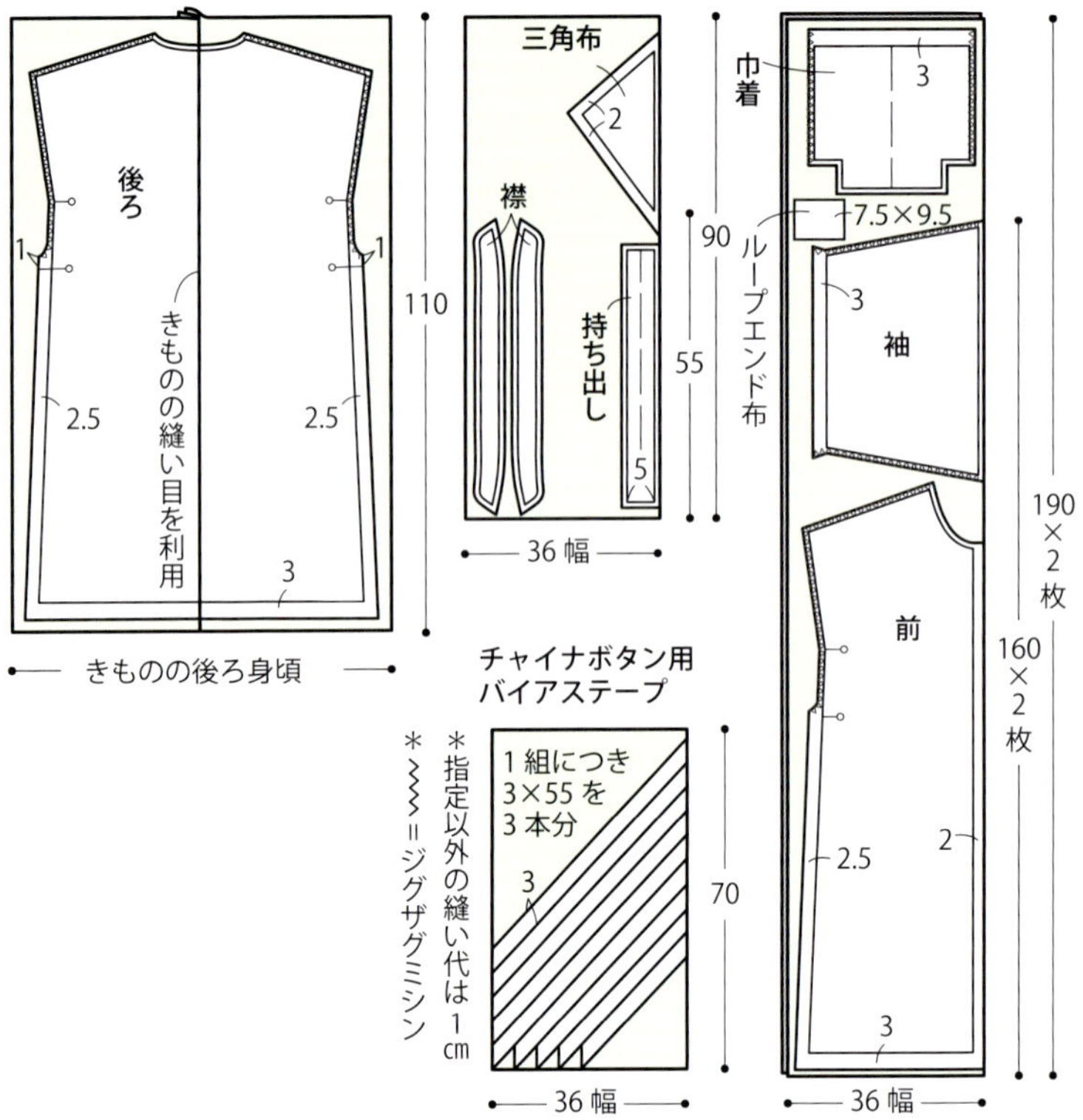

縫い方順序

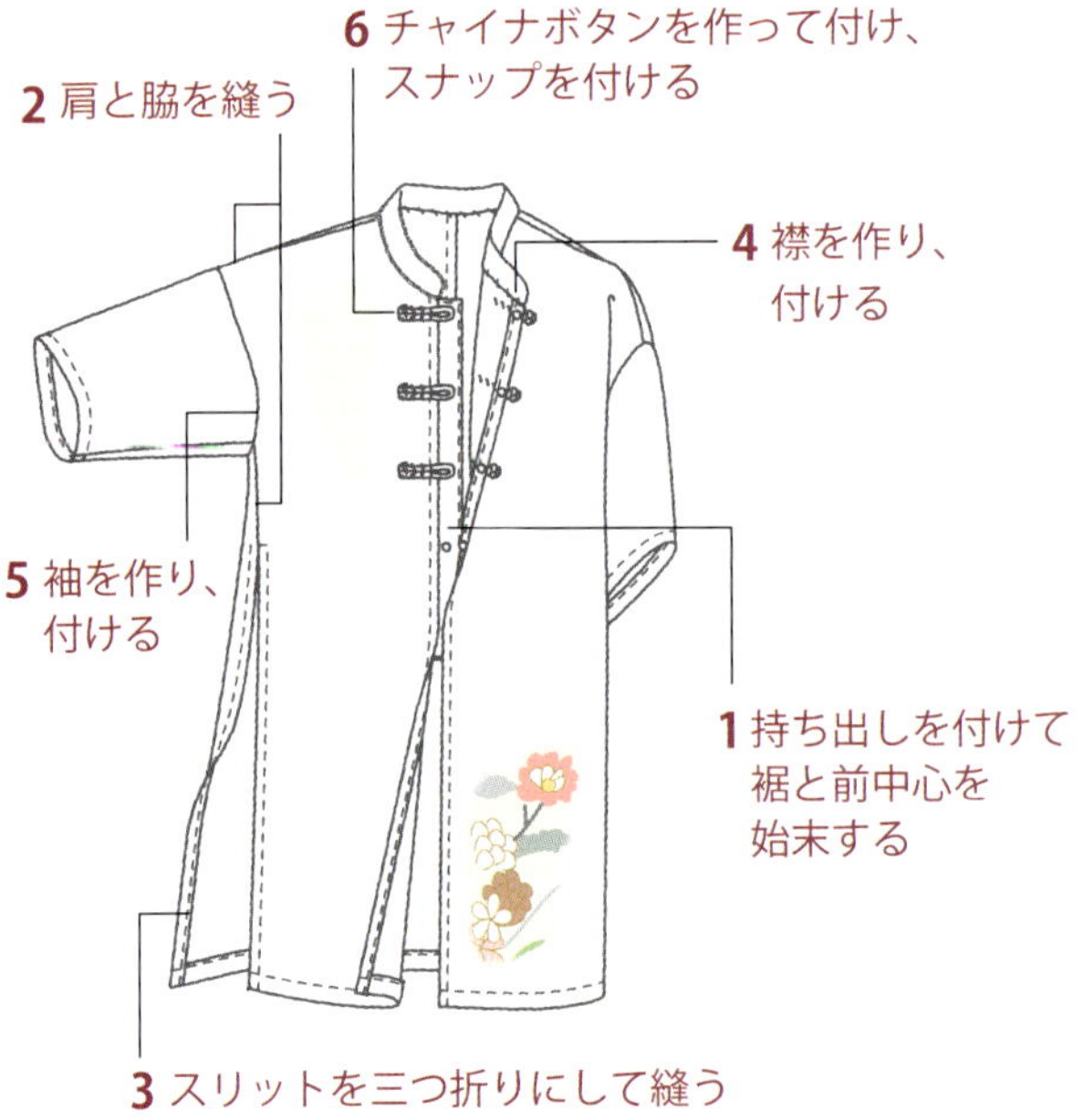

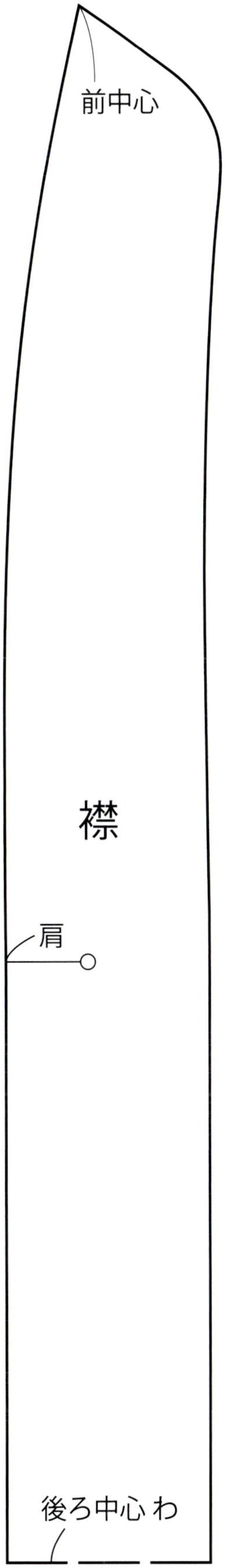

3 スリットを三つ折りにして縫う

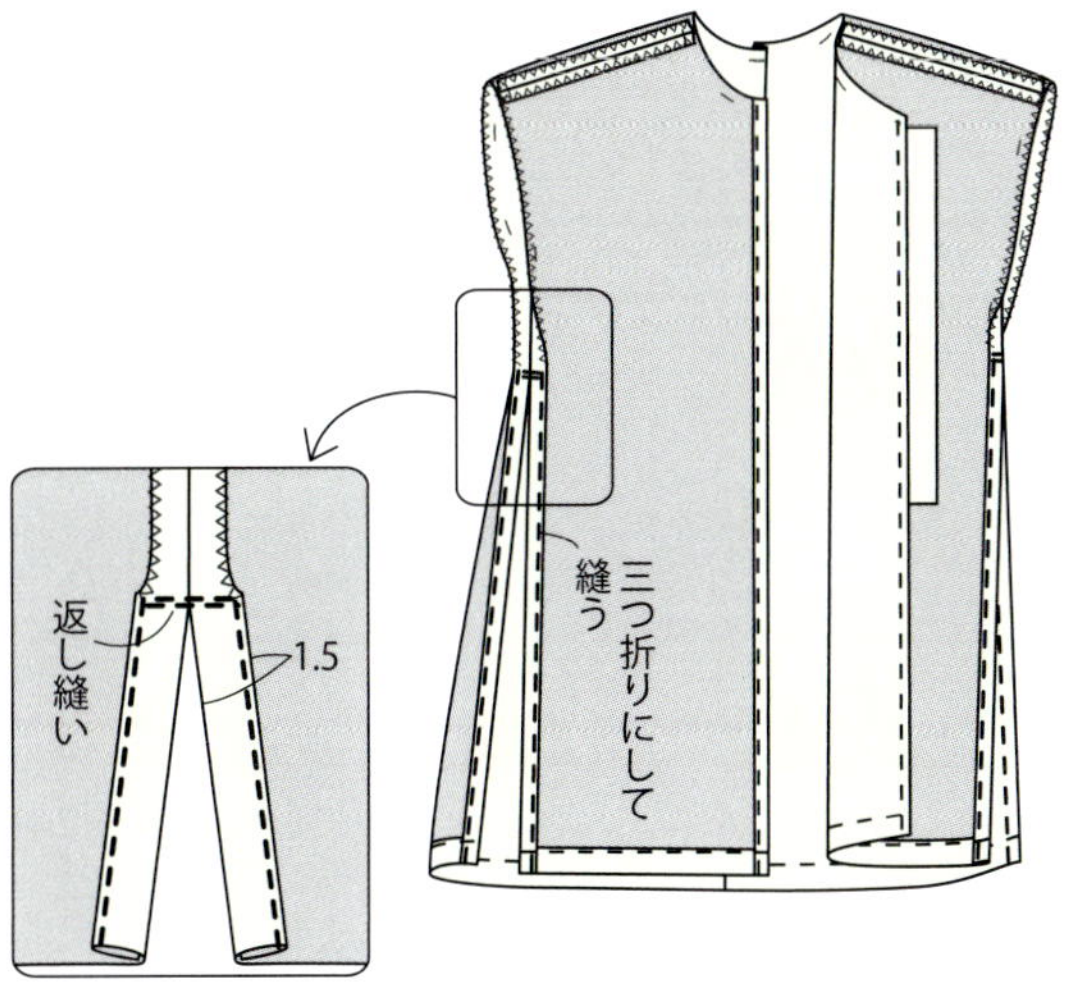

2 肩と脇を縫う

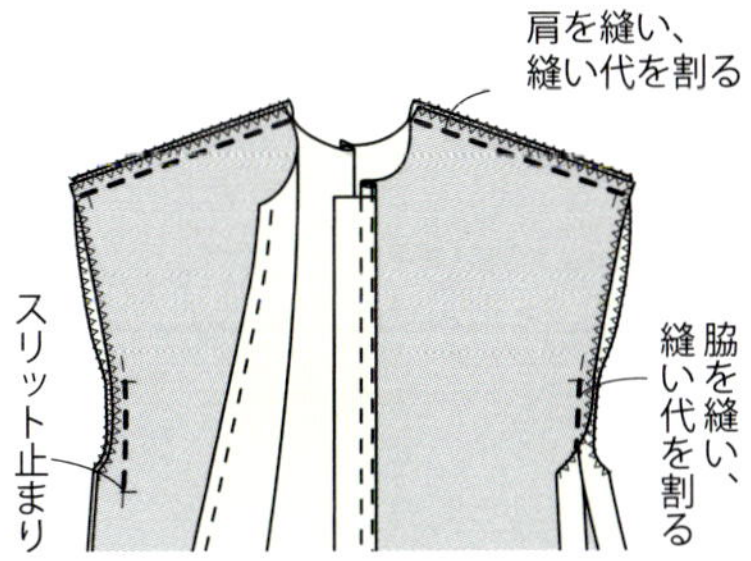

4 襟を作り、付ける

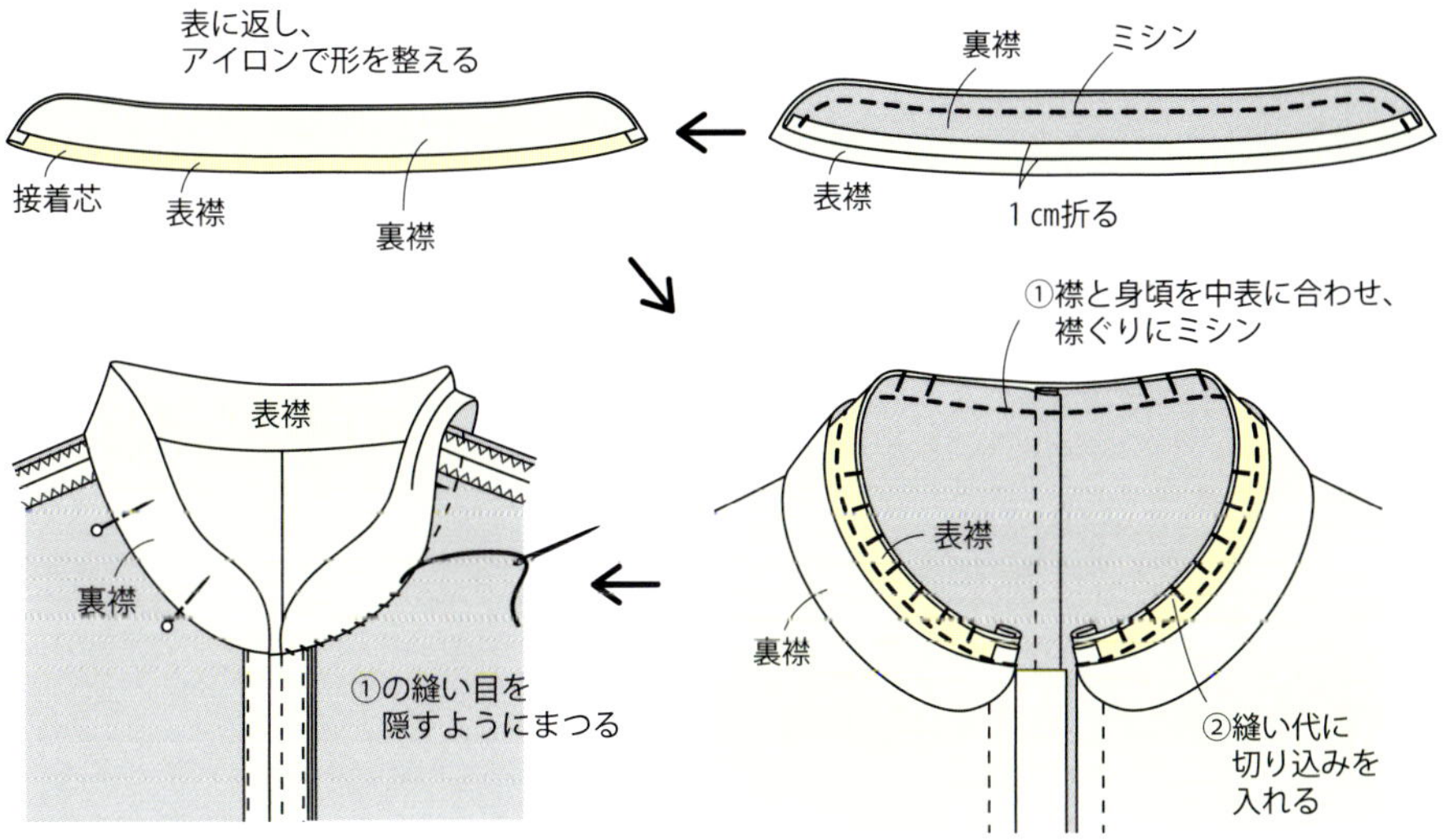

5 袖を作り、付ける

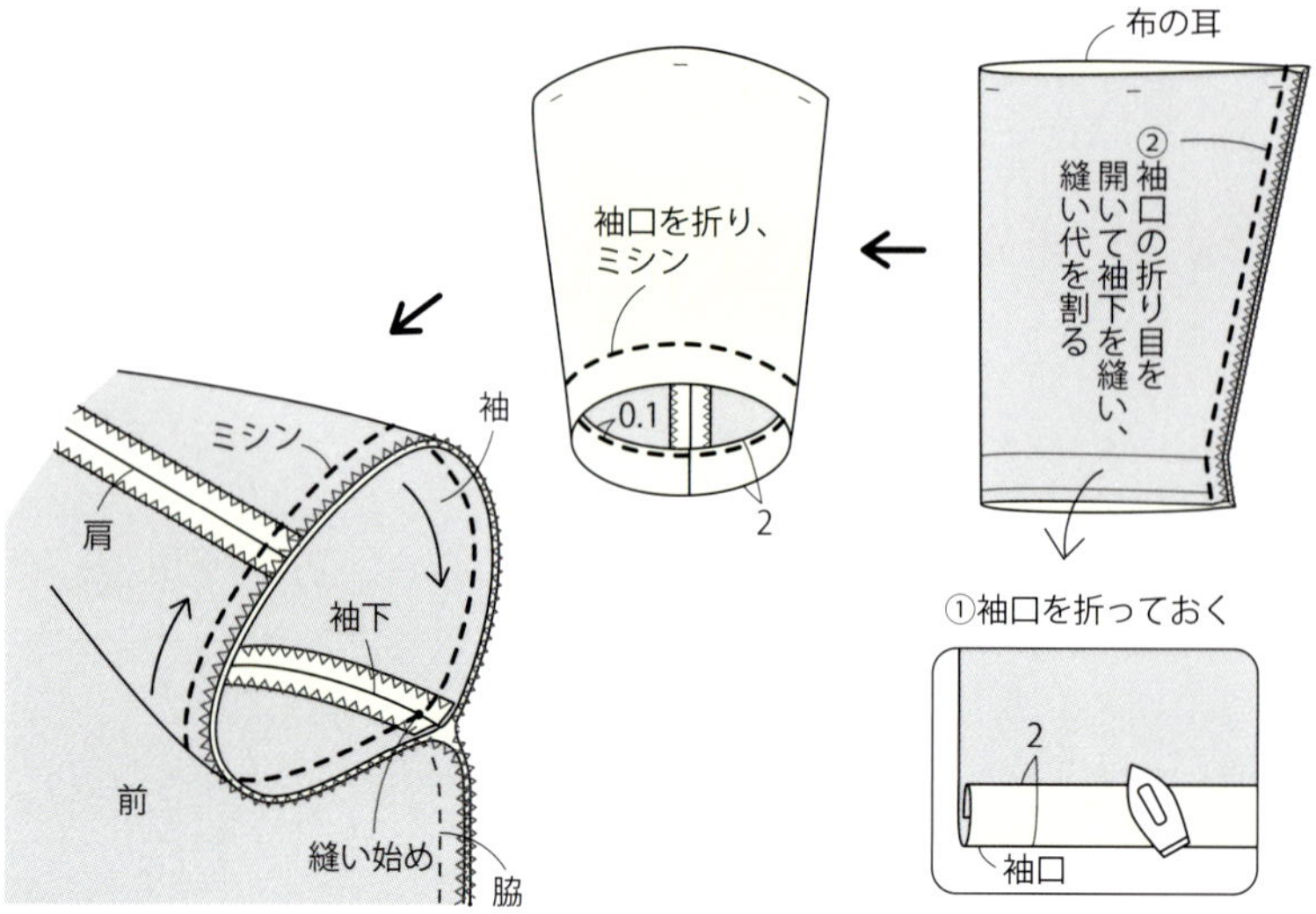

6 チャイナボタンを作って付け、スナップを付ける

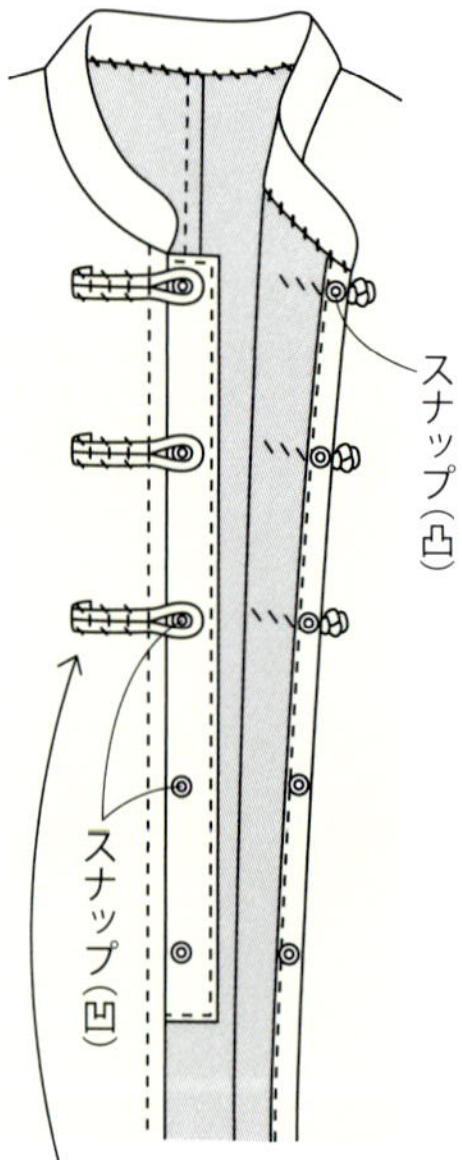

●バイアステープでループを作る

長さ 35 ㎝を 3 本、20 ㎝を 3 本作る

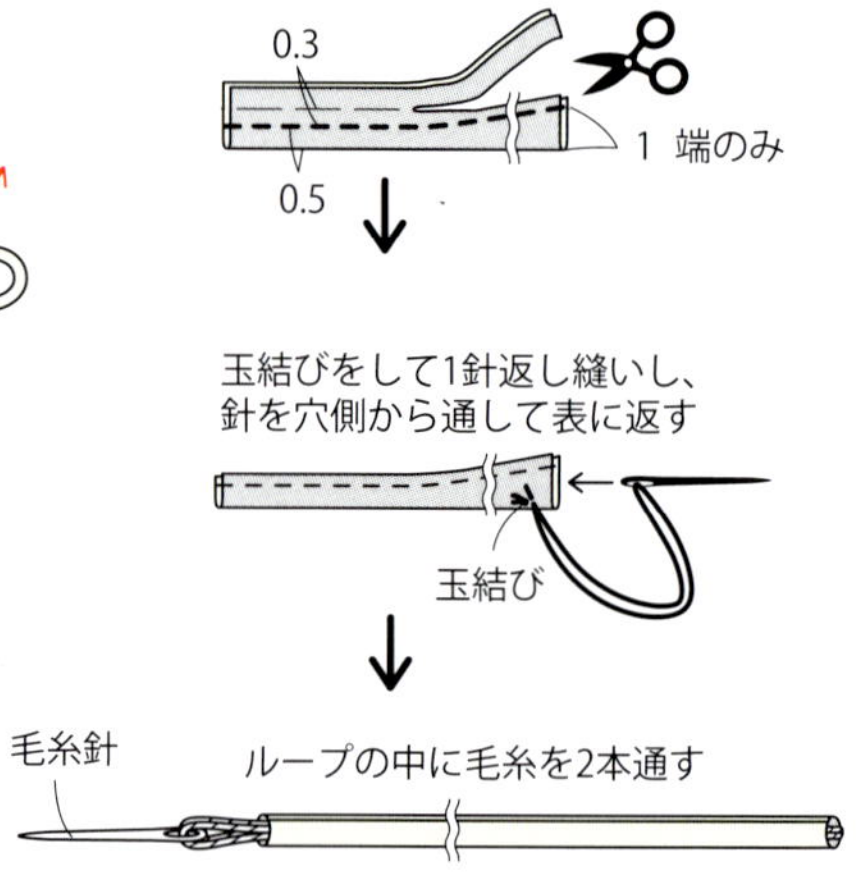

●35 ㎝のループでしゃか結びをする

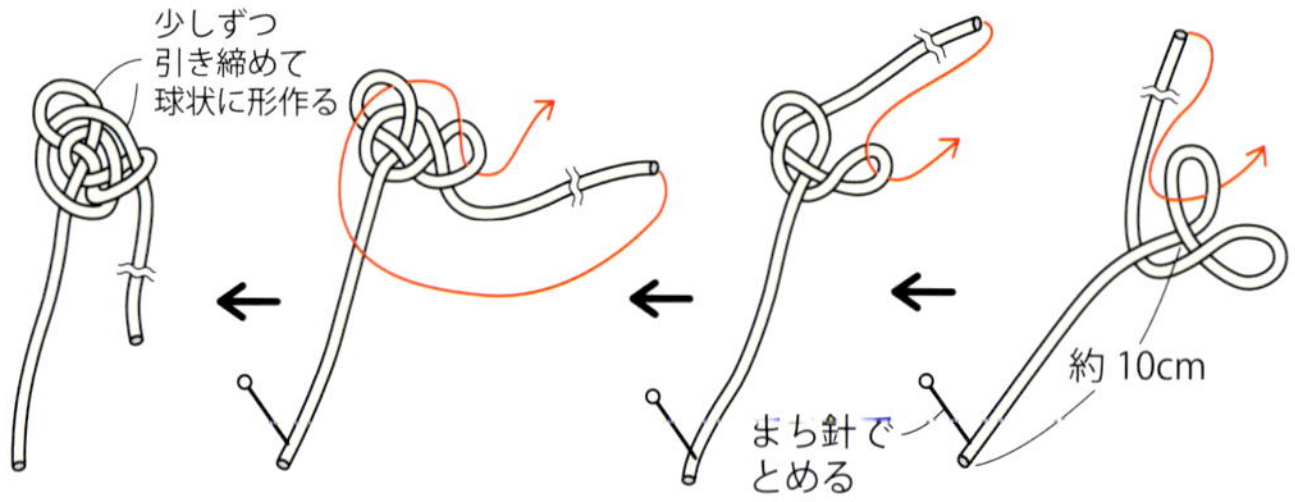

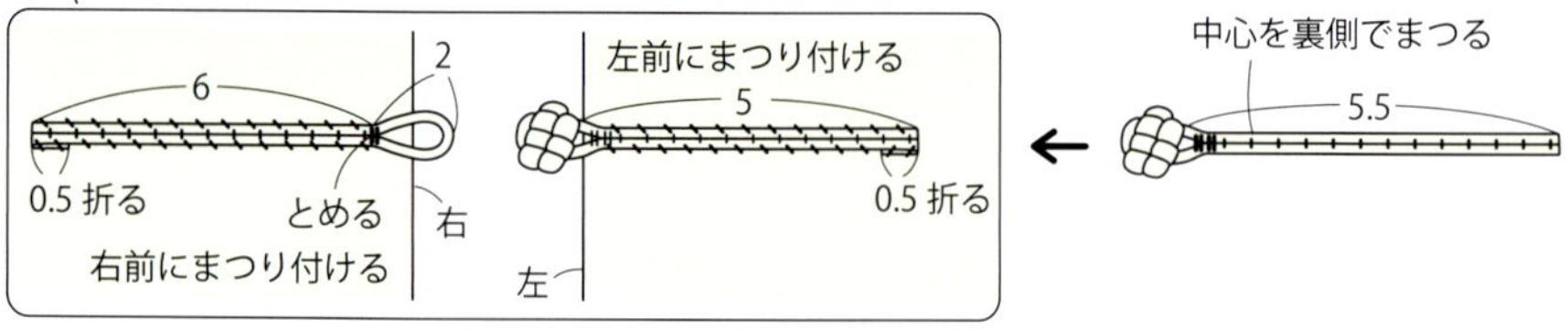

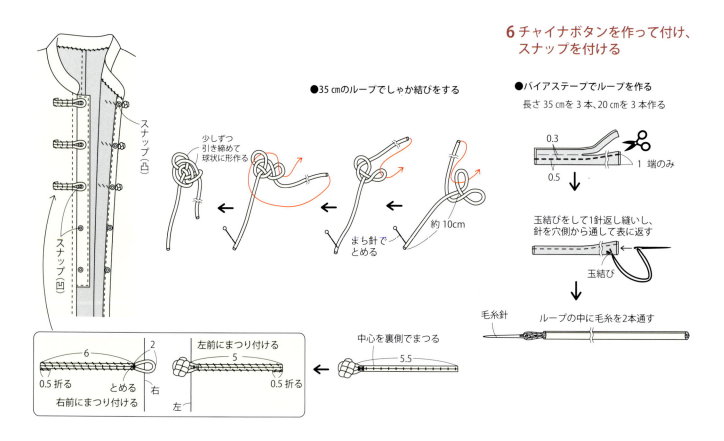

前あきをアレンジ
三角布付きチュニック

用意するもの

きもの地……………36cm幅6m30cm
接着芯………………50cm × 15cm
チャイナボタン……[5cm × 2cm] × 2組
スナップ……………直径0.8cm × 3組

作り方アドバイス

製図・裁ち方は71ページからのアオザイ風チュニックを参照。前に三角布を付ける以外はアオザイ風チュニックと同じです。持ち出し布と表襟の裏面に接着芯を貼り、裁ち方図の指定の位置にジグザグミシンをかけておきます。

アオザイのもう一つの特徴「斜めカットの前の打ち合わせ」を、三角布を付けることで工夫しました。

使ったきもの地
紗

出来上がり寸法	
バスト	108cm
着　丈	99cm
ゆき丈	58.5cm

縫い方順序

2 肩と脇を縫う
4 襟を作り、付ける
5 袖を作り、付ける
6 チャイナボタンとスナップを付ける
1 左前に三角布、右前に持ち出しを付けて裾と前中心を始末する
3 スリットを三つ折りにして縫う

1 三角布を付けて、前中心を始末する

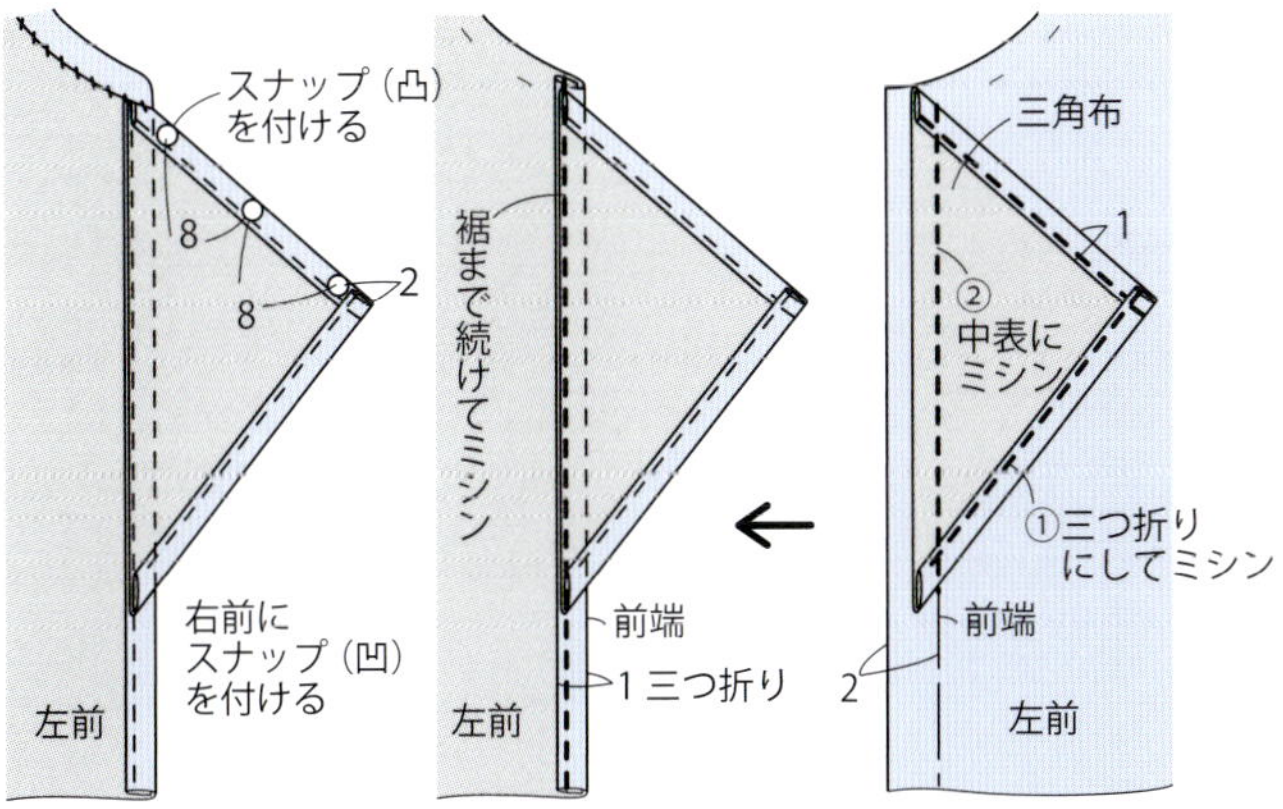

スナップ（凸）を付ける
8
8
2
右前にスナップ（凹）を付ける
左前
裾まで続けてミシン
前端
1 三つ折り
左前
三角布
1
②中表にミシン
①三つ折りにしてミシン
前端
2
左前

おそろいで作りたい 巾着

用意するもの

きもの地……（チュニックの残り布）36cm幅70cm
丸ひも……太さ0.4cm × 1m30cm

作り方アドバイス

製図、裁ち方は71、72ページにあります。

1 両脇と底を縫う

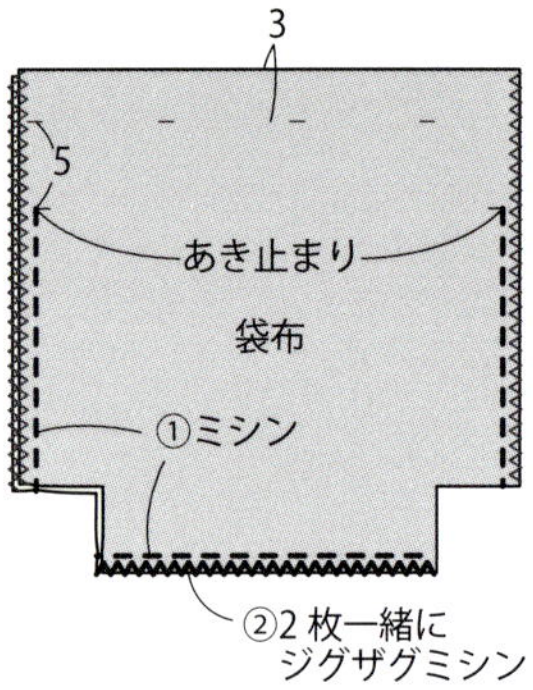

2 まちを縫い、袋口を始末する

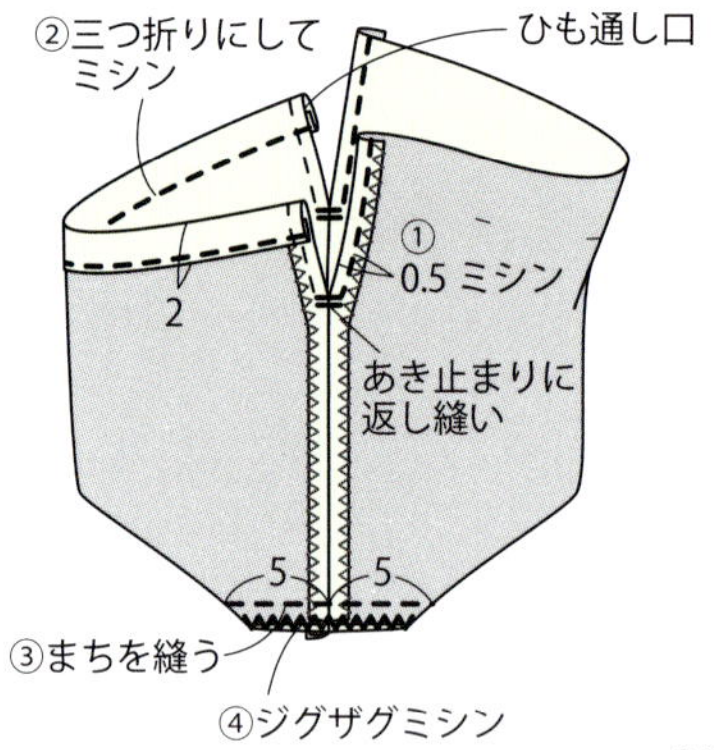

3 ひもを通してループエンドを付ける

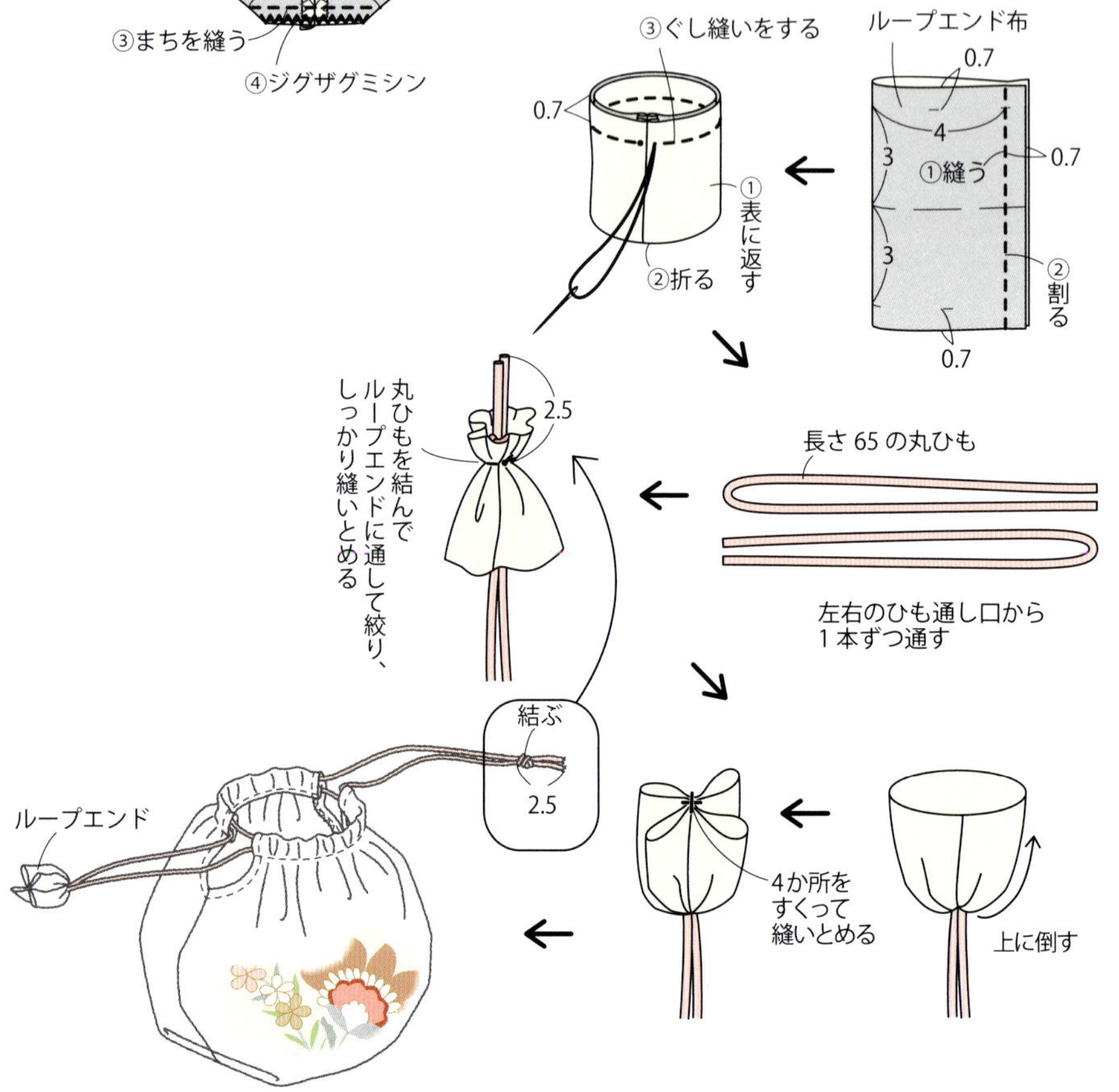

出来上がり寸法	
幅	28㎝
高さ	25㎝
まち	10㎝

はぎれも上手に使いましょう

手縫いで作れる小物

長方形を8枚つなげるだけ

ころりん
ミニクッション

　大小大きさの違う長方形の布を縫い合わせるだけで出来る、ミニクッションです。角張って見えますが、上から見ると八角形で、全体にお手玉のようなコロンとしたかわいさです。大きすぎないので、椅子の背もたれと腰のカーブの間に置くと、フィットして背筋が伸びます。また、お昼寝用の小さな枕としても、ちょうどいいサイズです。
　3種類の生地を使うので、手持ちの生地のどれを組み合わせようかと考える時間はお楽しみ。柄と無地、あるいは同系色の組み合わせにすると、きれいにまとまります。

使ったきもの地

無地・柄のきもの、紬

製図

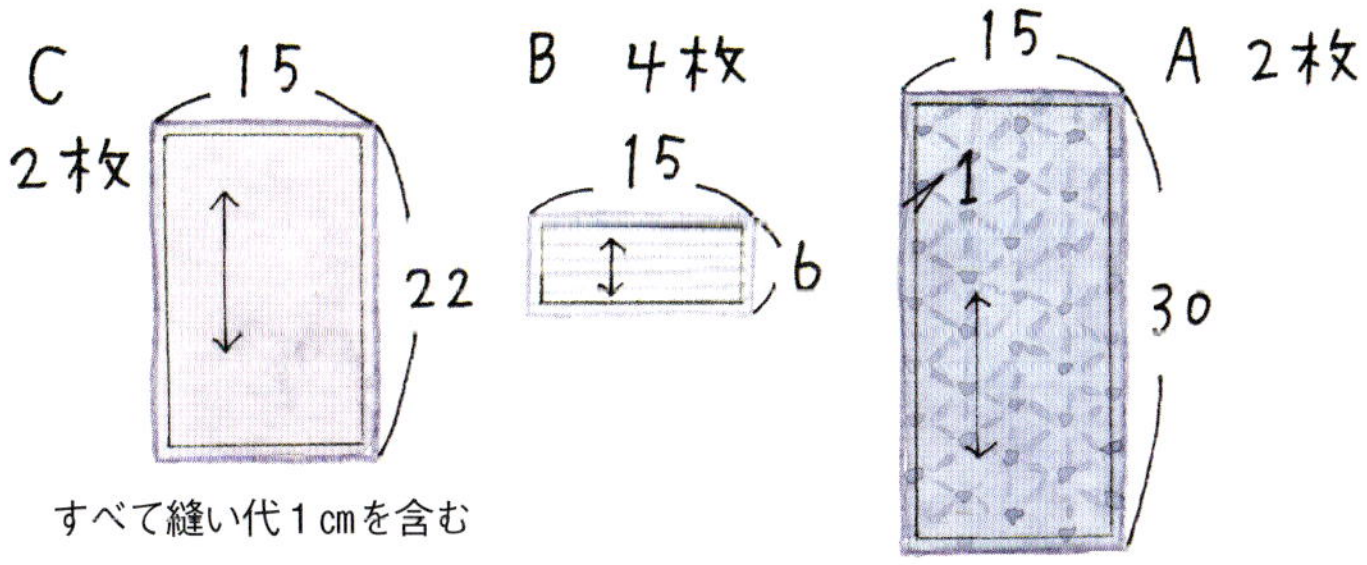

すべて縫い代１cmを含む

用意するもの

きもの地

A = 15cm × 30cm　２枚

B = 15cm × 6cm　４枚

C = 15cm × 22cm　２枚

ポリエステル綿　150 g

作り方アドバイス

１辺ごと縫い合わせていきます。丈夫に仕上げるために縫い始めと縫い終わりは返し縫いにします。また、縫いやすいように、角ごとに切り込みを入れて仕上げていきます。

出来上がり寸法

直径約 25cm

1 ＢとＣを縫い合わせる

Ｃ１枚にＢ２枚を縫い合わせる。

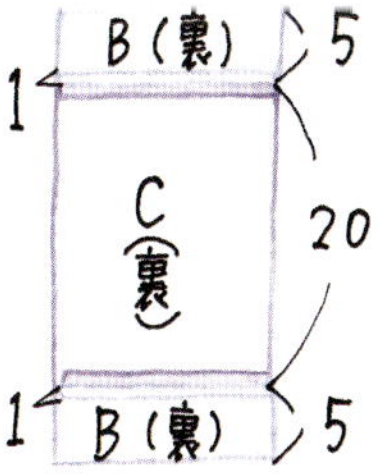

2 １にＡを縫い合わせる

玉どめをして返し縫いをしてから１辺を縫い始め、縫い代を残して返し縫いをしてとめる。糸は切らずにそのままにする。

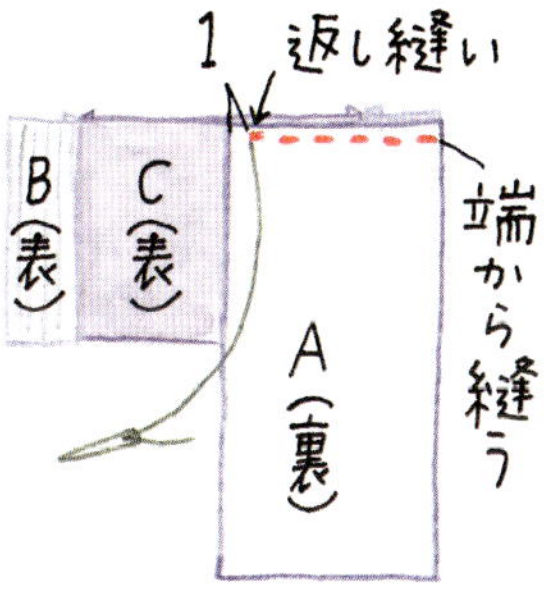

3 切り込みを入れる

縫いどめたところで、Ｃの縫い代に切り込みを入れる。

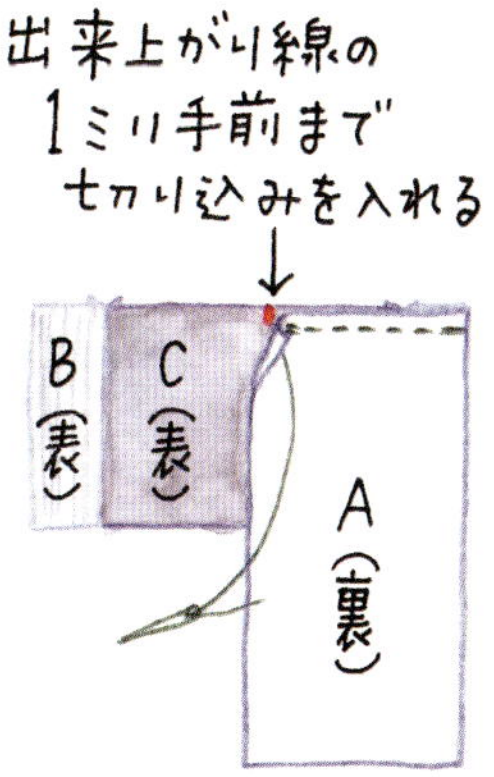

4 ＡとＣのほかの２辺を縫い合わせ、パーツを完成させる

図中○印同士の端をそろえ、返し縫いをして縫い合わせる。Ａの縫い代に切り込みを入れる。続いて●印を同様に合わせて縫い、縫い終わりは端まで縫い、返し縫いをして、玉結びをして糸を切る。

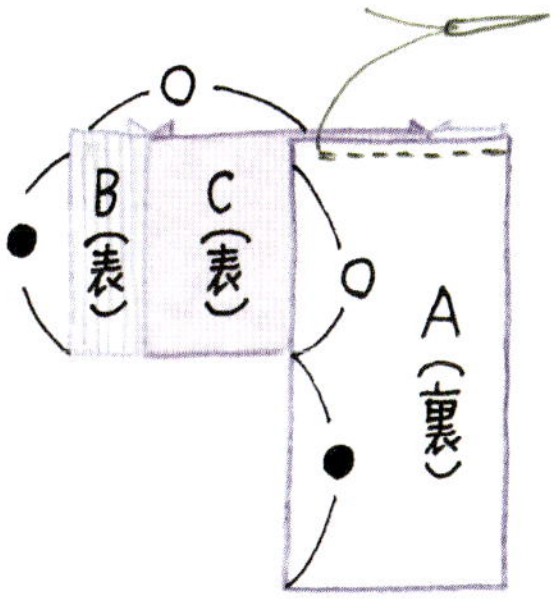

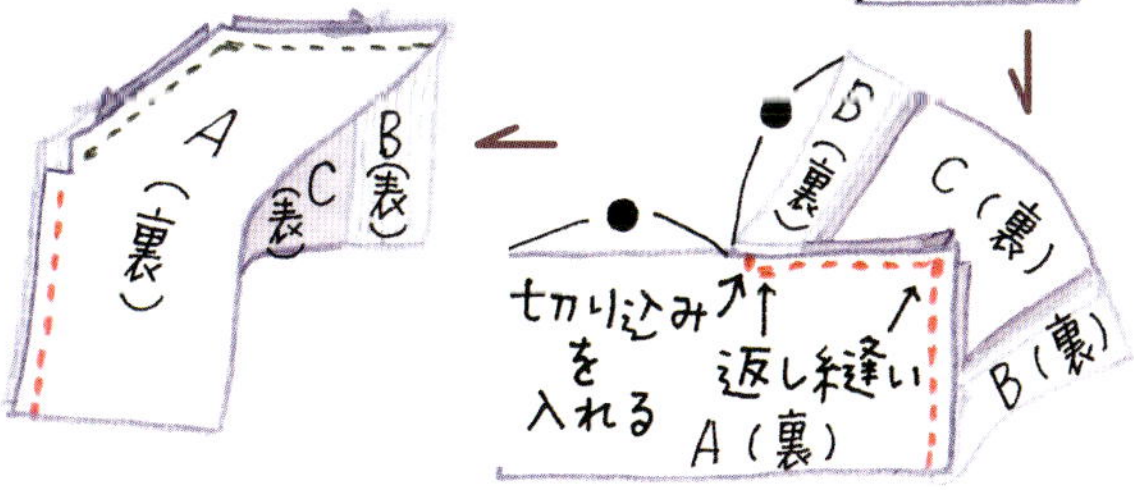

5 同じものをもう１組作る

6 ふたつのパーツをつなぐ

▲印、△印同士をそれぞれ合わせてまち針でとめる。始めに返し縫いをして角まできたら切り込みを入れながらぐるっと縫い、最後の１辺は返し口として縫い残し、返し縫いをして玉結びをして糸を切る。

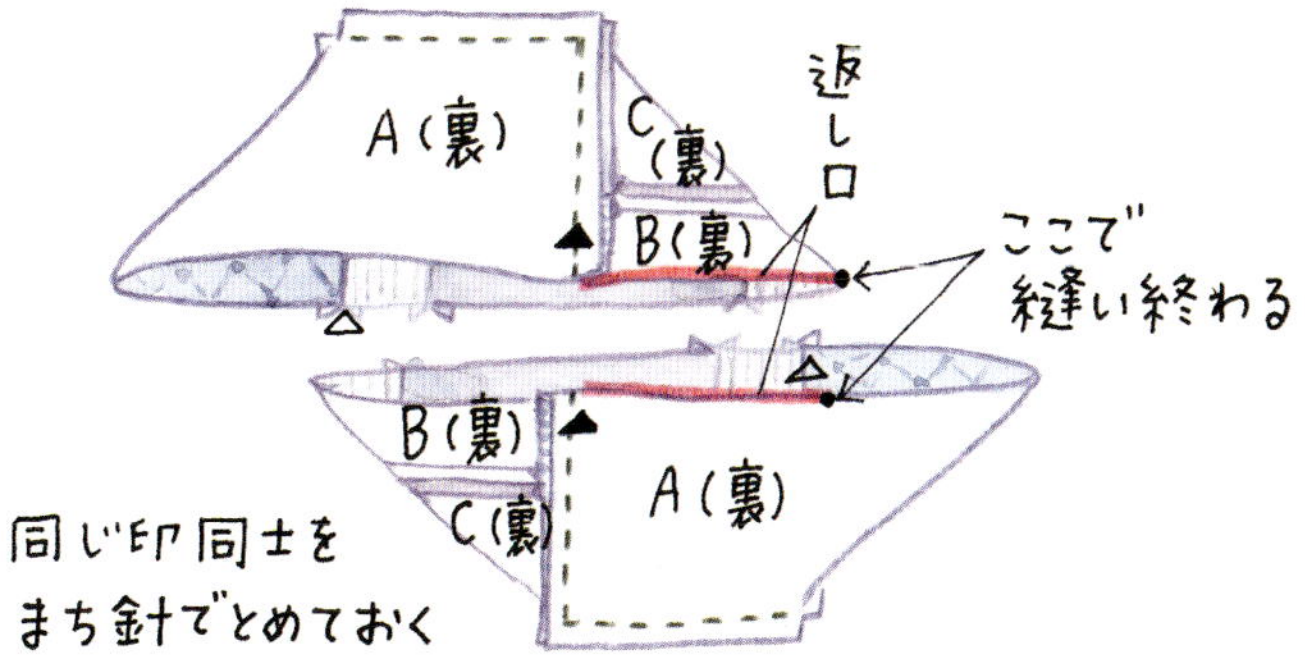

7 仕上げる

返し口から表に返して綿を詰め、返し口をとじる。

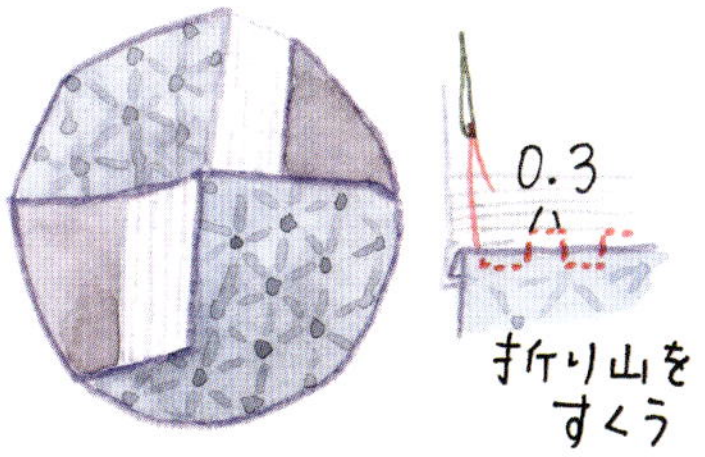

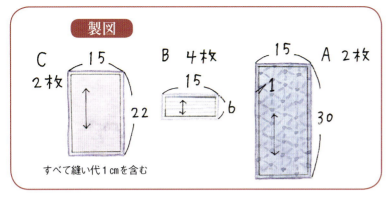

布違いでいくつも作りたくなる

文庫本カバー

バッグに入れて持ち歩くことが多い文庫本。買ったときの書店の紙のカバーがかかっているのは味気ないものです。きもの地のカバーなら、電車の中やバスの中、病院の待合室で、ひそかに注目の的。きらりとセンスの光る、オリジナルのカバーを作りましょう。とめひもやしおりは市販のリボンを使用してもかわいらしく仕上がります。

使ったきもの地

絣（かすり）、無地のきもの

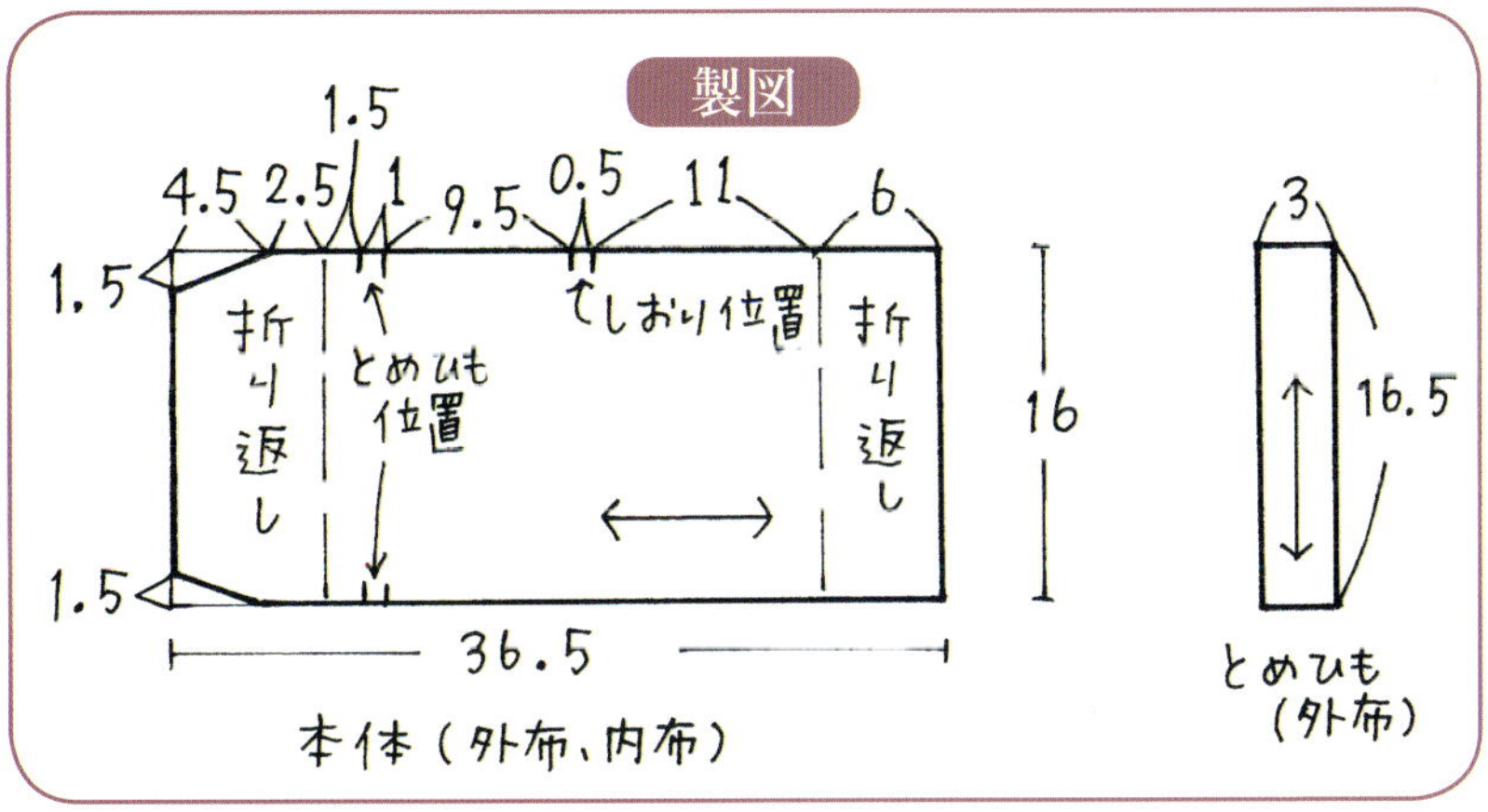

用意するもの

きもの地
外布　36cm幅39cm
内布　36cm幅39cm
リボン（しおり用）　0.5cm幅20cm

出来上がり寸法

縦16cm×横11cm×厚さ約2cm
まで対応

1 布を裁つ

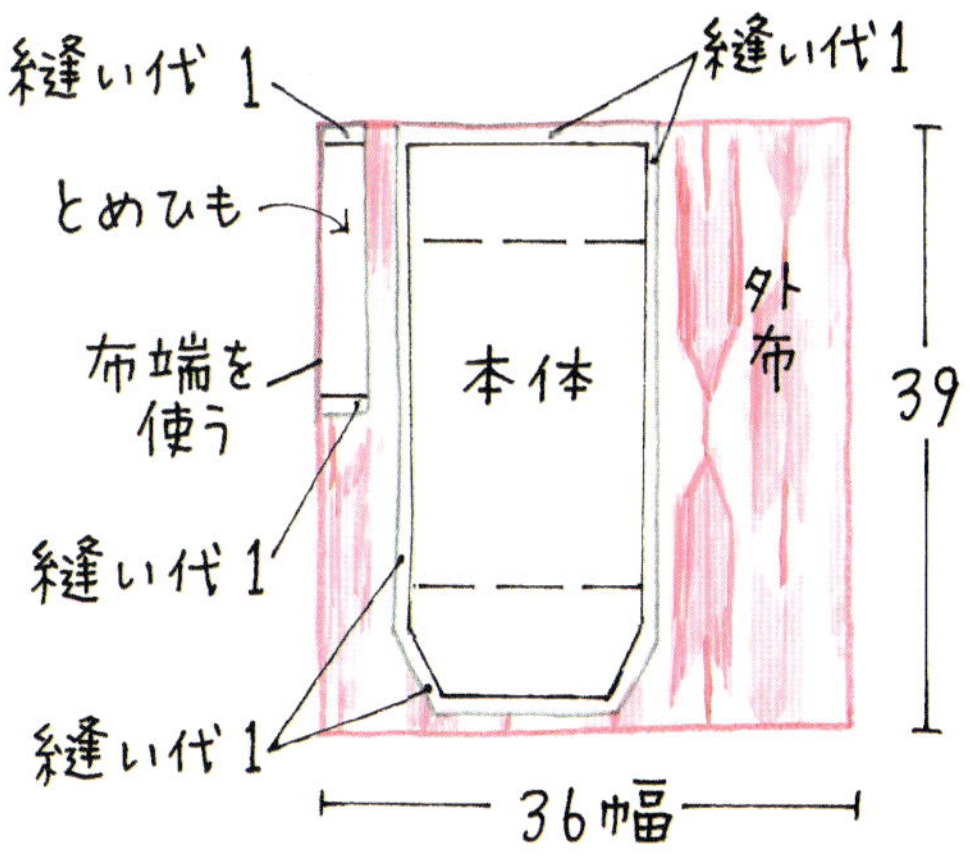

＊内布も同様に本体を裁つ。

2 とめひもを作る

三つ折りにして縫う。

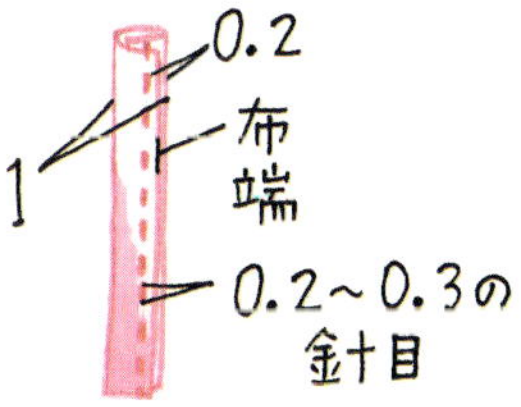

3 とめひもとしおりを仮どめする

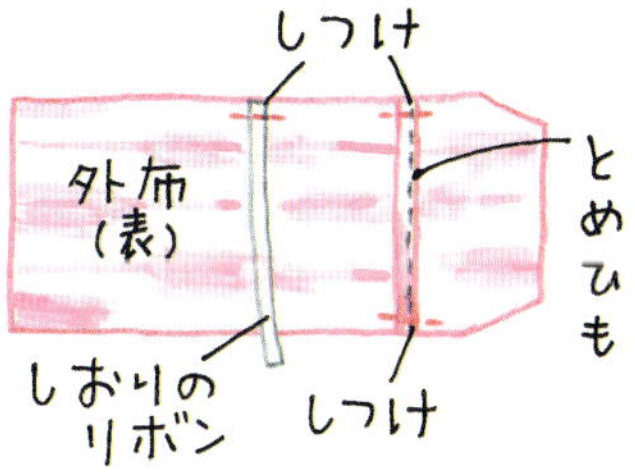

とめひもは、外布の上下の端
とそろえてしつける。

4 外布と内布を中表に合わせ、返し口を残して回りを縫う

5 縫い代をアイロンで折る

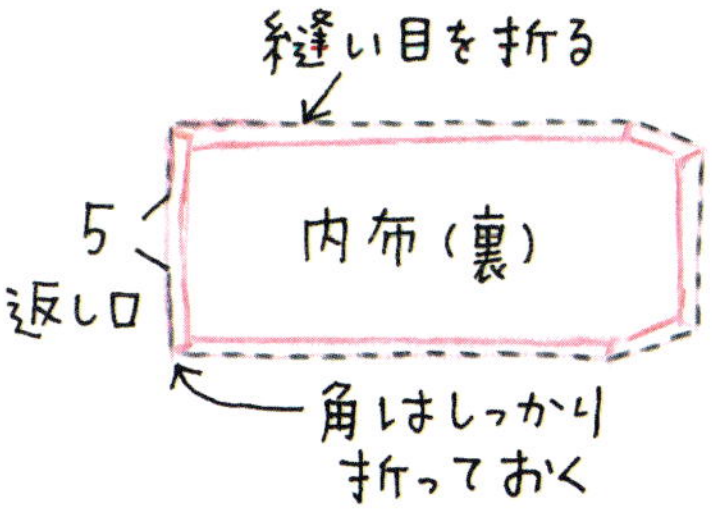

6 返し口から表に返し、返し口の一辺にステッチ

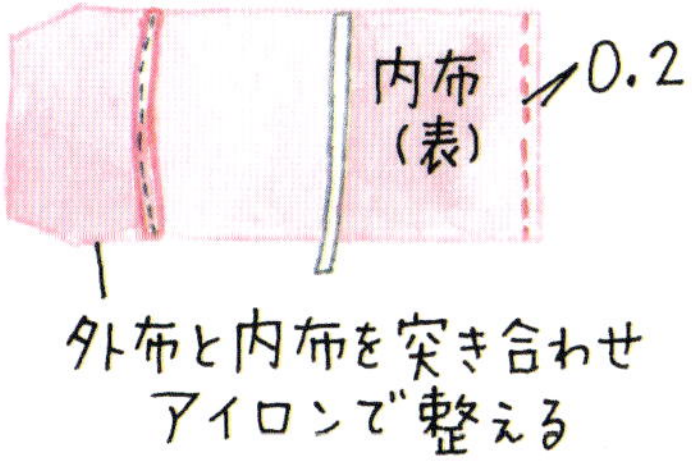

7 折り返しを折り、周りをステッチでおさえる

折り返しの端は、外布に針目
を出さないように縫い代を
すくって、返し縫いをする。

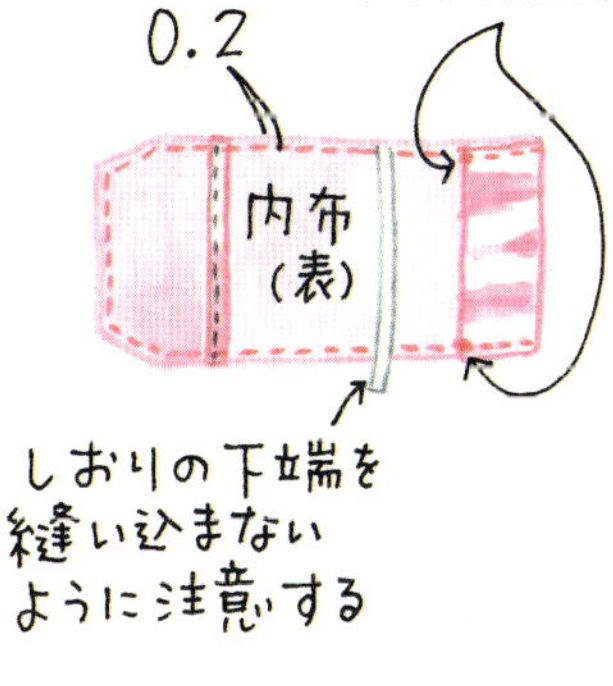

かぶせてくるんで、あらかわいい♪

ボックスティッシュカバー

何気なく置いているボックスティッシュも、お気に入りの生地でカバーしただけで、部屋になじむおしゃれなインテリアに変身します。これは、本体生地をボックスティッシュにかぶせて、もう一枚の生地（ふた）で下からくるんでスナップでとめるタイプ。ボックスティッシュの入れ替えも楽々です。生地違いでいろいろ作って、お部屋ごと、あるいは季節ごとに取り替えるのも楽しいですね。

ふたにするきもの地が、薄くて張りがないときは、裏全面に薄手の接着芯を貼りましょう。

使ったきもの地

銘仙、縞

製図

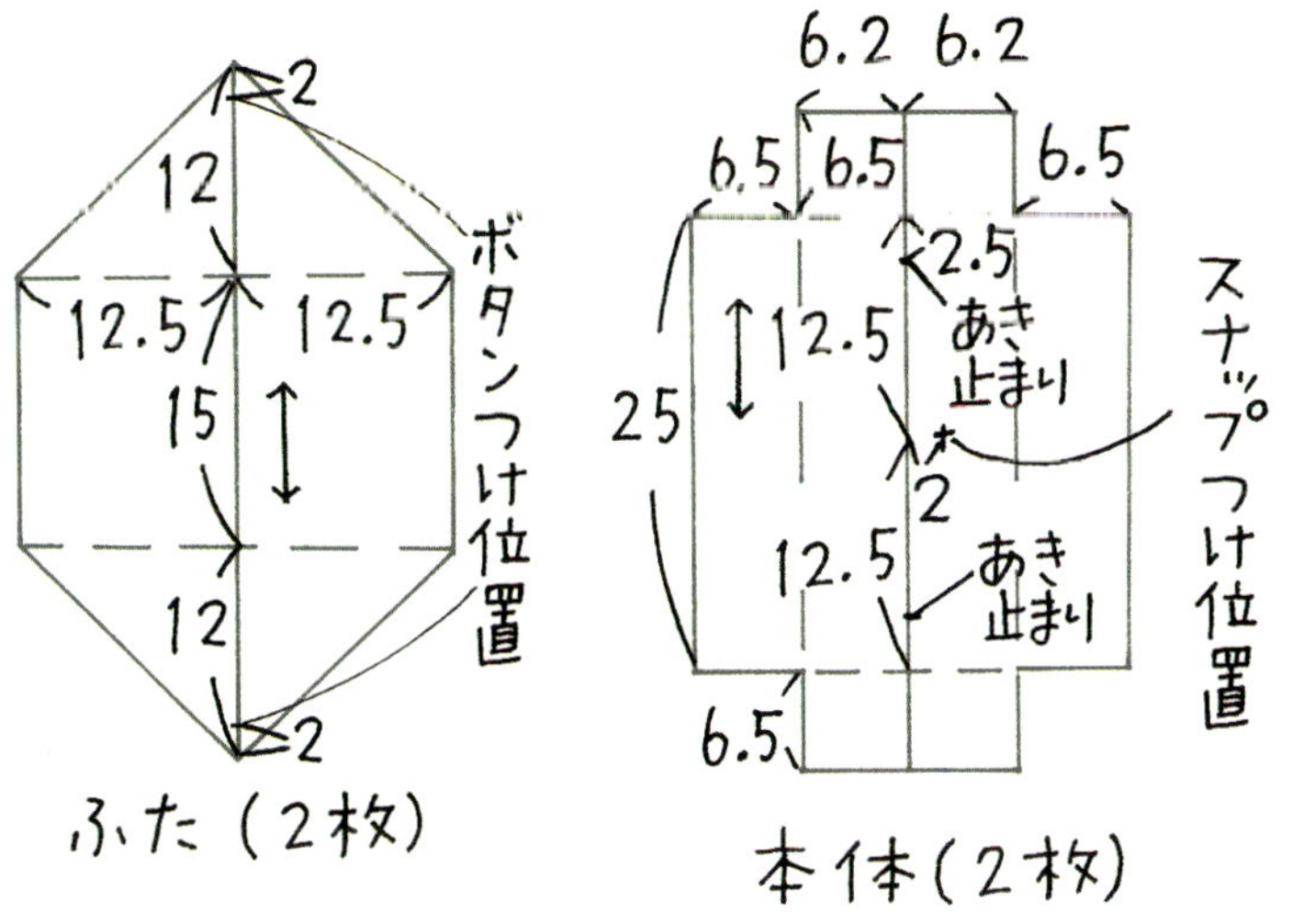

用意するもの

きもの地
本体　27.5cm × 40cm　2枚
ふた　27cm × 42cm　2枚
ボタン　直径2.1cm × 2個
スナップ　直径1.2cm × 1組

出来上がり寸法

（約）幅 13cm × 長さ 25cm × 高さ 6.5cm

1 布を裁つ

本体、ふたともに縫い代を１cmつけて、２枚ずつ裁つ。

2 ペーパーの取り出し口を残して、本体の中心を縫う

本体２枚を中表に合わせ、ペーパーの取り出し口を残して、図のように中心をあき止まりまで縫う。

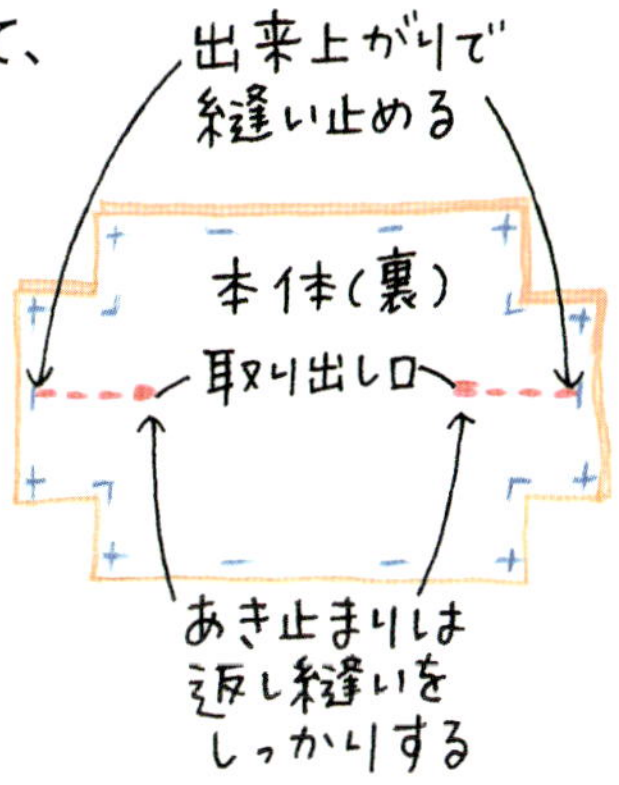

3 本体を半分に折り、内側の角を縫う

本体をそれぞれ折り、内側になるまち（①～④）を中表に合わせて縫い、四角い箱型にする。

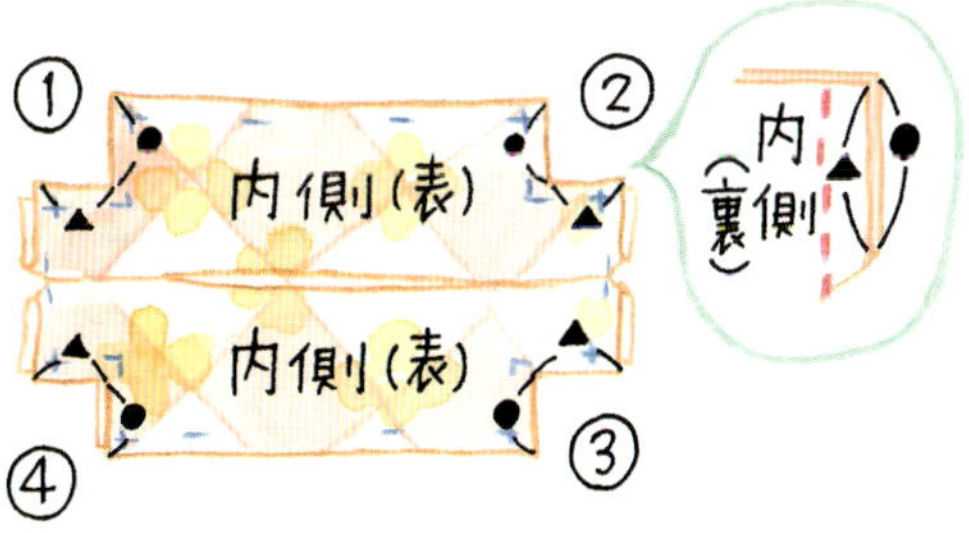

4 外側の角を縫う

同様に外側の①～④を、中表に合わせて縫う。

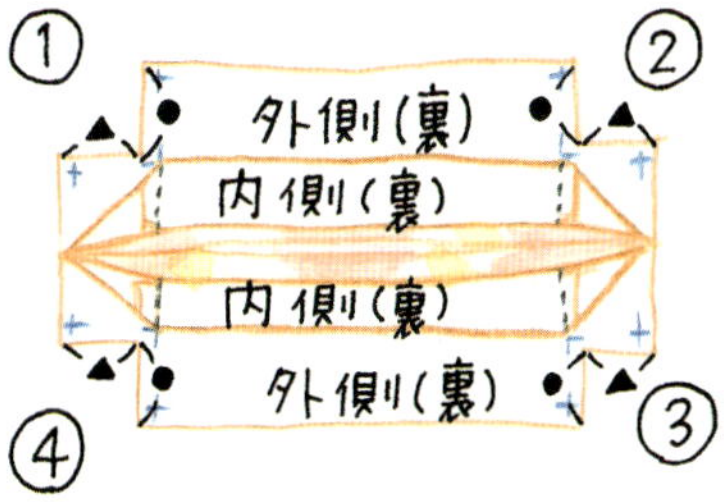

5 外側を表に返し、縫い代を整える

外側を表に返して内側に合わせ、箱型にする。角の縫い代を片側に倒し（Ａ図）、回りは縫い代を内側に折る（Ｂ図）。

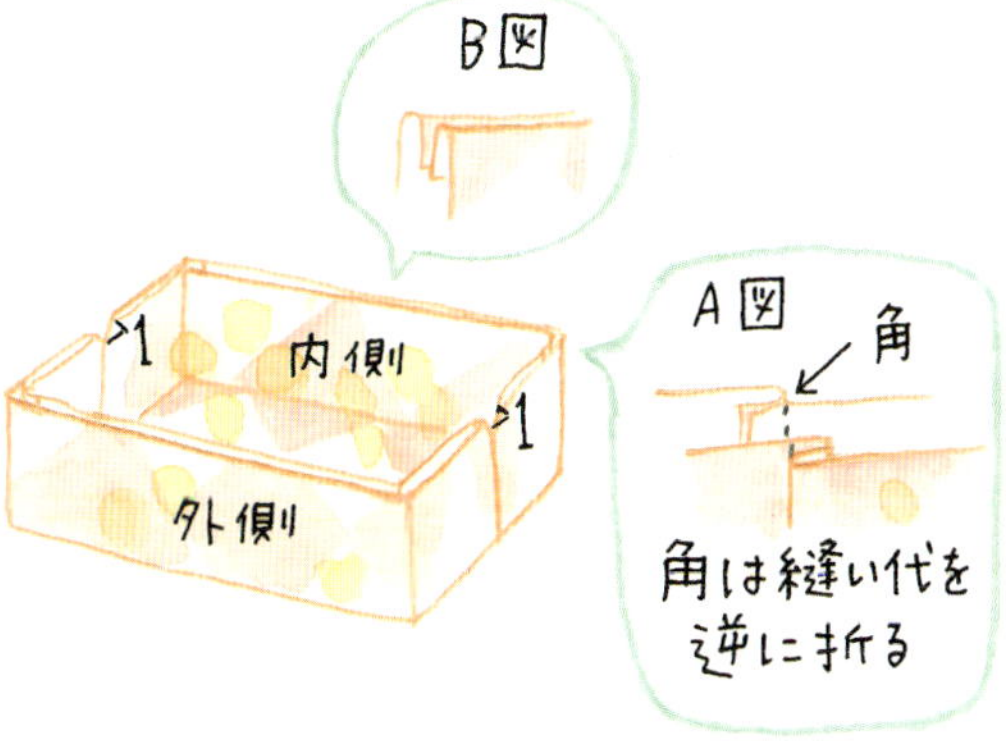

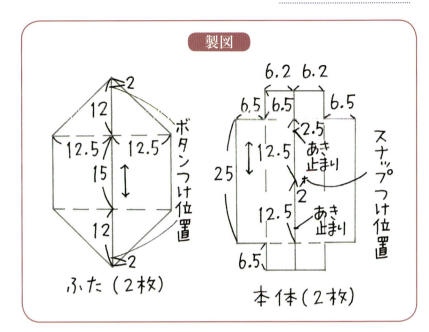

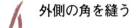

6 内側と外側をステッチでとめる

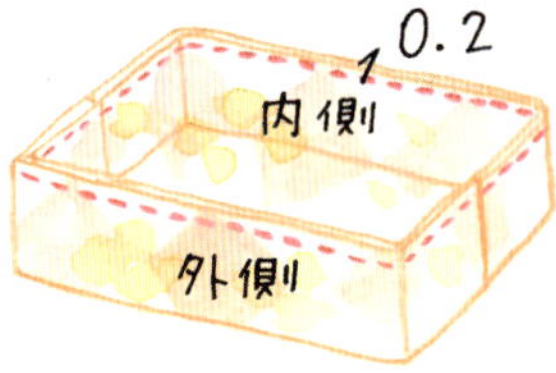
0.2
内側
外側

7 ふたを縫う

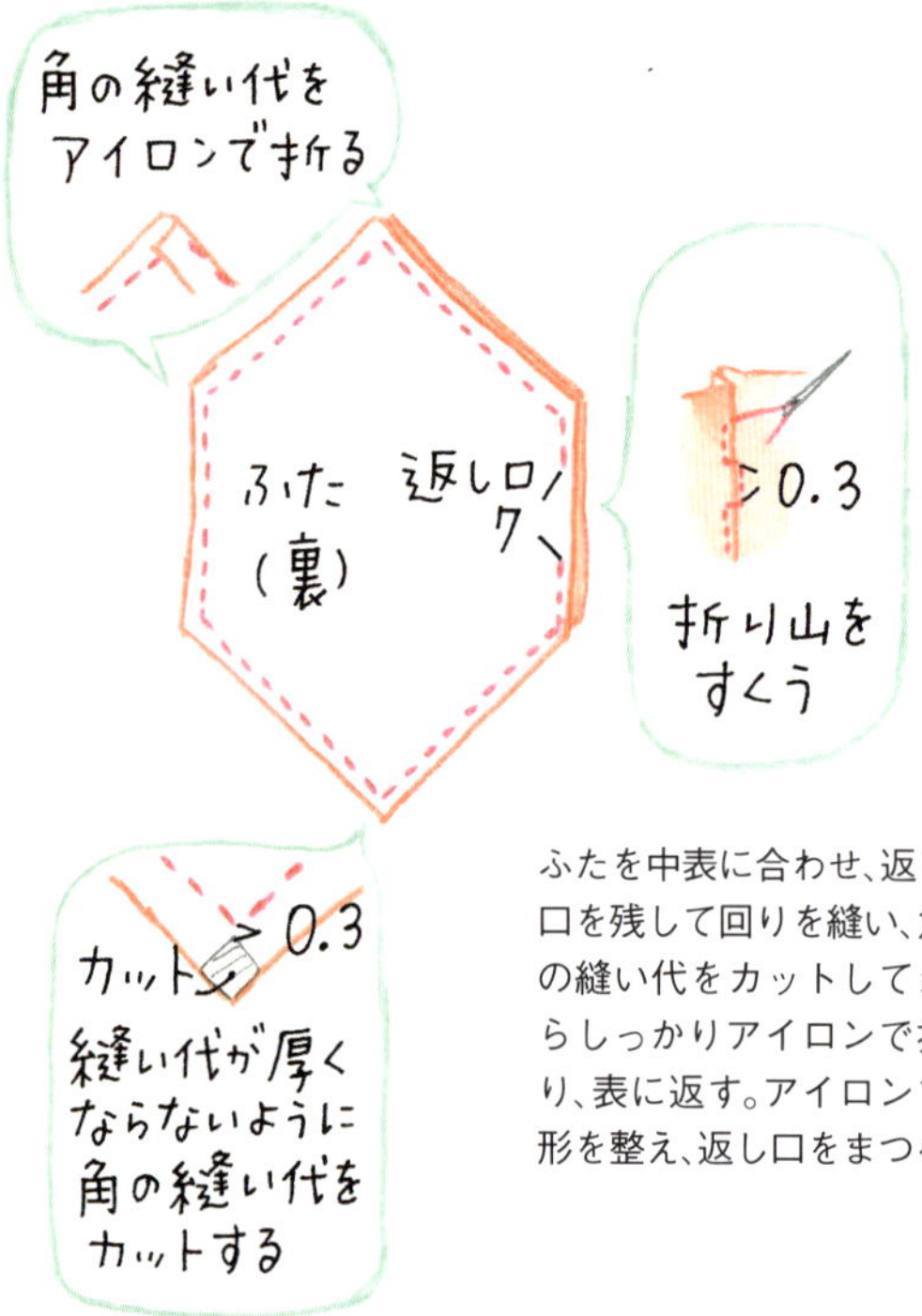
角の縫い代をアイロンで折る
ふた
(裏)
返し口
0.3
折り山をすくう
カット
0.3
縫い代が厚くならないように角の縫い代をカットする

ふたを中表に合わせ、返し口を残して回りを縫い、角の縫い代をカットしてからしっかりアイロンで折り、表に返す。アイロンで形を整え、返し口をまつる。

8 ふたを本体にステッチでとめ、スナップを付ける

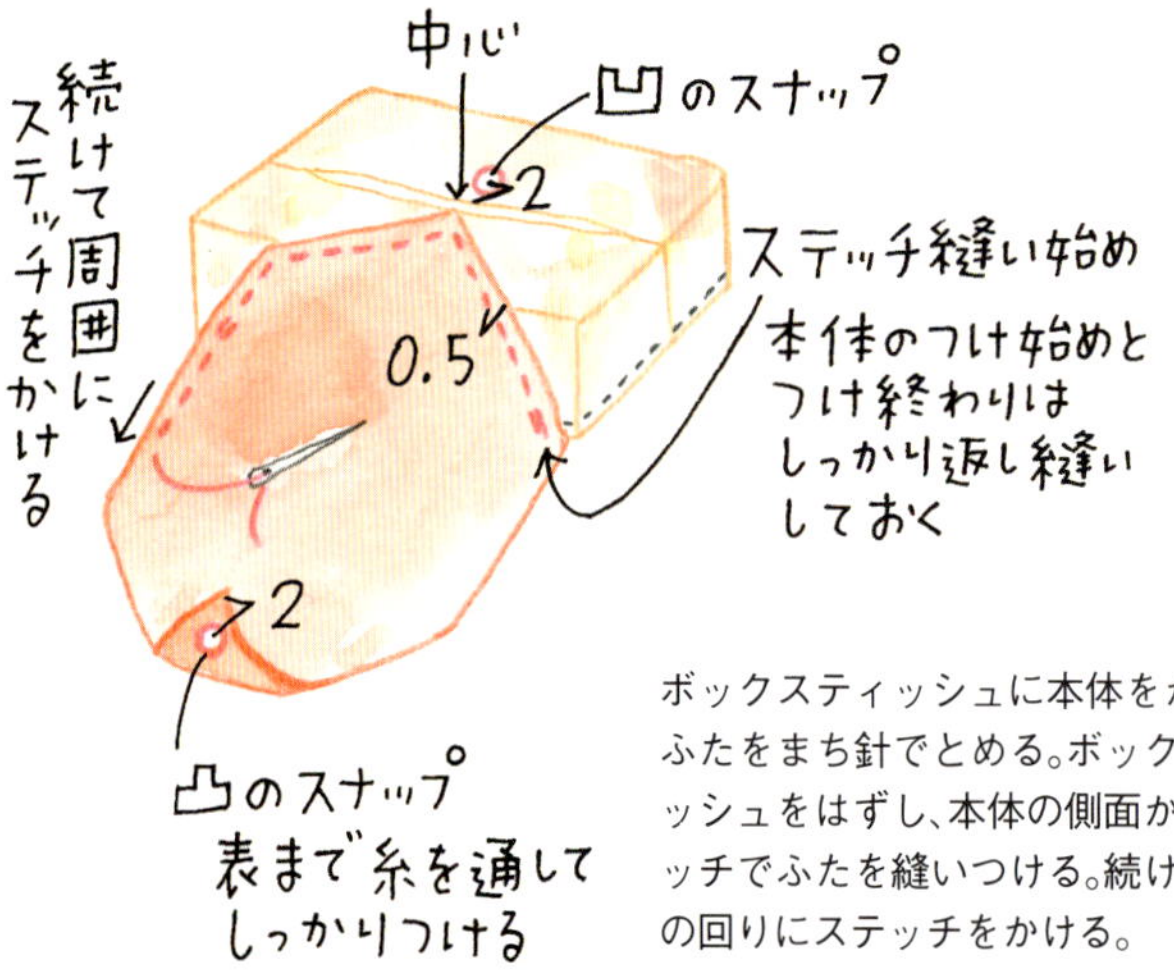
中心
凹のスナップ
2
続けて周囲にステッチをかける
ステッチ縫い始め
本体のつけ始めとつけ終わりはしっかり返し縫いしておく
0.5
2
凸のスナップ
表まで糸を通してしっかりつける

ボックスティッシュに本体をかぶせ、ふたをまち針でとめる。ボックスティッシュをはずし、本体の側面からステッチでふたを縫いつける。続けてふたの回りにステッチをかける。

9 ふたに飾りボタンを付ける

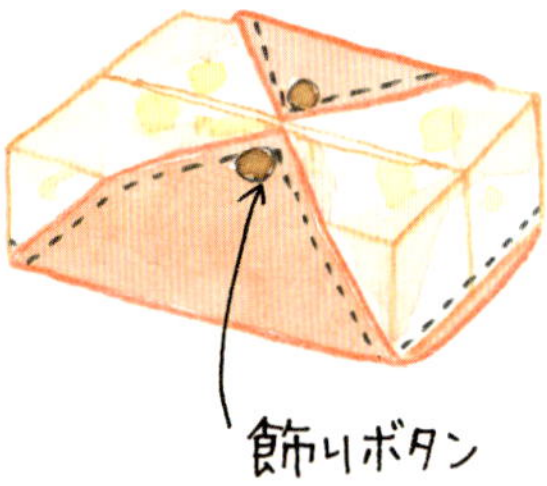
飾りボタン

スナップが付いている方は、針目を隠すように、飾りボタンを付ける。

柄布で作った本体をボックスティッシュにかぶせ、赤地のふたでくるみます。

よくある疑問にお答えします

きものリフォーム
Q&A

きもののほどき方

Q きものを楽にほどくには？

A 1～5の順にほどくとスムーズです。

ほどく順番に決まりはありませんが、「きものが仕立てられた順序の逆にほどくといい」と言われます。袖の付け止まりは、しっかり縫われている部分なので、ここからほどくといいでしょう。古いきものなどはほどきにくい場合があるので、こまめに糸をすくって切りながら進めます。

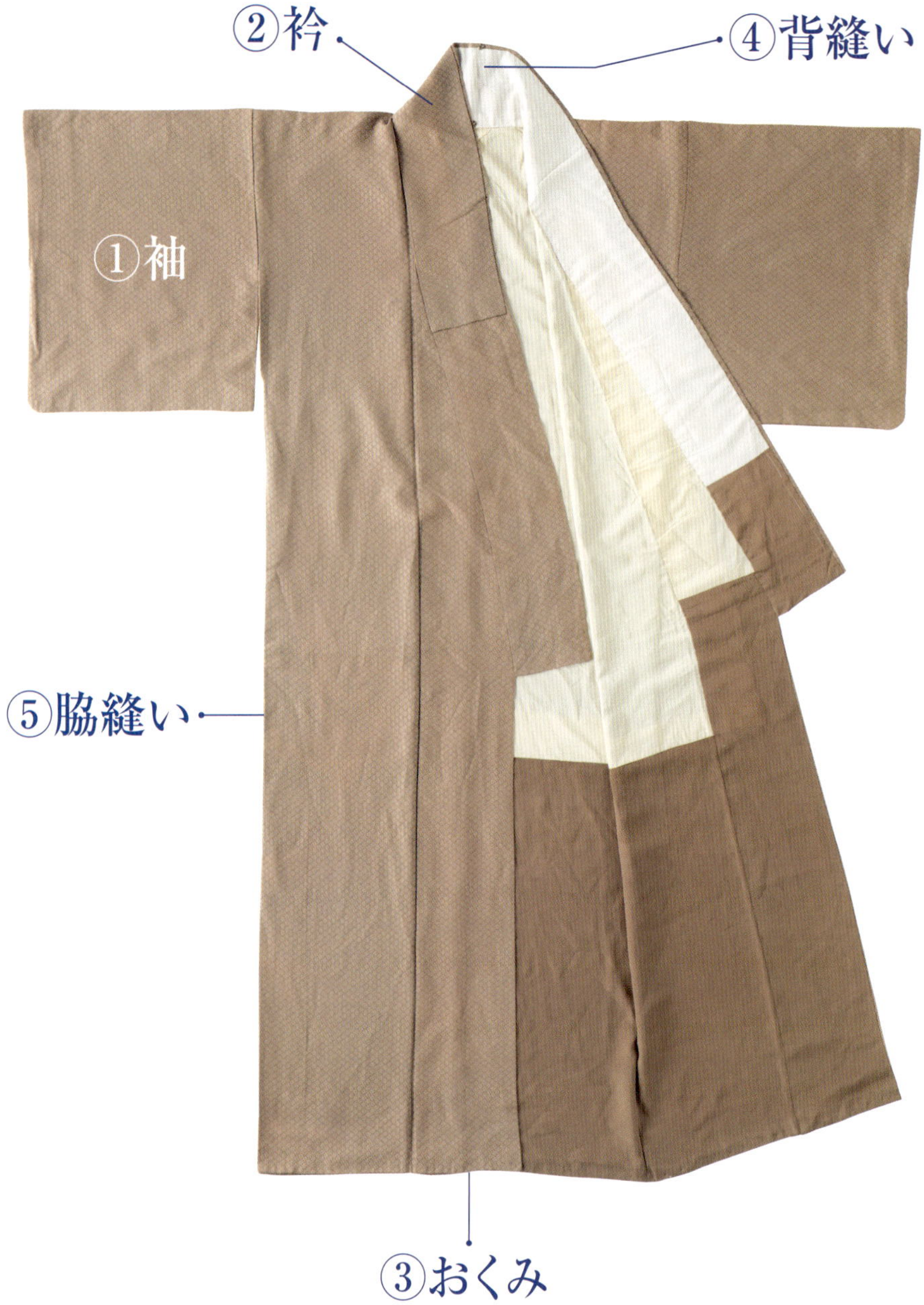

ポイント1

袖付けや袖口など、かんぬき止め（何度もすくい縫いをすること）や返し縫いがしてあるところは、引っ張らず、少しずつほどきます。

ポイント2

糸切りばさみのほか、リッパーを使うと手早くできます。リッパーの尖った先端で糸をつかまえ、押し込んで糸を切ります。

ポイント3

袷の場合は、途中で裏布も適宜ほどきます。

きものの洗い方

Q きれいな布の状態にするには？

A 優しく押し洗い。半乾きでアイロンを。

ほどいたきものは、洗って汚れや臭いを落とします。同時に色落ちや縮み具合も確認します。古いきものや薄いきものの場合は特に優しく洗いましょう。

1. 丁寧に洗う

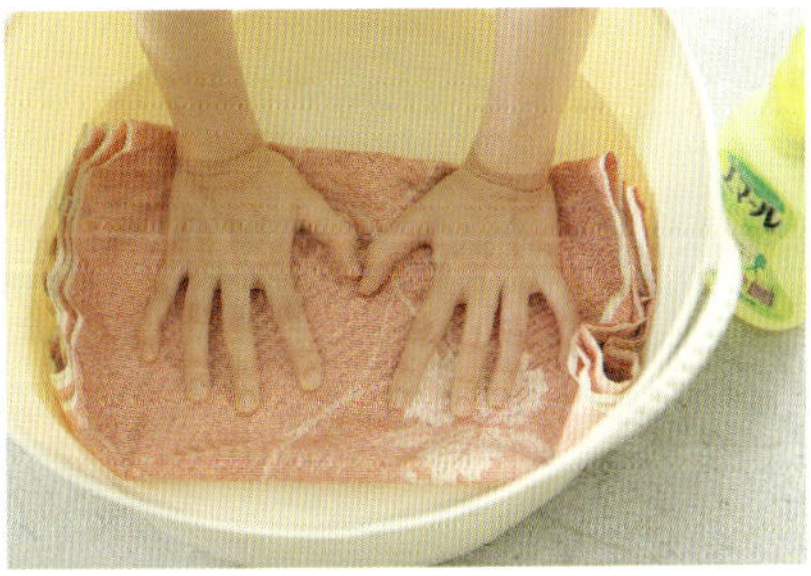

洗面器などに水、中性洗剤を入れて、押し洗いをして、よくすすぎます。

2. 優しく水分をとる

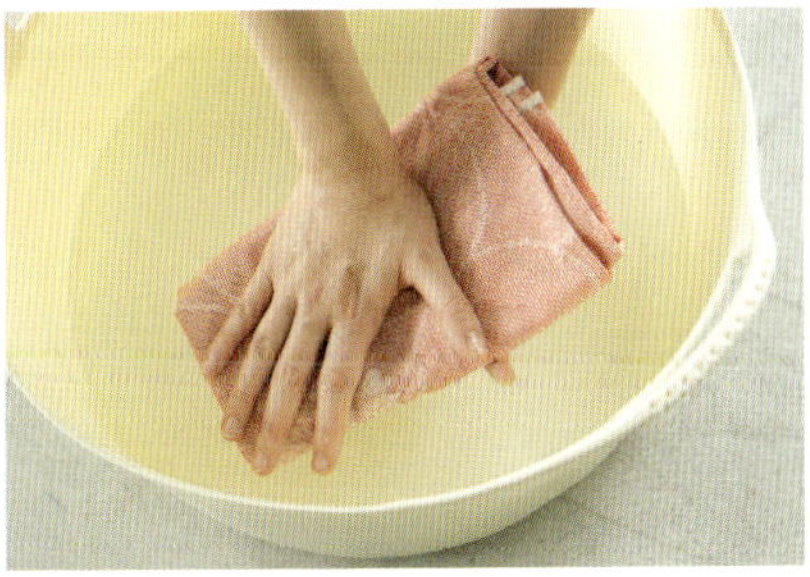

折りたたんで手のひらで押して、水気をきります。ぞうきんしぼりはNG。

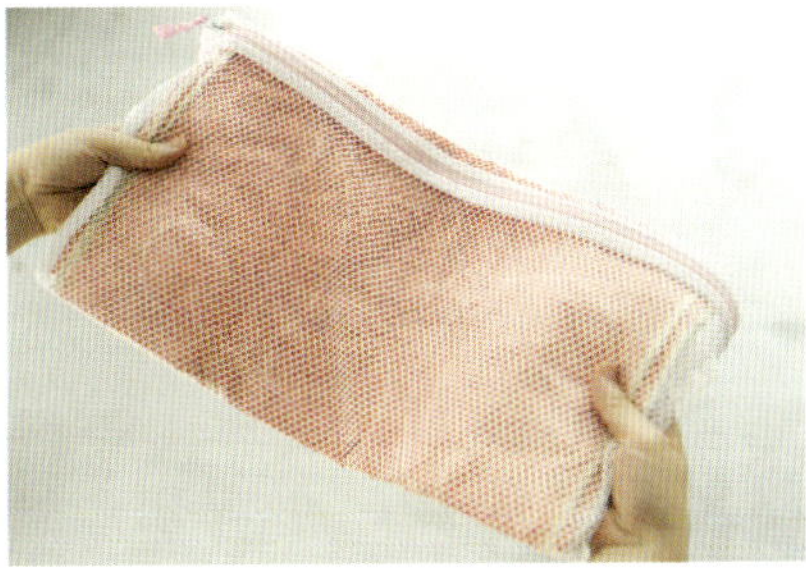

ネットに入れて洗濯機で10秒ほど脱水（脱水の時間はきものの素材、季節によって異なります）。

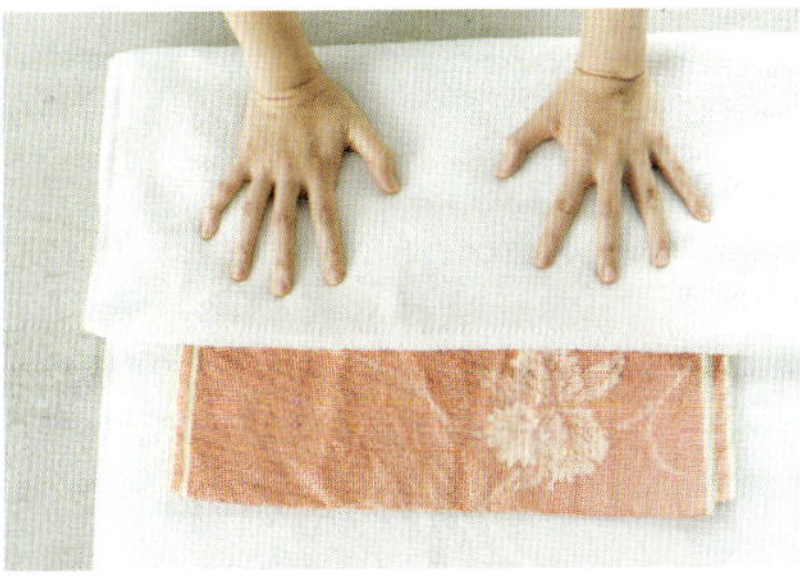

さらにバスタオルで挟んで、水分をとります。

3. 干して、半乾きに

布どうしがくっつかないようにして、陰干しします。目安は「半乾き」になるまで。これが肝心です。乾かしすぎると、しわや伸びの原因になります。

4. アイロンで整える

半乾きの状態で布の適温に設定したアイロンをかけます。布目に沿ってアイロンを滑らせるようにしてかけるのがコツです。

アイロンをかけ終えたら、ラップの芯など筒状のものに巻いておくと、しわになりにくいのでおすすめです。

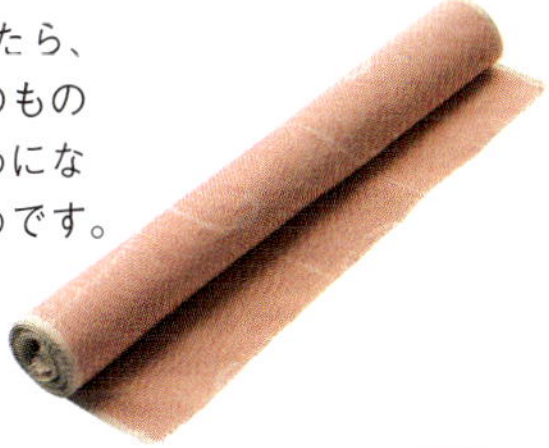

注意！

絞りやちりめんは、できるだけ水洗いは避けて

絞りなどは水通しをすると伸びます。あえて伸ばしたい場合以外は、洗わず、仕立ててからクリーニング店に出すなどしてください。

生地の選び方

Q 作るとき、生地はどう選べばいいの？

A まず生地の素材や種類を知りましょう。

きものと一言で言っても、素材は絹、麻、木綿、ウールなどがあります。また種類も、染め方や織り方によってさまざまです。主だったきもの地の特徴を知っておくと、リフォームするときに便利です。

絽・紗

透け感のある、薄く軽やかな夏の絹織物。ブラウスやワンピースや、ドレープのあるデザインにも。

小紋

布全体に一定のパターンが均一に入った絹織物なので、作るとき柄合わせがしやすく、幅広くリフォーム向き。

絣

代表的なものは木綿素材で、丈夫で長持ちし、着心地がいいのが特徴。普段着なら何でも。

紬

ざっくりとした素朴な風合いが特徴の絹織物。張りがあって扱いやすく、ジャケット、パンツなどに。

ゆかた

丈夫で扱いやすく、木綿なので洗濯ができ手入れも簡単。普段使いの夏のシャツやワンピース、パンツに。

大島紬

薄くて張りがあり、しなやかな絹地。シックな色柄なのでコート、ジャケット、シャツなどに。

上布（麻）

ざらざらした手触りで張りがあり、夏向きの涼しげな素材なので、夏のブラウスやワンピースに。

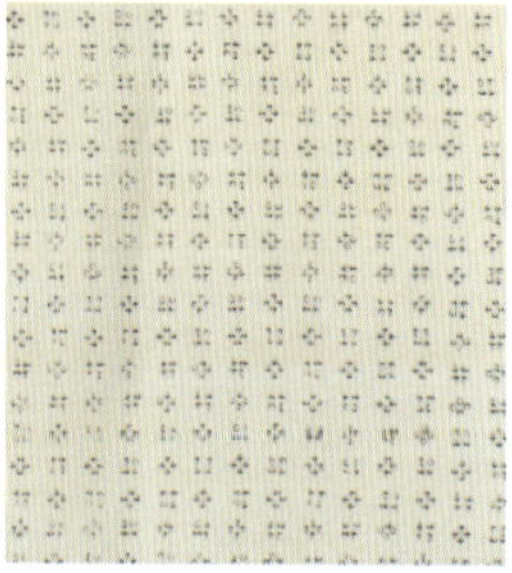

銘仙

モダンな色や柄が特徴の絹地。それを生かしたデザインのスカートなどに。裂けやすいので注意。

ウール

薄手でも丈夫で暖かく、シワになりにくいので、冬もののスカートやパンツなどに。

絞り

表面の小さな凹凸（しぼ）が特徴の絹地。柔らかく肌触りがいいのでブラウスや羽織りものに。水通しするとしぼが伸びるので注意が必要。

Q ミシン糸と針は何を使ってもいい？

A 素材の厚みによって使い分けましょう。

せっかくの大切なきもの地を傷めないために、素材の厚みに合わせて正しい針と糸を選びましょう。針と糸は、表示してある数字が大きくなるほど細くなります。左上の表を参考に、適したものを選びましょう。伸び縮みする特殊生地を縫うときは、糸も伸縮性のあるニット地用の糸を使うときれいに縫えます。

ミシン針とミシン糸の選び方

素材	糸	針
薄地 絽、紗（しゃ）など	ポリエステル 90番	9番または 薄地用
普通地 一般的なきもの地、ウール、ゆかた地、紬など	ポリエステル 50～60番	9～11番
特殊生地 ちりめん、絞り、兵児帯など	ポリエステル ニット地用 50～60番	9～11番

手縫い針と手縫い糸の選び方

素材	糸	針
薄地、特殊生地 一般的なきもの地、絽、紗、ちりめん、絞り、兵児帯など	手縫い糸 50番	8～9号
普通地 木綿、ウール	手縫い糸 50番	6～8号

注意！

はぎれで試し縫いをし、糸調子の確認を

試し縫いは、実際に使う布のはぎれで行います。右の縫い目は、上下糸の調子が合っていないために糸がつれてしまったもの。このまま縫うと糸が切れやすくなります。左の縫い目のように縫えるように糸調子をしっかり合わせましょう。

○　×

Q もっと大きいサイズで作りたい

A 「型紙にゆるみ分を足す」補正をしましょう。

この本で紹介している服は、すべてフリーサイズで、パンツはS～LLサイズまで対応しています。もっとゆったりしたサイズで作りたい場合は、型紙を補正しましょう。まず、自分の手持ちの服などを参考に、大きくしたいゆるみ分を割り出します。作りたい作品の型紙を「製図」の通りに作ったら、ゆるみ分を、図のように補正します。

【身頃と袖】

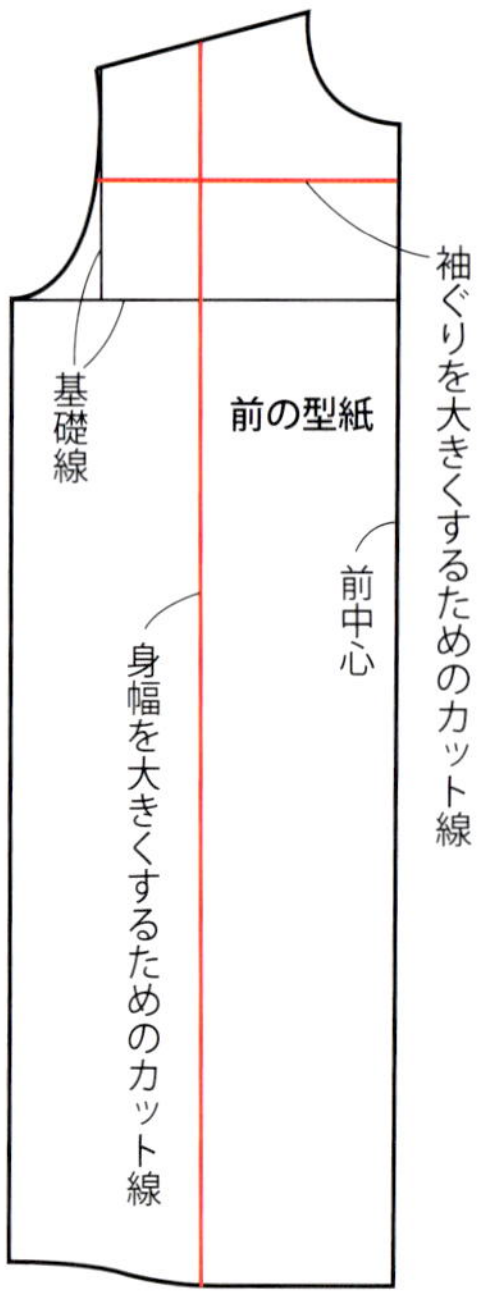

1 前身頃の型紙の幅の中心あたりに、前中心に対して平行に縦の線を引きます。袖ぐりの中心には、前中心に垂直な横の線を引きます。

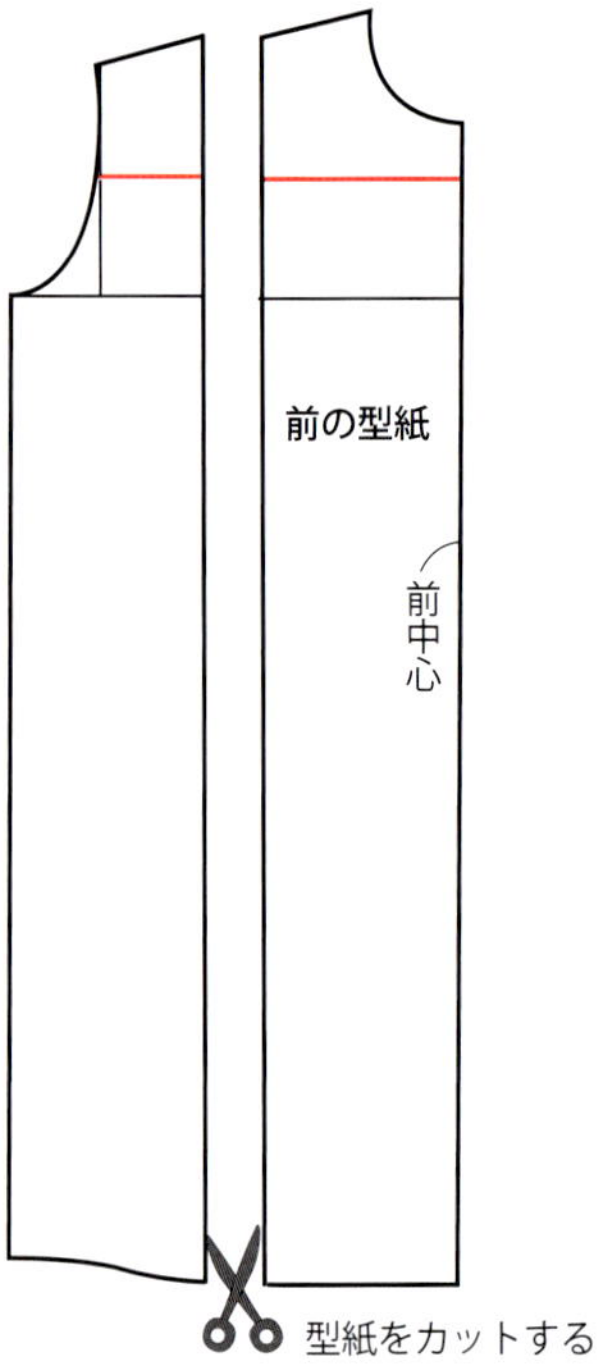

2 前中心に平行に引いた縦の線をはさみで切ります。

ゆるみ分の出し方

例えば身幅を全体で8cm大きくしたい場合。パーツは前身頃2枚、後ろ身頃2枚の計4枚あるので、「8÷4＝2cm」で、1枚の型紙に2cmずつ、ゆるみ分を足します。型紙には、2cm幅のテープ状の紙を貼り合わせます。

パンツのウエストを大きくしたい場合も同様です。

袖は、型紙のパーツが前と後ろの2枚なので、「ゆるみ分÷2」cmを、それぞれの型紙に足します。

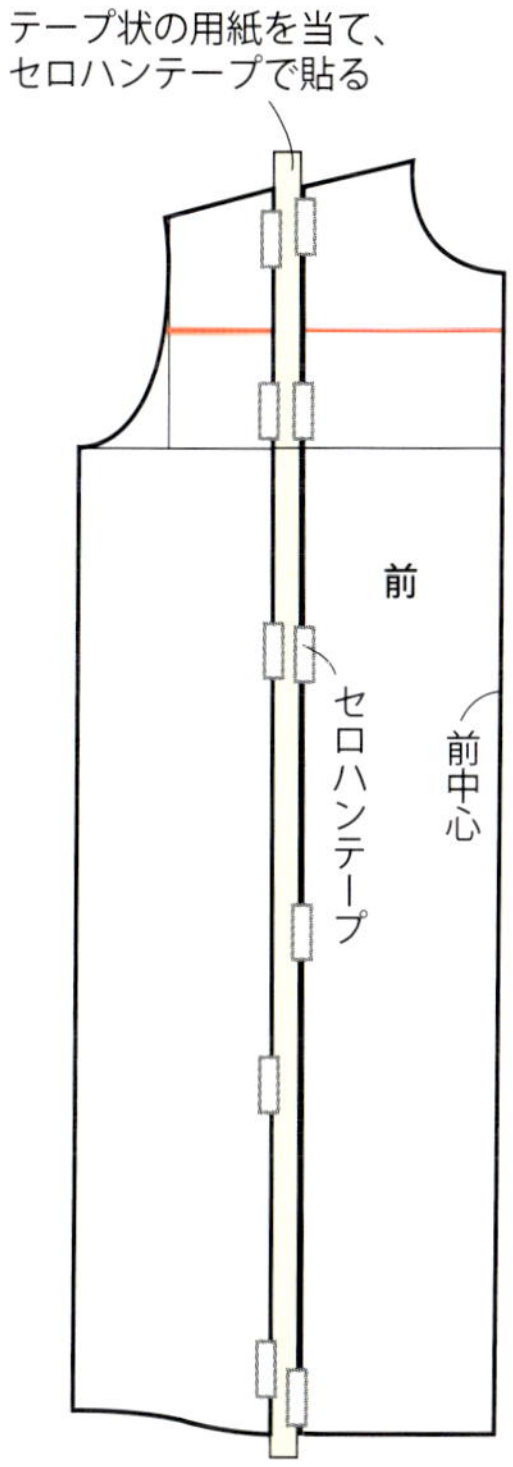

3 ゆるみ分を割り出して、テープ状の別紙を作り、セロハンテープで貼り合わせて幅を出します。

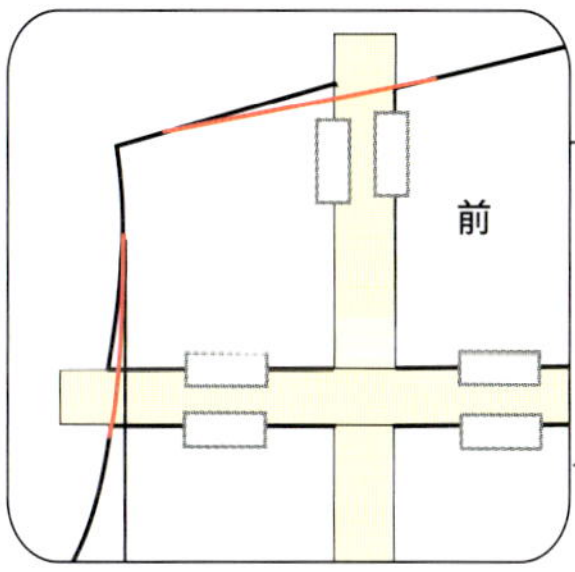

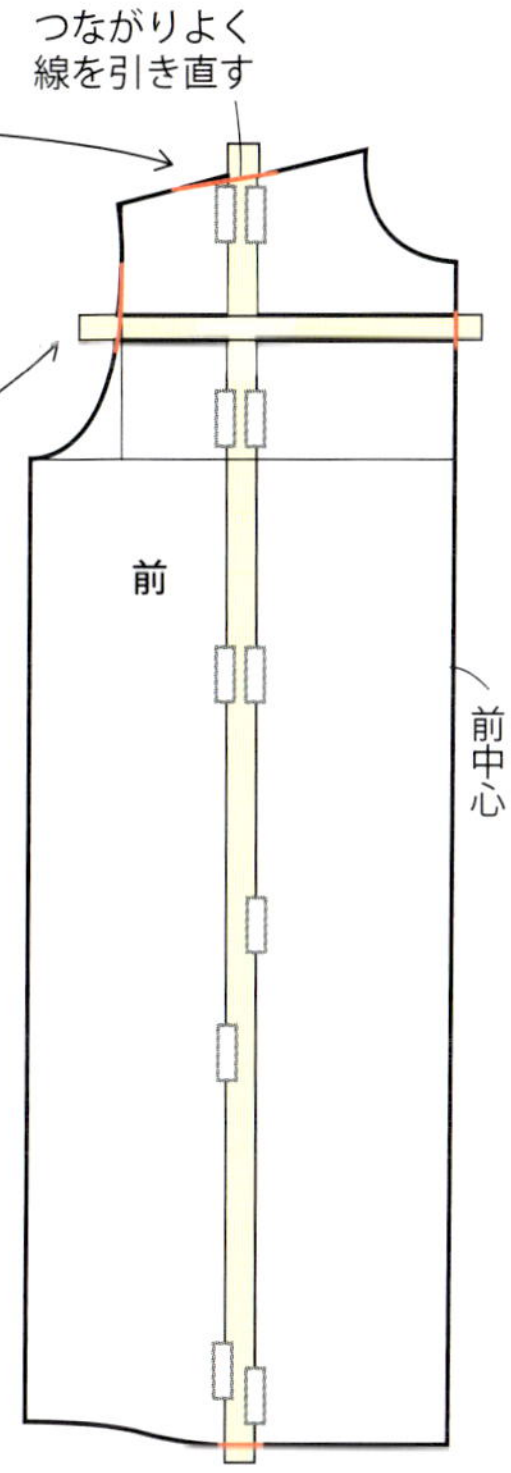

4 袖ぐりも同様にテープ状の別紙を貼り合わせます。後ろ身頃も同様に作ります。
※肩や襟ぐりは、つながりよく線を引き直します。

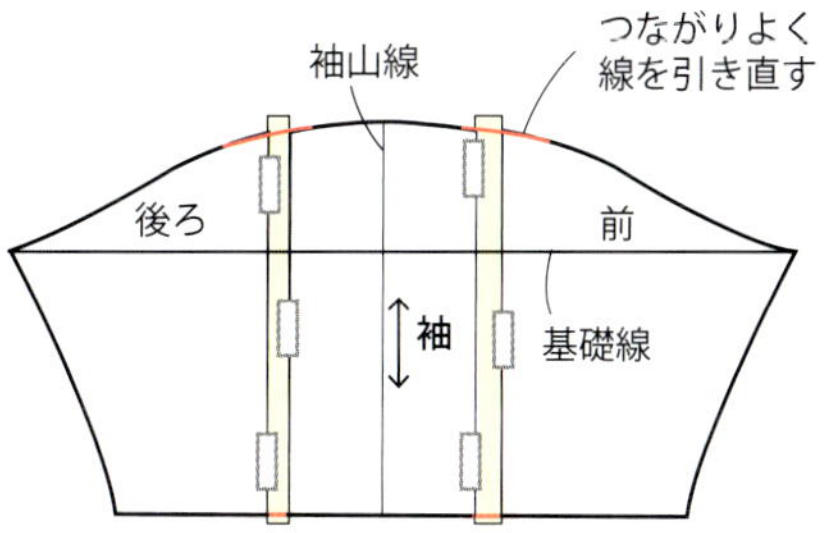

5 袖も前側と後ろ側の2か所に、テープ状の別紙を貼り合わせます（4と同じ幅）。

裁ち方

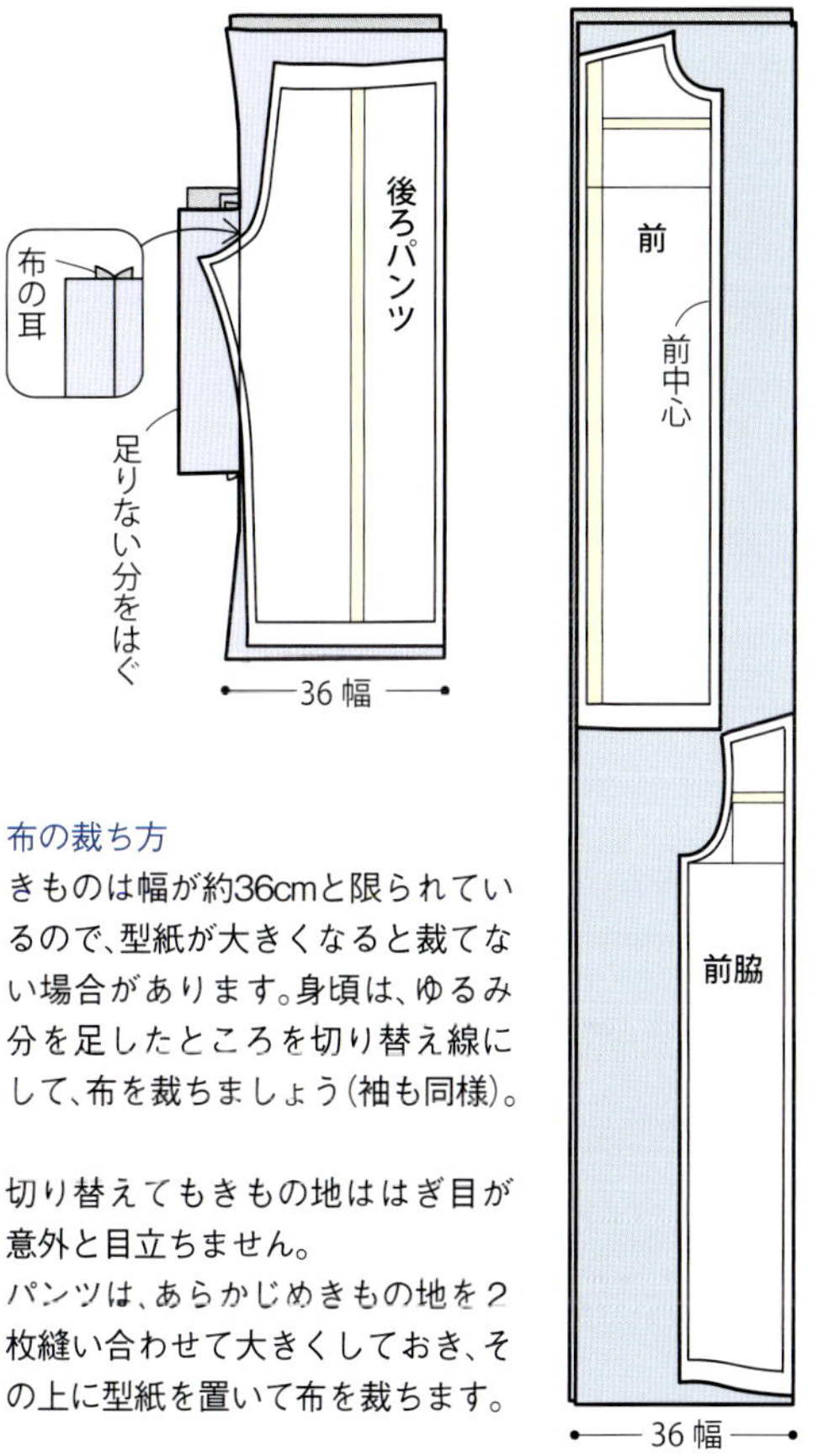

布の裁ち方

きものは幅が約36cmと限られているので、型紙が大きくなると裁てない場合があります。身頃は、ゆるみ分を足したところを切り替え線にして、布を裁ちましょう（袖も同様）。

切り替えてもきもの地ははぎ目が意外と目立ちません。
パンツは、あらかじめきもの地を2枚縫い合わせて大きくしておき、その上に型紙を置いて布を裁ちます。

【パンツ】

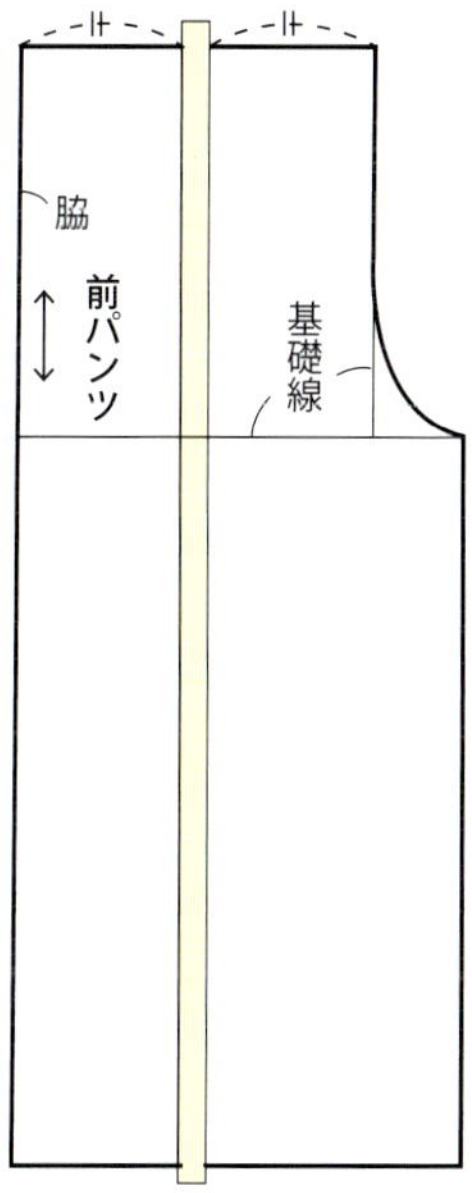

身頃と同様に、ゆるみ分の別紙を作り、セロハンテープで貼り合わせて幅を出します。

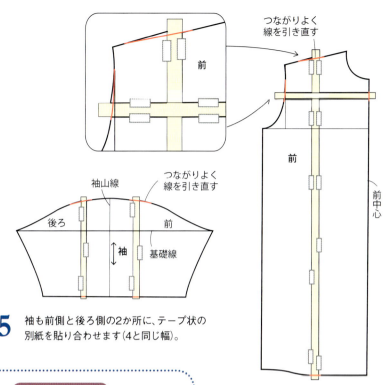

接着芯の貼り方

Q うまく接着芯が貼れないのだけど？

A アイロンは滑らさず、押し付けるように。

接着芯は、アイロンの温度と圧力によってしっかり接着します。1か所に約10秒ずつ、むらなく（ここが肝心）、全体に押し付けて貼りましょう。また、布に合った接着芯を選ぶことも大切です。あらかじめ洋裁向けの薄地用と普通地用の接着芯を用意しておき、実際に使う布のはぎれで試し貼りをしてから使いましょう。

接着芯のよい貼り方

アイロンは、かけ面を半分くらい重ねながら押し当てます。

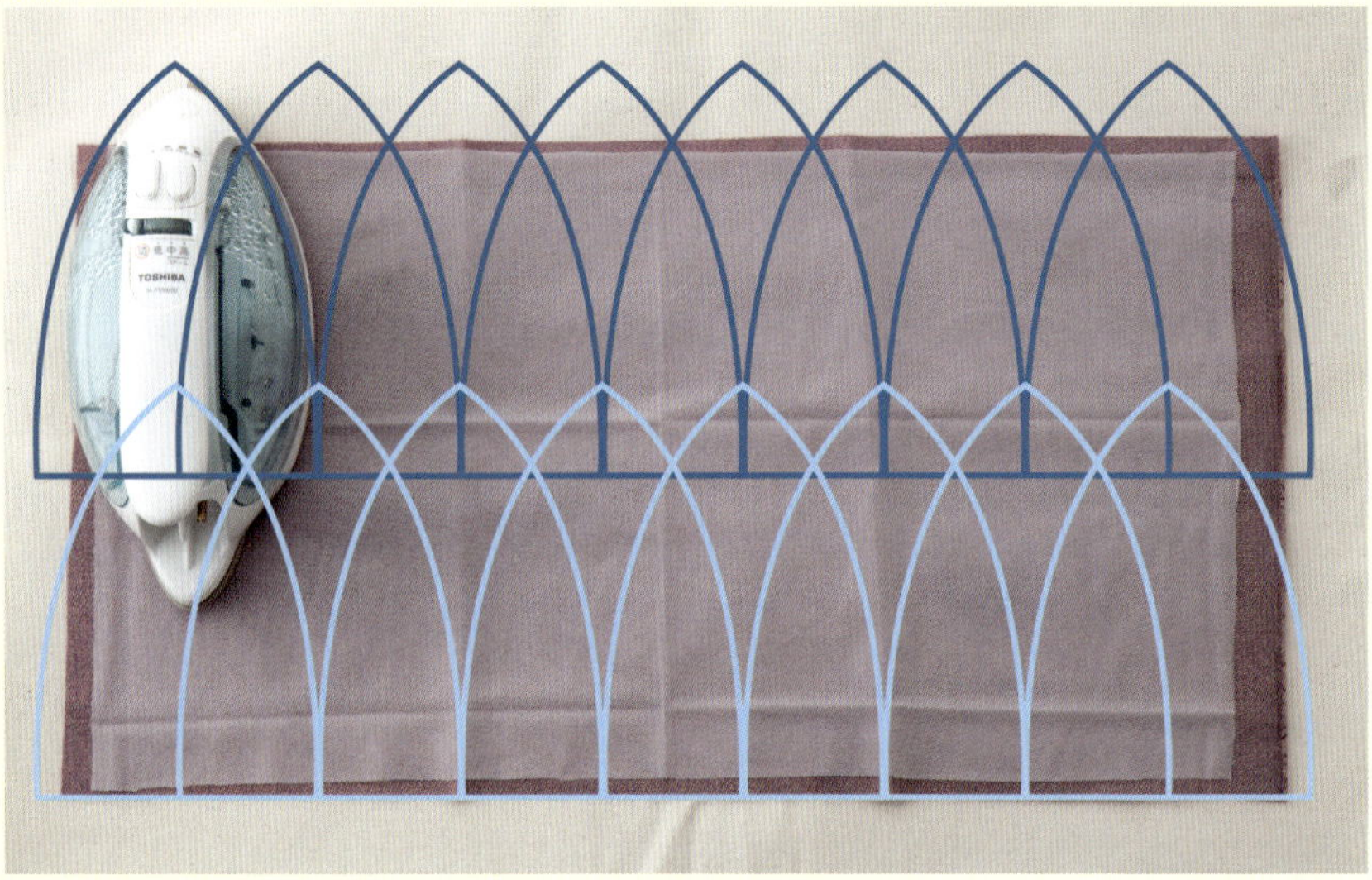

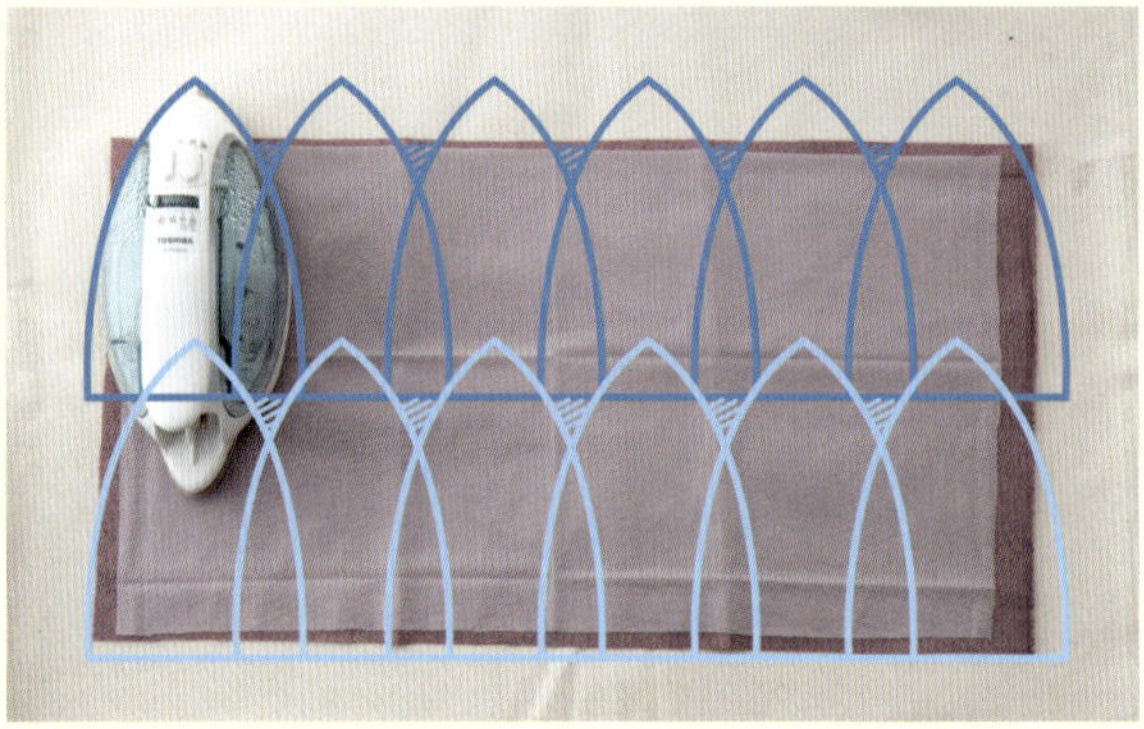

これはNG！

かけ面の重なりが足りないと隙間ができ、うまく接着できません。

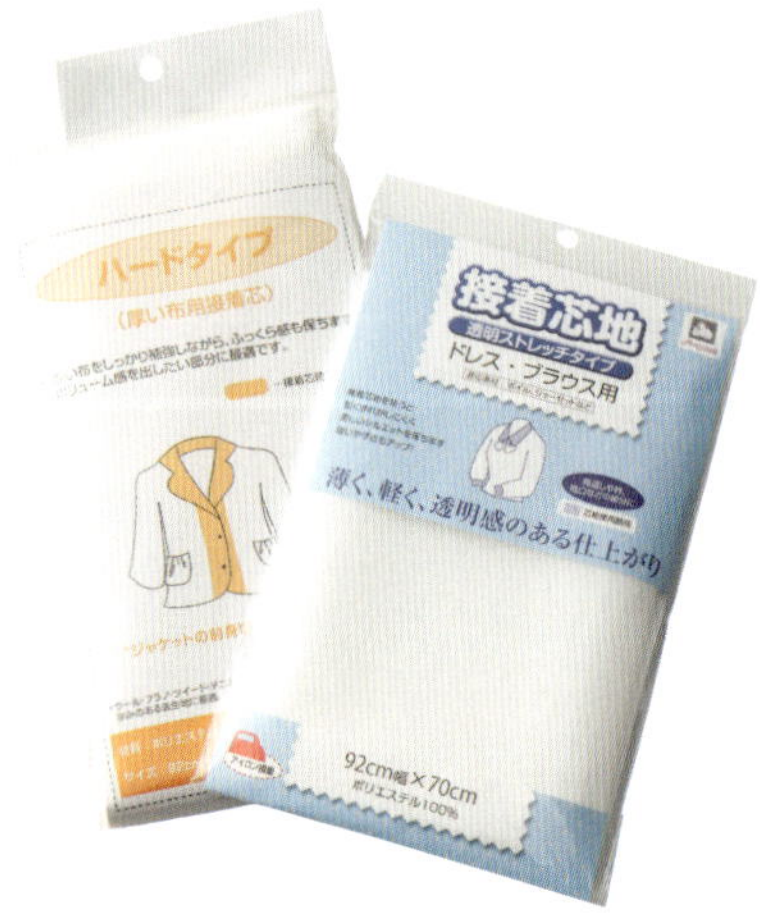

接着芯は服の表からは見えませんが、仕上がりの決め手にもなります。適切なものを選び、きちんと貼りましょう。

作った服のお手入れ

Q 出来上がった服の洗濯は？

A 洗濯より、脱いだ後のお手入れを。

リフォームした服をいい状態で長持ちさせるコツは、「なるべく洗濯をしないこと」。洗濯やアイロンの回数が多いほど、繊維は疲弊するからです。ご紹介しているきものリフォームの服は、素肌に直接触れないので、さほど汚れません。次の3つのお手入れで十分です。そろそろ洗濯の必要が出てきたときは、手洗いの後、タオルドライをしましょう。

1. ブラシをかける

脱いだらすぐ、服専用のブラシで優しく、上から下へ。その日についたほこりや汚れを取り除きます。

2. 吊るして風を通す

すぐにしまわず、ハンガーにかけて風通しのよい場所に、半日～1日吊るします。こうして服を休ませてあげることが大切です。

3. 汚れはピンポイントで落とす

汚してしまったら、すぐに裏側にタオルを当てがい、水で塗らした布で表からトントンとたたくようにして汚れを落とします。油性の汚れは布に洗剤を含ませます。

注意！

絞りやちりめんは、できるだけ水洗いは避けて

絞りは水通しをすると伸びます。その部分を避けて洗うか、ドライクリーニング店に出すなどしてください。

本書は、雑誌『ハルメク』の連載「きものリフォーム」から再編集・再構成したものです。

製作協力（五十音順）

かわいきみ子

p.58 キュロット、p.62 ワイドパンツ、p.64 ラップ式パンツ（ロング丈、ミディ丈）

月居良子

p.6 ロングベストとパンツ、p.14 スカート、p.16 兵児帯のチュニック（袖なし、半袖）、
p.20 兵児帯のワンピース、p.52 セミロングジレ、ロングジレ、
p.70 アオザイ風チュニック、p.75 三角布付きチュニック、p.76 巾着

橋本幸子

p.36 ネックフリルのサロンエプロン、p.40 ツーウェイ・エプロンドレス、
p.44 ギャザースリーブのワンピース、p.48 ポンチョ

守岡仁美

p.24 Aラインのオーバーブラウス、p.28 Vネックのオーバーブラウス、
p.32 スラッシュあきのベスト

森岡リエ

p.78 ころりんミニクッション、p.80 文庫本カバー、p.82 ボックスティッシュカバー

撮影
中西裕人／三木麻奈

スタイリング
荻津えみこ／南雲久美子

ヘアメイク
梅沢優子

モデル
早瀬茉莉／キャロル風戸／石井たまよ／大形登子／青木英美

デジタル・トレース
しかのるーむ

イラストレーション
吉永直子

校閲
堀江友恵

編集協力
吉岡享子

ブックデザイン
宇都宮三鈴

本文DTP
山田大介

編集
前田まき

直線で作れて素敵に見える きものリフォーム

2017年5月31日　第1刷発行
2017年10月31日　第2刷発行

ハルメク編集部　編

発行人　宮澤孝夫
編集人　山岡朝子
発行所　株式会社ハルメク
〒162-0825　東京都新宿区神楽坂4-1-1
http://www.halmek.co.jp
電話03-3261-1301（大代表）

印刷　図書印刷

ISBN 978-4-908762-05-5